Juristische ExamensKlausuren

Springer-Verlag Berlin Heidelberg GmbH

Hans-Peter Schwintowski (Hrsg.)

Fallsammlung zum Privatversicherungsrecht

Unter Mitarbeit von
C. Brömmelmeyer M. Ebers P. Härle A. Jasper
U. Mauntel M. Rehberg und K. Schwarz

Herausgeber
Prof. Dr. iur. HANS-PETER SCHWINTOWSKI
Humboldt-Universität zu Berlin
Juristische Fakultät
Unter den Linden 6
10099 Berlin

Mitarbeiter

C. BRÖMMELMEYER
Leberstr. 54
10829 Berlin

M. EBERS
Knaackstr. 4
10405 Berlin

P. HÄRLE
Hobrechtstr. 26
12047 Berlin

A. JASPER
Wiclefstr. 39
10551 Berlin

U. MAUNTEL
Winsstr. 11
10405 Berlin

M. REHBERG
Barbarossastr. 27
10779 Berlin

K. SCHWARZ
Wiclefstr. 39
10551 Berlin

Die Deutsche Bibliothek – CIP-Einheitsaufnahme
Fallsammlung zum Privatversicherungsrecht / Hrsg.: Hans-Peter Schwintowski unter Mitarb. von C. Brömmelmeyer ... – Berlin; Heidelberg; New York; Barcelona; Budapest; Hongkong; London; Mailand; Paris; Santa Clara; Singapur; Tokio: Springer, 1998
ISBN 978-3-540-64228-2   ISBN 978-3-642-58889-1 (eBook)
DOI 10.1007/978-3-642-58889-1

Dieses Werk ist urheberrechtlich geschützt. Die dadurch begründeten Rechte, insbesondere die der Übersetzung, des Nachdrucks, des Vortrags, der Entnahme von Abbildungen und Tabellen, der Funksendung, der Mikroverfilmung oder der Vervielfältigung auf anderen Wegen und der Speicherung in Datenverarbeitungsanlagen, bleiben, auch bei nur auszugsweiser Verwertung, vorbehalten. Eine Vervielfältigung dieses Werkes oder von Teilen dieses Werkes ist auch im Einzelfall nur in den Grenzen der gesetzlichen Bestimmungen des Urheberrechtsgesetzes der Bundesrepublik Deutschland vom 9. September 1965 in der jeweils geltenden Fassung zulässig. Sie ist grundsätzlich vergütungspflichtig. Zuwiderhandlungen unterliegen den Strafbestimmungen des Urheberrechtsgesetzes.

© Springer-Verlag Berlin Heidelberg 1998
Ursprünglich erschienen bei Springer-Verlag Berlin Heidelberg New York 1998

Die Wiedergabe von Gebrauchsnamen, Handelsnamen, Warenbezeichnungen usw. in diesem Werk berechtigt auch ohne besondere Kennzeichnung nicht zu der Annahme, daß solche Namen im Sinne der Warenzeichen- und Markenschutz-Gesetzgebung als frei zu betrachten wären und daher von jedermann benutzt werden dürften.

Umschlaggestaltung: Erich Kirchner, Heidelberg
Herstellung: Renate Münzenmayer

SPIN 10669929   64/2202-5 4 3 2 1 0 – Gedruckt auf säurefreiem Papier

Vorwort

Liebe Studierende,

mit dieser vor Ihnen liegenden Sammlung von examensrelevanten Klausuren im Privatversicherungsrecht eröffnet der Springer-Verlag, Heidelberg, eine neue, an studentischen Bedürfnissen in besonderem Maße ausgerichtete Reihe. Die Klausuren sind nämlich nicht, wie sonst üblich, von einem einzelnen Hochschullehrer geschrieben, sondern stammen - mit einer einzigen Ausnahme - aus der Feder von sieben wissenschaftlichen Mitarbeitern/innen. Grundgedanke war, Klausuren von Menschen entwickeln zu lassen, die das Examen noch persönlich in frischer Erinnerung haben und daher mit den Bedürfnissen, Ängsten und Schwierigkeiten von denjenigen, die mit dem Buch arbeiten werden, noch persönlich vertraut sind. Dies müßte sich, so unsere Hoffnung, auf die Behandlung des Stoffes, die gewählte Sprache und die Art der Darstellung positiv auswirken. Natürlich war gleichzeitig klar, daß die Klausuren auf Examensniveau geschrieben sein müssen, weil sie anders ihren Zweck verfehlen würden. Deswegen haben wir zunächst bei der Stoffauswahl darauf geachtet, den Bereich des Privatversicherungsrechtes abzudecken, der das **examensrelevante Grundwissen** wiedergibt. Daneben hat jede Klausur einen mehraktigen Entstehungsprozeß hinter sich. Die Entwürfe sind von allen mehrfach gelesen, kritisch diskutiert und von mir schließlich auch korrigiert worden. Allerdings habe ich mich darauf beschränkt, juristisch notwendige Korrekturen vorzunehmen, und ansonsten die individuelle Note einer jeden Klausur erhalten. Der Wissens- und Erfahrungszuwachs, den wir alle durch das Erarbeiten dieses Buches gewonnen haben, ist immens. Wir hoffen, daß wir mit der Konzeption dieses Buches, jedenfalls im Bereich der juristischen Lehr- und Lernliteratur, zur Nachahmung anregen. Die Synergieeffekte auf allen Ebenen sind beachtlich und führen zu einer völlig neuen Qualität der Zusammenarbeit zwischen Hochschullehrer und wissenschaftlichen Mitarbeitern/innen. Dafür bedanke ich mich bei allen ganz besonders.

Prof. Dr. Hans-Peter Schwintowski

Inhaltsverzeichnis

Klausur Nr. 1: **Heinrichs neuer Feuerstuhl*** (M. Rehberg) 1
Zustandekommen des Versicherungsvertrages

Klausur Nr. 2: **Hüttenzauber**** (M. Rehberg) 11
*Rechtsnatur der Verbraucherinformation -
Widerrufsrecht nach § 5a VVG - Rumpfvertrag -
vorläufige Deckungszusage*

Klausur Nr. 3: **An der schwäbischen Eisenbahn***** (K. Schwarz) 29
*Spätschadenproblematik - Folgeereignis- und Schadens-
ursachetheorie - Zahlungsverzug bei Einzugsermächtigung*

Klausur Nr. 4: **Tunesischer Führerschein**** (H.-P. Schwintowski) 45
*Obliegenheiten vor und nach Eintritt des Ver-
sicherungsfalls - Führerscheinklausel - Relevanzrechtsprechung*

Klausur Nr. 5: **Kein Alarm trotz Alarmanlage***** (U. Mauntel) 55
*Falsche Schlüssel - Beweislast bei Einbruchsdiebstahl -
Gefahrerhöhung durch Unterlassen - objektive Gefahrerhöhung*

Klausur Nr. 6: **Unvollständiger Antrag***** (C. Brömmelmeyer) 73
*Vorvertragliche Anzeigepflichten - Rücktritt -
arglistiges Verschweigen - Risikoprüfungsobliegenheit -
Analogie zu § 21 VVG*

Klausur Nr. 7: **Der Pferdestallfall***** (C. Brömmelmeyer) 93
*Obliegenheiten - Wissensvertreter - Wissenserklärungsvertreter -
Repräsentantendoktrin - Relevanzrechtsprechung*

Klausur Nr. 8: **Klärchens Ballkleider***** (M. Ebers) 115
*Neuwertversicherung - Bereicherungsverbot -
Wiederbeschaffungsabsicht*

Klausur Nr. 9: **Klärchen läßt abbuchen**** (M. Ebers) 133
*Prämienabbuchung - Prämienanpassungsklauseln -
DAS-Urteil - Tagespreisurteil*

Klausur Nr. 10: **Der Sicherungsschein***** (Ph. Härle)..........151
Versicherung für fremde Rechnung - Leistungsfreiheit wegen Nichtzahlung der Erstprämie - Sicherungsschein für kreditgebende Bank - Kfz-Kaskoversicherung

Klausur Nr. 11: **Auge- und Ohr- Doktrin***** (U. Mauntel)..........167
Zurechnung des Wissens des Agenten - Abgrenzung zur Sachwalterhaftung - vorvertragliche Anzeigepflichten - Wissenszurechnung im Konzern

Klausur Nr. 12: **Ihr Kinderlein kommet***** (A. Jasper)..........187
Gesetzlicher Forderungsübergang nach § 67 Abs.2 VVG - Haftungsreduktion oder Haftungsausschluß durch anteilige Prämienzahlung

Klausur Nr. 13: **Mord durch Bezugsberechtigten***** (Ph. Härle)..........197
Bezugsberechtigung - Anfechtung des Lebensversicherungsvertrags - schriftliche Einwilligung der versicherten Person - vorvertragliche Anzeigepflichten

Stichwortverzeichnis..........215

Die Klausuren haben Examensniveau.

***   sehr hohes Niveau
**   hohes Niveau
*   mittleres Niveau

Abkürzungsverzeichnis

BTDrucks.	Drucksachen des Deutschen Bundestages
HUK-Verband	Verband der Haftpflichtversicherer, Unfallversicherer, Autoversicherer und Rechtsschutzversicherer
JRPV	Juristische Rundschau für die Privatversicherung
KTS	Konkurs-, Treuhand- und Schiedsgerichtswesen (Zeitschrift)
LM	Nachschlagewerk des Bundesgerichtshofs, hrsg. von Lindenmaier/Möhring u.a.
Motive	Motive zum Versicherungsvertragsgesetz
ÖOGH	österreichischer Oberster Gerichtshof
PflVG	Gesetz über die Pflichtversicherung für Kraftfahrzeughalter (Pflichtversicherungsgesetz)
RGBl.	Reichsgesetzblatt (1871 - 1921)
r + s	Recht und Schaden
UmweltHG	Umwelthaftungsgesetz
VAG	Gesetz über die Beaufsichtigung der privaten Versicherungsunternehmungen und Bausparkassen (Versicherungsaufsichtsgesetz)
VerBAV	Veröffentlichungen des Bundesaufsichtsamtes für das Versicherungswesen
VersR	Versicherungsrecht
VHB	Allgemeine Bedingungen für die Neuwertversicherung des Hausrats gegen Feuer-,Einbruchdiebstahl-,Baraubungs-, Leitungswasser-, Sturm- und Glasbruchschäden

VVG	Gesetz über den Versicherungsvertrag
VVGE	Entscheidungssammlung zum Versicherungsrecht
VW	Versicherungswirtschaft
ZfS	Zeitschrift für Schadensrecht
ZfV	Zeitschrift für Verwaltung
ZHR	Zeitschrift für das gesamte Wirtschafts- und Handelsrecht
ZIP	Zeitschrift für Wirtschaftrecht und Insolvenzpraxis
ZVersWiss.	Zeitschrift für die gesamte Versicherungswissenschaft

Im übrigen entsprechen die Abkürzungen Kirchner, Abkürzungsverzeichnis der Rechtssprache, 4. Auflage 1993.

Klausur Nr. 1*

Heinrichs neuer Feuerstuhl

Angelehnt an: BGH NJW 1951, 313; VersR 1991, 910; VersR 1951, 114; OLG Hamm VersR 1971, 1031

Zustandekommen des Versicherungsvertrages

Heinrich (H) ist überglücklich. Er darf sich ein Kraftrad kaufen, obwohl er erst 16 Jahre alt ist. Hierfür haben ihm seine Eltern sogar Geld zum Geburtstag geschenkt und aufgegeben, sich um den „Rest" selbst zu kümmern. Kaum hat er die „Karre" erstanden, klingelt auch schon am 4. Oktober 1995 völlig überraschend der freundliche Versicherungsvertreter Sorgenlos (S) an der Haustür. Schnell überzeugt ihn der redegewandte Herr von den Vorzügen einer Haftpflichtversicherung der Caropa-AG (C) für das Kraftrad mit einer Laufzeit von einem Jahr. Als ihm auch noch die Versicherungsbedingungen sowie die nach § 10a VAG i.V.m. § 5a VVG erforderliche Verbraucherinformation vollständig ausgehändigt werden, unterschreibt H zufrieden das Antragsformular. Dieses bestimmt u.a., daß der C eine zweiwöchige Annahmefrist (ab Zugang des Antrags) zustehen soll. Erfreut über dieses korrekte Verhalten unterschreibt H sogleich eine Einzugsermächtigung, die S dankend entgegennimmt. Wenige Tage später wird H bei der C intern zwar als neuer Kunde vermerkt, durch ein Versehen wird ihm dies aber nicht mitgeteilt. Als er nach zehn Tagen immer noch keine Antwort, geschweige denn den Versicherungsvertrag (VV) in Händen hält, entschließt er sich, eine erste Monatsprämie vorsichtshalber vorab zu überweisen. Endlich bekommt er am 8. November 1995 die ersehnte Versicherungsbestätigung der C zu den beantragten Bedingungen. Nur der Versicherungsschein fehlt. Mittlerweile haben die Eltern von dem Abschluß erfahren. Da sie schon sehr schlechte Erfahrungen mit der C sowie deren Vertretern gemacht haben, wollen sie von dem Vertrag nichts wissen.

Doch am nächsten Tag zieht die C nochmals eine Monatsprämie von Hs Konto ab (einem Sachbearbeiter war entgangen, daß H bereits einmal gezahlt hatte). Dies gefällt den Eltern gar nicht und schon fünf Wochen später schreiben sie der C unter Aufklärung aller Umstände, daß sie den ganzen Vertrag für „null und nichtig" halten. Die C meint dagegen, auch die weiteren Folgeprämien abbuchen zu dürfen. Zu Recht?

Lösung

Die C könnte einen Anspruch gegen H auf Zahlung der weiteren Prämien nach § 1 Abs. 2 S. 1 VVG haben.

Dies setzt zunächst voraus, daß zwischen H und C ein wirksamer Versicherungsvertrag abgeschlossen worden ist.

I. Versicherungsvertrag

1. Rechtsfähigkeit

Die C ist nach § 1 Abs. 1 S. 1 AktG juristische Person und daher potentieller Vertragsgegner. Die Minderjährigkeit des H beschränkt nur dessen *Geschäfts*fähigkeit (vgl. § 104 ff. BGB), nicht aber seine Rechtsfähigkeit nach § 1 BGB.

juristische Person

2. Vertragsschluß

Für den Abschluß eines Versicherungsvertrages gelten die Vorschriften des BGB, welche durch das VVG modifiziert und ergänzt werden.[1]

Daher bedarf es nach den §§ 145ff. BGB mit Antrag und Annahme zweier korrespondierender Willenserklärungen.

a. Antrag

H hat das Antragsformular unterschrieben[2] und an S übergeben. Gemäß § 43 Nr. 1 VVG[3] gilt dieser als zur Entgegennahme von Versicherungsanträgen bevollmächtigt. Der Antrag ist daher der C zugegangen (vgl. § 164 Abs. 3 BGB).

---

[1] BRUCK/MÖLLER, VVG^8 I; § 1, Anm. 53.
[2] Eine Schriftform ist grundsätzlich nicht erforderlich (BGH VersR 1963, 718; 1951, 115; MOTIVE 75), denn auch im Versicherungsrecht gilt der Grundsatz der Formfreiheit (BGH VersR 1975, 1092). Eine abweichende Vereinbarung - etwa in AVB - ist aber zulässig und in der Praxis allgemein üblich (BGH a.a.O.).
[3] Auf die Abgrenzung zwischen Vermittlungsagent (vgl. § 43 Nr. 1 VVG) und Abschlußagent (§ 45 VVG) kommt es hier nicht an.

b. Annahme

konkludent

Die C müßte den Antrag des H angenommen haben. Die Annahme kann ausdrücklich oder konkludent, schriftlich oder mündlich erfolgen.[4] Allerdings widerspricht eine schlüssige Annahmeerklärung regelmäßig der Verkehrsanschauung, da die Leistung des VR sinnlich nicht wahrnehmbar ist.[5]

aa. Entgegennahme der Einzugsermächtigung

Überprüfungsinteresse

Möglicherweise liegt in der Entgegennahme der Einzugsermächtigung[6] durch S eine Annahme der C. Dies ist durch Auslegung (§§ 133, 157 BGB) unter verständiger Würdigung der Verkehrssitte zu ermitteln. Regelmäßig hat der VR ein berechtigtes Interesse an einer eingehenden Überprüfung des Antrags.[7] Diesem Zweck dient auch die dem VN gegenüber erklärte Ausbedingung einer Annahmefrist,[8] was gegen eine sofortige Bindung der C spricht. Sie hat daher durch Entgegennahme[9] der Einzugsermächtigung das Angebot des H nicht angenommen.

bb. Interne Eintragung des H bei C

fehlende Annahmeerklärung

C hat vor Ablauf der Antragsbindungsfrist von zwei Wochen H als neuen Kunden intern vermerkt. Hieraus geht der Wille hervor, den Antrag des H annehmen zu wollen. Nach § 130 Abs. 1 S. 1 BGB wird eine Erklärung Abwesenden gegenüber jedoch erst mit Zugang an den Empfänger wirksam, was hier nicht erfolgt ist.

---

[4] Zur Formfreiheit a.a.O. (Fn 2).
[5] BGH NJW 1951, 313.
[6] Auf die Frage der Wirksamkeit der Einzugsermächtigung (H ist minderjährig) kommt es nicht an, da diese nur indirekt für die Auslegung des Verhaltens der C von Bedeutung ist.
[7] OLG Hamm VersR 1971, 1031; OLG Köln VersR 1983, 579.
[8] Darüber hinaus wäre daran zu denken, in der Annahmefrist auch eine entsprechende Beschränkung der Vertretungsmacht (vgl. § 47 VVG) des S zur sofortigen Annahme zu sehen.
[9] Anders verhält es sich bei deren Gebrauchnahme nach einiger Zeit (BGH VersR 1975, 1092; 1980, 966; a.A. etwa LG Essen r+s 1976, 2).

Der Zugang[10] dieses Erklärungsinhaltes könnte aber nach § 151 S. 1 BGB ausnahmsweise entbehrlich sein, hätte H konkludent auf den Zugang der Annahmeerklärung verzichtet oder wäre nach der Verkehrssitte ein Zugang nicht zu erwarten.

Eine Verkehrssitte, wonach ein Zugang gemäß § 151 S. 1 Alt. 1 BGB nicht zu erwarten ist, besteht im Versicherungsgewerbe nicht.[11] Der VN soll wissen, ob er nach Ablauf der Annahmefrist einen anderen Antrag stellen kann, ohne der Gefahr einer doppelten Prämienzahlung ausgesetzt zu sein. Diese Sicherheit kann er nur haben, wenn ihm das Ergebnis der Entscheidungsfindung des VR auch tatsächlich mitgeteilt wird.

§ 151 S. 1 Alt. 1 BGB

Aus den gleichen Gründen kann in der sofortigen Aushändigung der Einziehungsermächtigung an S auch kein Verzicht auf den Zugang i.S.d. § 151 S. 1 Alt. 2 BGB gesehen werden. Das Interesse des VN an einer sofortigen Zahlung liegt vielmehr regelmäßig darin, die Rechtsfolge des § 38 Abs. 2 VVG zu vermeiden. Dies gilt auch dann, wenn wie hier die Zahlung der Erstprämie vor Zugang der Annahmeerklärung des VR liegt. Daher kann offengelassen werden, ob eine mögliche Einwilligung der Eltern zum Vertragsabschluß des H auch einen derartigen Verzicht umfassen würde.

§ 151 S. 1 Alt. 2 BGB

Die C hat das Angebot des H nicht durch die interne Eintragung als Kunden angenommen.

cc. Schreiben an H

Die C könnte den Antrag durch ihr Schreiben, welches am 8. November 1995 bei H einging, angenommen haben. Zu diesem Zeitpunkt war die Antragsbindungsfrist (vgl. §§ 146, 148 BGB) von zwei Wochen jedoch schon abgelaufen. Damit

neuer Antrag

---

[10] Erforderlich bleibt weiterhin eine Willenserklärung, d.h. eine eindeutige, nach außen hervortretende Betätigung des Annahmewillens (RG 117, 314; BGH 74, 356; h.M.). § 151 S. 1 BGB macht nur den Zugang entbehrlich.
[11] RG 81, 20; BGH VersR 1951, 114.

gilt diese verspätete Annahme nach § 150 Abs. 1 BGB als Ablehnung, verbunden mit einem neuen Antrag.[12]

Dies gilt auch dann, wenn man in der Überweisung der Prämie durch S ein erneutes Angebot auf Abschluß des Versicherungsvertrages sieht. Denn auch für dieses wird in Ermangelung gegenteiliger Anhaltspunkte jedenfalls die Annahmefrist von zwei Wochen gelten. Diese wäre ebenfalls überschritten.

c. Annahme des neuen Angebots durch H

H müßte das neue Angebot seinerseits angenommen haben.

aa. Schweigen als Annahme

Schweigen grundsätzlich nicht Zustimmung

Möglicherweise liegt in dem Schweigen des H und seiner Eltern[13] auf den Brief der C eine Annahme. Nach allgemeinen Grundsätzen[14] ist das Schweigen nicht als Zustimmung anzusehen.[15] Zwar enthält § 5 Abs. 3 PflVG bei Haftpflichtverträgen zur Kraftfahrzeugversicherung eine Ausnahmeregelung. Diese gilt aber nur für das Schweigen des VR auf den Antrag des VN, nicht umgekehrt.

Schweigen auf verspätete Annahme

Nach Ansicht des BGH[16] soll das Schweigen auf eine verspätete Annahmeerklärung hingegen in der Regel als Einverständnis zu werten sein. Es handele sich nur um ein formell neues Angebot. Nach den Grundsätzen der Verkehrsübung und von Treu und Glauben sowie nach dem mutmaßlichen Parteiwillen sei in Ermangelung besonderer Umstände das Schweigen als Annahmeerklärung aufzufassen.

---

[12] BGH NJW 1951, 313; OLG Köln VersR 1966, 869.
[13] Da beide Teile es unterließen zu widersprechen, kann dahingestellt bleiben, ob H für sein Schweigen der Einwilligung der Eltern bedurfte.
[14] PALANDT/HEINRICHS, BGB-Kommentar[57], Einf. v. § 116, Rn 7.
[15] BGH VersR 1969, 415; 1987, 923; LG Köln VersR 1967, 274; allg. PETER SCHWERDTNER, Schweigen im Rechtsverkehr, Jura 1988, 443.
[16] BGH NJW 1951, 313; VersR 1955, 738; zust. OLG Braunschweig VersR 1967, 853.

Dieser Ansicht tritt die h.L.[17] entgegen. Der mutmaßliche Parteiwille des VN bestehe allein darin, rechtzeitig Versicherungsschutz zu erhalten. Diesen erwerbe der VN nach § 38 Abs. 2 VVG nur, wenn neben dem formellen Vertragsschluß auch die Prämie erbracht wurde. Dann aber sei regelmäßig die Beitragszahlung und nicht das Schweigen als Annahmeerklärung zu werten.

Beitragszahlung als Annahme

Im vorliegenden Fall hat H allerdings die Prämie schon gezahlt. Daher erscheint es angemessen, auch unter Zugrundelegung der Literaturansicht eine wirksame Annahme zu bejahen. Denn hier erlangt H tatsächlich dann am ehesten Versicherungsschutz, wenn er das Angebot der C schnellstmöglichst annimmt. H hat somit durch sein Schweigen das Angebot der C angenommen.

Ergebnis

bb. Unterlassener Widerspruch gegen Prämieneinzug

Eine Annahme des H könnte jedenfalls darin zu sehen sein, daß er und seine Eltern es fünf Wochen lang unterließen zu widersprechen, nachdem die C von der Einziehungsermächtigung Gebrauch gemacht hatte.

Nach Ansicht der Rechtsprechung[18] liegt in der Einziehung der Erstprämie zumindest dann ein konkludentes Angebot des VR, wenn für den VN nach den Grundsätzen des redlichen Verkehrs keine Zweifel daran aufkommen mußten, daß der VR zu einem Vertragsabschluß bereit ist. Der VN nimmt dieses Angebot dann dadurch an, daß er dem Einzug nicht widerspricht und auf seinem Konto weiterhin für Deckung sorgt.

Prämieneinzug

Hier lag ein Angebot der C in ihrem verspäteten Annahmeschreiben an H. Wird dieses durch die Einziehung einer Prämie auch noch bestätigt, so kann nichts anderes gelten. Daher liegt jedenfalls in dem Schweigen des H und seiner

---

[17] ANTON MARTIN, Verspätete „Annahme" von Versicherungsanträgen, ZVersWiss 1976, 554; PRÖLSS/MARTIN/PRÖLSS, VVG-Kommentar[25], § 3, Anm. 4; siehe auch AG Rheine/Westf. VersR 1951, 19.
[18] BGH VersR 1975, 1092; 1991, 910.

Eltern auf die Prämieneinziehung die Annahme des Angebots der C.

3. Unwirksamkeit gemäß § 108 Abs. 1 BGB

Zustimmungserfordernis

Der Vertrag zwischen H und C könnte nach § 108 Abs. 1 BGB[19] wegen der nunmehr erklärten Verweigerung durch die Eltern endgültig[20] unwirksam sein. H ist 16 Jahre alt und daher beschränkt geschäftsfähig (§§ 2, 106 BGB). Die Wirksamkeit des Versicherungsvertrages hängt damit von der Zustimmung durch H´s Eltern als dessen gesetzliche Vertreter (§§ 1626 Abs. 1, 1629 Abs. 1 S. 1 BGB) ab. Die Zustimmung kann entweder im Voraus (Einwilligung - vgl. die Legaldefinition in § 183 S. 1 BGB) oder im Nachhinein (Genehmigung - § 184 Abs. 1 BGB) erfolgen.

Einwilligung

Eine solche Einwilligung könnte in der Zustimmung der Eltern zum Kauf des Kraftrads liegen. Dies ist durch Auslegung (§§ 133, 157 BGB) zu ermitteln. Jeder Führer eines Kraftfahrzeuges[21] ist nach § 1 PflVG zum Abschluß eines Haftpflichtvertrages verpflichtet. Dies spricht dafür, daß die Einwilligung der Eltern zum Kauf des Kraftrads regelmäßig auch den Abschluß einer entsprechenden Haftpflichtversicherung umfaßt.[22] Ansonsten könnte H das Kraftrad schließlich nicht gebrauchen. Andererseits können die Eltern ein gewichtiges Interesse daran haben, wenigstens darüber zu entscheiden, bei welcher Versicherung sich H versichern will. Letztlich kommt es hier aber auf diese Frage nicht an. So haben sie H erklärt, er solle sich um „den Rest" kümmern. Dies kann nur heißen, daß H selbständig und in eigener Verantwortung auch den notwendigen Versicherungsabschluß tätigen soll. Damit lag eine Einwilligung der

---

[19] Genauso vertretbar ist es, die Frage der Minderjährigkeit schon beim Antrag des H zu diskutieren. Auszugehen ist dann von § 107 BGB.

[20] Vor einer Erklärung durch den gesetzlichen Vertreter ist der Vertrag *schwebend* unwirksam.

[21] Nach der Legaldefinition in § 4 Abs. 1 S. 1 StVZO jedes maschinell angetriebene, nicht an Gleise gebundene Landfahrzeug.

[22] LG Saarbrücken VersR 1966, 33.

Eltern vor, die nachträgliche Ablehnung ist unbeachtlich. Der Vertrag ist nicht nach § 108 Abs. 1 BGB unwirksam.

4. Fehlen des Versicherungsscheins

Der Vertrag könnte wegen unterlassener Aushändigung des Versicherungsscheins unwirksam sein. Dem steht jedoch entgegen, daß dieser in erster Linie Beweiszwecken dient, nicht aber konstitutives Vertragselement ist.[23] Nach § 3 Abs. 1 VVG hat der VR eine Urkunde *über* den Versicherungsvertrag auszustellen. Dieser Wortlaut spricht dafür, den Versicherungsschein als vom eigentlichen Versicherungsvertrag getrennt anzusehen. Damit beschreibt diese Vorschrift lediglich eine Nebenpflicht des VR. Das Fehlen des Versicherungsscheins macht den Vertrag nicht unwirksam.

Versicherungsschein ist nicht vertragskonstitutiv

II. Widerrufsrecht nach § 5a VVG

Ein Widerrufsrecht nach § 5a Abs. 1 S. 1 VVG steht H, vertreten durch seine Eltern, nicht zu. Denn S hatte H vor Antragstellung die Versicherungsbedingungen sowie die Verbraucherinformation nach § 10a VAG ausgehändigt. § 5a VVG verlangt nicht, daß auch der Versicherungsschein übergeben wird.

Kein Widerrufsrecht nach § 5a VVG

III. Widerrufsrecht nach HWiG

H wurde an der Haustür zur Abgabe des Antrags überredet. Ihm stünde daher ein Widerrufsrecht zu, wären nicht nach § 6 Nr. 2 HWiG Versicherungsverträge vom Anwendungsbereich dieser Vorschrift ausgenommen.[24]

§ 6 Nr. 2 HWiG

---

[23] MOTIVE 75 („keineswegs Bedingung für die Wirksamkeit"); BGH NJW 1951, 313f.; VersR 1955, 738; ÖOGH VersR 1967, 148; OLG Stuttgart VW 1948, 400; LG Köln VersR 1957, 21.
[24] Vgl. KOCH, Das Widerrufsrecht des Antragstellers, VersR 1991, 726; KG DB 1993, 2174; Grund hierfür ist, daß § 8 Abs. 4 VVG als Spezialnorm den Besonderheiten der Versicherungswirtschaft Rechnung tragen soll, so BTDrucks. 11/8321 S. 12.

IV. Ergebnis

Zwischen H und C ist ein wirksamer Versicherungsvertrag zustande gekommen. Daher kann C nach § 1 Abs. 2 VVG bis zur Beendigung des Vertrages Prämienzahlung verlangen. Hierbei muß sie sich jedoch die von H zuviel gezahlte Prämie anrechnen lassen bzw. diese zurückzahlen (§ 812 Abs. 1 S. 1 Alt. 1 BGB).

Klausur Nr. 2**
Hüttenzauber

**Angelehnt an: BGHZ 2, 87; 21, 122;
BGH VersR 1955, 339**

*Rechtsnatur der Verbraucherinformation - Widerrufsrecht nach
§ 5a VVG - Rumpfvertrag - vorläufige Deckungszusage*

Herr Schuster (S) besitzt in einem abgelegenen Tal eine kleine Hütte für Werkzeuge und andere Gegenstände. Diese möchte er gegen Sturm versichern. Er füllt einen entsprechenden Versicherungsantrag aus, den er sich von seiner Versicherung, der Omnisecurus (OSV), hatte schicken lassen. Auf die Frage nach dem Wert der versicherten Sache gibt er zutreffend 50.000 DM an.

Kurz darauf, am 20. Mai 1996, erhält er den Versicherungsschein der OSV mitsamt der dem Vertrag zugrunde liegenden AVB. Diese bestimmen u.a., daß die erste Prämie "mit Vertragsschluß" fällig wird. Auch die Verbraucherinformation nach § 10a VAG ist mitsamt einer Widerrufsbelehrung beigefügt. Leider fehlt jede Angabe über die Laufzeit des Versicherungsvertrages. S denkt sich, die OSV werde sich wegen des Geldes schon selber melden und unternimmt erst einmal weiter nichts.

Drei Tage später trifft S den erfahrenen Meteorologen M, der ihn darüber aufklärt, daß seine Hütte derart in einer Windschneise liegt, daß die Gefahr von Stürmen fast doppelt so hoch ist als in dieser Gegend normalerweise üblich. S, der dies zum ersten Mal hört, meint, daß die OSV ja nicht alles zu wissen brauche und behält diese Kenntnis für sich.

Es vergehen keine vier Wochen. Schon tobt ein fürchterlicher Sturm, der die gesamte Hütte des S wegfegt. Nun ist S froh, die Versicherung abgeschlossen zu haben. Er informiert den zuständigen Sachbearbeiter der OSV und bittet um Überweisung von 50.000 DM.

Gleichzeitig überlegt er sich, daß es jetzt vielleicht angebracht sei, die erste Prämie zu zahlen und überweist das Geld an die OSV.

Zu seiner Verwunderung will die Versicherung aber nicht zahlen. Sie verweist darauf, daß ein wirksamer Vertrag zum Zeitpunkt des Sturms noch gar nicht bestanden habe. Jedenfalls erkläre sie den Rücktritt vom Vertrag. Sie habe nämlich erfahren, daß S die hohe Sturmgefährdung arglistig verschwiegen habe.

Abwandlung

Diesmal läßt sich S von einem Versicherungsagenten (A) beraten. Auf dem Antragsformular steht u.a. deutlich:

> *„Der Versicherungsagent ist zum Abschluß von Versicherungsverträgen nicht bevollmächtigt, eine dennoch erteilte Zusage bindet die OSV nicht.*
>
> *Der Antrag des VN kann binnen einer Frist von 2 Wochen angenommen werden".*

Dennoch sagt ihm A wegen der bevorstehenden Sturmsaison vorläufige Deckung zu, wofür S sehr dankbar ist. Allerdings verzichtet er auf Betreiben des A auf die sofortige Überlassung von AVB und Verbraucherinformation. Auf dem Antrag, den S unterschreibt, wird die Deckungszusage nicht vermerkt.

Nachdem 3 Wochen lang keine Reaktion der OSV erfolgt, zerstört ein Sturm die Hütte. S verlangt Zahlung und beruft sich auf die Zusage des A. Die OSV verweigert jede Zahlung. Sie habe - was zutrifft - hiervon nicht erfahren. Außerdem sei dieser zwar zu „normalen" Abschlüssen, nicht aber zur Erteilung einer vorläufigen Deckungszusage berechtigt. Schließlich habe S nicht eine einzige Prämie bezahlt.

Lösung

S könnte einen Anspruch auf Ersatz des Sturmschadens in Höhe von 50.000 DM gegen die OSV nach §§ 1 Abs. 1 S. 1, 49 VVG haben.[1]

Dies setzt voraus, daß ein wirksamer Versicherungsvertrag (VV) geschlossen wurde, der Versicherungsfall eingetreten ist und der OSV keine Einwendungen gegen den Zahlungsanspruch zustehen.

I. Vertragsschluß

Ein VV kommt nach den allgemeinen Vorschriften des BGB[2] durch Antrag und Annahme zustande (§§ 145ff. BGB).

1. Antrag

Möglicherweise liegt in der Zusendung des ausgefüllten Versicherungsantrags an die OSV ein wirksamer Antrag des S.

fehlende Unterlagen

Dem könnte entgegenstehen, daß S diesen abgab, ohne daß ihm AVB und Verbraucherinformation nach § 10a VAG ausgehändigt worden waren. Nach § 5a Abs. 1 S. 1 VVG gilt der Vertrag erst dann als abgeschlossen, wenn der VN nicht innerhalb von 14 Tagen nach Überlassung der Unterlagen (nämlich AVB und Verbraucherinformation)[3] widerspricht.

Deren Fehlen könnte dafür sprechen, den Antrag des S lediglich als „invitatio ad offerendum" zu qualifizieren.[4] Hierfür spricht, daß gerade der VV in seinem Inhalt wesentlich von den AVB

„invitatio ad offerendum"

---

[1] Daß es im Gutachten allein um diesen Anspruch gehen kann, ergibt sich aus der Bitte des S um Zahlung und der ablehnenden Haltung der Versicherung. Einer ausdrücklichen Fragestellung bedarf es hierfür nicht.
[2] Ergänzt und modifiziert durch das VVG, vgl. Fall 1.
[3] Vgl. den Wortlaut von § 5a VVG; hierzu gehört also nicht der Versicherungsschein.
[4] So REINHARD RENGER, Stand, Inhalt und Probleme des neuen Versicherungsrechts, VersR 1994, 758 in seiner als vorläufig bezeichneten Stellungnahme.

bestimmt wird.[5] Ohne die genaue Ausgestaltung der Einstandspflicht des VR läßt sich ein konkreter Inhalt schwerlich feststellen. Dieses Ergebnis entspräche auch der Praxis der meisten EG-Länder, anhand derer sich die 3. EG-Richtlinien[6] orientieren, welche für den Erlaß des § 5a VVG maßgeblich waren.[7]

Wortlaut und praktische Gründe

Andererseits spricht schon der Wortlaut des § 5a VVG („Antrag") für eine Willenserklärung im Sinne der §§ 145ff. BGB. Auch der Gedanke einer Strukturgleichheit von § 5a VVG und § 5 VVG, sowie die Tatsache, daß der Gesetzgeber nicht bestrebt war, an der bisherigen Vorgehensweise viel zu ändern,[8] sprechen gegen diesen Ansatz. Der VN bliebe außerdem bis zum Ablauf der Widerspruchsfrist ohne Versicherungsschutz. Er wäre also auf eine vorläufige Deckungszusage angewiesen.[9] Darüber hinaus ist der Antrag des VN spätestens dann kaum mehr als "invitatio ad offerendum" qualifizierbar, wenn die Information nur geringfügig unvollständig war. Die sich hieraus ergebende Notwendigkeit zur Differenzierung würde weitere Komplikationen mit sich bringen. Es erscheint daher vorzugswürdig, schon den Antrag des VN als rechtlich relevante Erklärung anzusehen, welche ihre endgültige Wirksamkeit allerdings erst durch Fristablauf erfährt.[10]

---

[5] MANFRED WANDT, Verbraucherinformation und Vertragsschluß nach neuem Recht, Münsteraner Reihe, Heft 24, 1995, 13f.

[6] Dritte Richtlinien zur Schadens- (92/49/EWG) und Lebensversicherung (92/96/EWG).

[7] Vgl. H.-P. SCHWINTOWSKI, Informationspflichten in der Lebensversicherung, VersWissStud. Bd. 2, 1995, 16; EGON LORENZ, Zum Abschluß eines Versicherungsvertrags nach § 5a VVG, VersR 1995, 619.

[8] Ausführlich EGON LORENZ, Neue Aspekte zum Abschluß eines Versicherungsvertrags, VersR 1997, 774, 776.

[9] Vgl. zur Problematik SCHWINTOWSKI, a.a.O. (Fn 7), 15.

[10] So jedenfalls im Ergebnis WANDT, a.a.O. (Fn 5), 21f.; PETER PRÄVE, Das Widerspruchsrecht des Versicherungsnehmers, ZfV 1994, 382; LORENZ, a.a.O. (Fn 7), 619; DÖRNER/HOFFMANN, Der Abschluß von Versicherungsverträgen nach § 5a VVG, NJW 1996, 155f. EDGAR HOFMANN, Die neue KfZ-Versicherung, 1. Aufl. 1994, 29.

Fraglich erscheint weiter, wie dieses Ergebnis konstruktiv herzuleiten ist. Einer Ansicht zufolge[11] soll bei Annahme des Antrags zunächst ein „Rumpfvertrag" entstehen, welcher nach Ablauf der Widerspruchsfrist umgewandelt wird. Hierfür wird der Wortlaut des § 5a VVG („gilt der Vertrag als abgeschlossen") angeführt, doch widerspricht diese Auslegung der Zielsetzung der zugrunde liegenden 3. EG-Richtlinien. Nach diesen soll vor Information gerade kein Vertrag zustande kommen.[12] Ein solcher „Rumpfvertrag" wäre zumeist auch inhaltsleer.

<small>Entstehen eines „Rumpfvertrags"</small>

Der geschilderten Zielsetzung wird es besser gerecht, den ohne die nach § 5a VVG erforderlichen Unterlagen gestellten Antrag als unter der aufschiebenden Bedingung (§ 158 Abs. 1 BGB) des Widerspruchs stehend anzusehen.[13] Denn § 5a VVG sollte faktisch die Beibehaltung der bisherigen Rechtslage ermöglichen,[14] indem er - abweichend von § 2 Abs. 1 Nr. 2 AGBG[15] - die nachträgliche Einbeziehung der Unterlagen zuläßt.[16]

<small>aufschiebend bedingter Antrag</small>

Daher liegt in der Zusendung des ausgefüllten Versicherungsantrags durch S an die OSV ein Antrag, der mit Bedingungseintritt (Ausbleiben des Widerspruchs) wirksam wird.

---

[11] HOFMANN, a.a.O. (Fn 10); DÖRNER/HOFFMANN, a.a.O. (FN 10).
[12] Näher WANDT, a.a.O. (Fn 5), 18; vgl. insbes. Art. 31 der Richtlinie 92/96/EWG sowie Artt. 31,43 der Richtlinie 92/49/EWG; dazu jetzt auch LORENZ, a.a.O. (Fn 8), 777.
[13] WOLFGANG RÖMER VW 1996, 928; Allerdings kann das gleiche Ergebnis auch direkt aus dem - zwingenden - § 5a VVG abgeleitet werden (wie etwa bei § 7 VerbrKrG oder § 1 HWiG).
[14] Zum Gesetzgebungsverfahren siehe RENGER a.a.O. (Fn 4), 75; vgl. auch bei Fn 8.
[15] § 23 Abs. 3 AGBG ist nicht mehr anwendbar, da die Vorabgenehmigungspflicht durch das BAV für alle seit dem 29. Juli 1994 abgeschlossenen Verträge aufgehoben wurde.
[16] § 5a VVG ist keine verbraucherfreundliche Lösung; kritisch deshalb - auch unter dem Aspekt der Richtlinienkonformität - SCHWINTOWSKI a.a.O. (Fn 7), 21.

2. Annahme

Annahme

Die OSV hat den Antrag des S durch Zusendung des Versicherungsscheins und der Unterlagen angenommen, so daß ein wirksamer Vertrag zustande gekommen ist.

Verbraucher-information unvollständig

Dieser Vertrag könnte allerdings - auch nach Ablauf von zwei Wochen - aufgrund der fehlenden Angabe über die Vertragslaufzeit nach § 5a VVG wegen unvollständiger Verbraucherinformation schwebend unwirksam sein. Nach § 10a Abs. 1 S. 1 VAG i.V.m. Anlage D I 1. d) zum VAG ist der VR verpflichtet, den VN hierüber zu informieren. Fraglich erscheint, ob § 5a VVG auch dann anwendbar ist, wenn die Unterlagen wie hier nur geringfügig unvollständig sind. Hiergegen wird angeführt,[17] daß dort nicht von „Verbraucherinformationen", sondern nur von „der Verbraucherinformation" als solcher die Rede sei. Bei unvollständigen oder fehlerhaften Unterlagen genüge der Schutz durch das AGBG sowie die Grundsätze der Anfechtung und des Verschuldens bei Vertragsverhandlungen.

Dem ist nicht zu folgen. Die Verbraucherinformation muß vollständig sein. Dies gilt nicht nur ausdrücklich nach Absatz 2 hinsichtlich des Beginns der Widerspruchsfrist, sondern auch für Absatz 1. Für das Widerspruchsrecht selbst kann nicht weniger gelten als für dessen Fristablauf.

3. Endgültige Wirksamkeit des Vertrages

S müßte es möglich sein, den Schwebezustand des Vertrages zu beseitigen. Denn grundsätzlich ist er nur aufgrund eines voll wirksamen Vertrages berechtigt, bei Eintritt des Versicherungsfalls Schadensregulierung zu verlangen.

Schwebezustand

Auch wenn die OSV sich weigerte, die fehlende Information nachzureichen, wäre es S möglich, sofort die Prämie zu zahlen. Dann würde schon nach dem Wortlaut des § 5a Abs. 2 S. 4 VVG der Vertrag mit Ablauf eines Jahres nach Zahlung der ersten Prämie wirksam. Darüber hinaus kann es dem S nicht

---

[17] LORENZ, a.a.O. (Fn 7), 618.

verwehrt sein, sich nach Prämienzahlung sofort auf die Wirksamkeit des Vertrages zu berufen.

Die OSV müßte sich auf ihr eigenes - nach § 10a VAG gesetzeswidriges - Verhalten stützen, nämlich unvollständig informiert zu haben. Dies ist nach § 162 Abs. 1 BGB[18] unzulässig.

Zwar ist es denkbar, daß auch der VN seinerseits das Recht auf Deckungsschutz dadurch verwirkt (§ 242 BGB), daß er den Vertrag absichtlich in der Schwebe hält, um nur im „Bedarfsfall" zahlen zu müssen. Hierfür bestehen im Sachverhalt aber keine Anhaltspunkte.

„Verwirkung"

Daher ist der Vertrag zu Gunsten des S als voll wirksam anzusehen.

II. Versicherungsfall

1. Eintritt

Mit Zerstörung der Hütte durch den Sturm ist der Versicherungsfall eingetreten.

Versicherungsfall

2. Materieller Versicherungsbeginn

Fraglich erscheint, ob der Versicherungsfall zu einem Zeitpunkt eintrat, an dem schon materieller Versicherungsschutz bestand (sog. materieller Versicherungsbeginn[19]). So tobte der Sturm zwar nach der Zusendung der Annahmeerklärung durch die OSV. Nach dem Wortlaut des § 158 Abs. 1 BGB wird der Vertrag bei Bedingungseintritt aber regelmäßig erst ex nunc, d.h. mit Wirkung nur für die Zukunft, wirksam. Zum Zeitpunkt des Schadenseintritts war die Widerspruchsfrist noch nicht abgelaufen.

materieller Versicherungsbeginn

---

[18] § 162 Abs. 1 BGB ist eine gesetzliche Ausgestaltung der im Rahmen des § 242 BGB bekannten Arglisteinrede ("exceptio doli").
[19] BRUCK/MÖLLER, VVG[8] I, § 2, Anm. 3.

Möglicherweise war hier jedoch nach § 159 BGB "ein anderes" vereinbart. Es ist durch Auslegung (§§ 133, 157 BGB) zu ermitteln, inwieweit materieller Versicherungsschutz schon mit Annahme durch die OSV eintreten sollte.[20]

systematische Stellung und Telos

Hierfür spricht, daß so eine Rechtslage geschaffen würde, die derjenigen vor Einführung des § 5a VVG entspricht. Denn auch früher setzte der materielle Versicherungsschutz mit Annahme durch den VN ein. Auch der Vergleich mit § 5 VVG legt eine solche Auslegung nahe, denn dort ist die Rückwirkung allgemein anerkannt.[21] Insbesondere ist eine solche Interpretation allein geeignet, gefährliche Deckungslücken im Versicherungsschutz des VN zu vermeiden. Denn dieser weiß häufig gar nicht, ob die Unterlagen unvollständig sind und er deshalb ein Widerspruchsrecht hat. Es widerspräche dem Schutzzweck des § 5a VVG, würde das zu Gunsten des VN angeordnete Lösungsrecht zur "Falle". Daher war nach § 159 BGB eine Rückbeziehung der Rechtsfolgen auf den Zeitpunkt der Vertragsannahme durch die OSV vereinbart.

Hilfserwägung

c.i.c.

Selbst für dann Fall, daß - abweichend von der hier vertretenen Ansicht - der materielle Versicherungsbeginn erst mit Erlöschen des Widerspruchsrechts einsetzt, könnte S nach § 249 S. 1 BGB in Verbindung mit den Grundsätzen des Verschuldens bei Vertragsschluß (culpa in contrahendo - c.i.c) so zu stellen sein, als wenn die Unterlagen von Anfang an vollständig ausgehändigt worden wären. Dies setzt voraus, daß die OSV verpflichtet war, die Unterlagen im Voraus auszuhändigen und diese Pflicht nicht nur in öffentlich-rechtlicher, sondern auch privatrechtlicher Hinsicht besteht.

---

[20] Auf die Anwendbarkeit von § 2 Abs. 2 VVG wird an anderer Stelle eingegangen (Aufbaufragen sind in einer Klausur nicht darzulegen).
[21] Vgl. BRUCK/MÖLLER, a.a.O. (Fn 19), § 5, Anm. 22.

Nach § 10a VAG i.V.m. Anlage D Abschnitt I wie auch den zugrundeliegenden Dritten Versicherungsrichtlinien[22] ist der VR zur Information "vor Abschluß des Versicherungsvertrags" verpflichtet. Dieser Wortlaut legt es nahe, hinsichtlich des maßgeblichen Zeitpunkts auf die Abgabe einer bindenden Willenserklärung abzustellen.[23] Eine Ansicht[24] zieht hieraus den Schluß, daß es nicht etwa auf den Antrag des VN, sondern vielmehr den Ablauf der Widerspruchsfrist ankomme. Dem ist nicht zu folgen. Die einzige bindende Willenserklärung, die der VN abgibt, ist dessen Antrag. Das Widerspruchsrecht ändert hieran nichts. Nicht der Vertragsschluß als solcher, sondern nur dessen Wirkungen sind an diese aufschiebende Bedingung (Ablauf der Widerspruchsfrist) geknüpft. Das bedingte Rechtsgeschäft selbst ist tatbestandlich vollendet.[25] Es ist nicht erkennbar, zu welchem anderen Zeitpunkt der VN eine bindende Willenserklärung abgeben sollte. Der bloße Ablauf der Widerrufsfrist reicht hierfür jedenfalls nicht.[26]

Information *vor* Antragstellung

Auch die Gesetzessystematik entspricht dieser Auslegung. So ist etwa im Rahmen von §§ 2 Abs. 1, 16 Abs. 1 S. 1 VVG anerkannt, daß "Schließung des Vertrags" den formellen Vertragsschluß meint.[27] Dies ist der Zeitpunkt, an dem der Vertrag durch Angebot und Annahme zustande kommt.[28] Warum dem "Abschluß" des Vertrages eine völlig andere Bedeutung zukommen soll, ist nicht ersichtlich.

Weiterhin entspricht nur diese Interpretation Sinn und Zweck der Dritten Richtlinien zum Versicherungsrecht.[29] Nach diesen soll die Verbraucherinformation dem VN als Entscheidungs-

---

[22] Vgl. Fn 6.
[23] So auch noch LORENZ, a.a.O. (Fn 8), 774 ("war und ist gemeint").
[24] LORENZ; a.a.O. (Fn 8), 776 (jetzt auf das Wirksamwerden abstellend) m.w.N.
[25] Vgl. nur PALANDT/ HEINRICHS, BGB-Kommentar[57], Einf. § 158, Rn 8 (auch der Wortlaut ist eindeutig).
[26] Ebensowenig wie etwa im Rahmen des HWiG oder VerbrKrG.
[27] BRUCK/MÖLLER, a.a.O. (Fn 19), § 2, Anm. 42; § 16, Anm. 8; PRÖLSS/MARTIN/PRÖLLS, VVG-Kommentar[25], § 17.
[28] BRUCK/MOELLER, a.a.O. (Fn 19), § 2, Anm. 42.
[29] Vgl. Fn 6.

grundlage dienen.[30] Diese Zielrichtung würde ad absurdum geführt, wenn der VR dem VN die Unterlagen fast ein Jahr vorenthalten dürfte. Diese richtlinienkonforme Auslegung[31] geht der entgegenstehenden Intention des nationalen Gesetzgebers[32] vor.

Im übrigen ist selbst im deutschen Recht weitestgehend anerkannt,[33] daß Äußerungen der am Gesetzgebungsverfahren Beteiligten, die sich aus den Gesetzesmaterialien ergeben, dem objektiven Sinngehalt einer Vorschrift nicht entgegengehalten werden können.

Deshalb kann der Weg über § 5a VVG nur Ausnahme sein. Im Regelfall ist die Verbraucherinformation *vor* Antragstellung zu gewähren.[34]

Doppelnatur

Die Informationspflichten nach § 10a VAG haben eine aufsichts-/privatrechtliche Doppelnatur.[35] Auch wenn diese Pflichten vom Gesetzgeber bewußt im gewerberechtlichen VAG verankert wurden,[36] schließt dies einen privatrechtlichen Inhalt nicht aus.[37] § 5a VVG ist insoweit nicht abschließend.[38] Ent-

---

[30] Vgl. Fn 12.
[31] Allgemein hierzu etwa EuGHE 1983, 449-RS 300/81.
[32] Vgl. die Ansicht des Finanzausschusses, BT-Drucks 12/7595 S. 102; § 5a VVG wurde auf Betreiben der Versicherungswirtschaft "in letzter Minute" (RENGER, a.a.O. (Fn 4)) eingefügt, um das hergebrachte Abschlußmodell zu retten (LORENZ, a.a.O. (Fn 8), 773).
[33] Vgl. nur BVerfGE 62, 45 m.w.N.
[34] SCHWINTOWSKI a.a.O. (Fn 7), 5; MANFRED WERBER, Alte und neue Informations- und Beratungspflichten des Versicherers und des Vermittlers, ZVersWiss 1994, 338f.; PETER PRÄVE, VW 1995, 92; ders. ZfV 1994, 374; *a.A.*, für eine Wahlfreiheit des Versicherers plädierend: WANDT, a.a.O. (Fn 5), 34f.; LORENZ, a.a.O. (Fn 7 und Fn 8) m.w.N.
[35] SCHWINTOWSKI, a.a.O. (Fn 7), 15; WINKLER V. MOHRENFELS, Informationspflichten in der Sachversicherung, VersWissStud, Bd. 2, 39; FRITZ REICHERT-FACILIDES, Informations- und Beratungspflichten des Versicherers, VW 1994, 562.
[36] HOFMANN, a.a.O. (Fn 10), 27: RENGER, a.a.O. (Fn 4), 756.
[37] §§ 15ff. VAG und § 13 Abs 1 a VAG sind z.B. auch privatrechtliche Vorschriften.
[38] WERBER a.a.O. (Fn 34), 342.

scheidend ist vielmehr für diese das Verhältnis VN zu VR betreffenden Pflichten, daß sie effektiv nur in privatrechtlicher Form durchsetzbar sind. Eine Beschränkung auf das Aufsichtsrecht würde den Zweck der zugrundeliegenden Richtlinie (Selbstregulierung der Märkte) vereiteln[39] und den Verbraucher unnötig recht- und waffenlos stellen.[40] Daher können Verletzungen der Informationspflicht Ansprüche aus c.i.c. oder pVV nach sich ziehen.

Zum letztlich gleichen Ergebnis führt es, wenn man § 10a VAG zwar als öffentlich-rechtliche Vorschrift ansieht, ihr aber inhaltlich identische privatrechtliche Pflichten nachbildet.[41]

Indem die OSV es versäumte, S vor Antragstellung zu informieren, hat sie eine Pflichtverletzung begangen, welche den Anwendungsbereich der c.i.c. eröffnet. Sie hat nach § 249 S. 1 BGB S so zu stellen, als wären ihm vollständige Unterlagen schon bei Vertragsschluß ausgehändigt worden. In diesem Fall hätte S zum Zeitpunkt des Eintritts des Versicherungsfalls Deckungsschutz gehabt. — § 249 S. 1 BGB

III. Keine Leistungsfreiheit nach § 38 Abs. 2 VVG

Möglicherweise kann sich die OSV nach § 38 Abs. 2 VVG auf Leistungsfreiheit berufen. Dies setzt voraus, daß die erste Prämie zwar schon geschuldet, aber noch nicht gezahlt wurde.[42] Hier hat S die erste Prämie erst nach Eintritt des Versicherungsfalls gezahlt. Andererseits oblag es der OSV, die schwebende Unwirksamkeit des Vertrages zu beseitigen. So ist anerkannt, daß der VR dann nicht schutzwürdig ist, wenn die nicht ordnungsgemäße Zahlung aus Umständen unterbleibt, die ihm anzulasten sind.[43] Wiederum gilt, daß § 5a VVG insoweit keine Schlechterstellung des Verbrauchers bewirken darf. Erst wenn — Fälligkeit

---

[39] SCHWINTOWSKI, a.a.O. (Fn 7), 8.
[40] REICHERT-FACILIDES a.a.O. (Fn 35), 562.
[41] RÖMER, a.a.O. (Fn 13).
[42] PRÖLSS/MARTIN/PRÖLSS, a.a.O. (Fn 27), § 2, Anm. 1.
[43] ÖOGH VersR 1962, 339; 64, 1283; 69, 1008; PRÖLSS/MARTIN/ PRÖLSS, a.a.O. (Fn 27), § 38, Anm. 5g).

feststeht, daß der VN nicht widerrufen wird, kann Prämienzahlung verlangt werden. Wenn die AVB (wie hier bei der OSV) vorsahen, daß die erste Prämie "mit Vertragsschluß" fällig wird, so ist hierin der Ablauf der Widerspruchsfrist zu sehen.[44]

IV. Keine Leistungsfreiheit nach § 2 Abs. 2 VVG

Zeitpunkt des Vertragsschlusses

Die OSV könnte nach § 2 Abs. 2 VVG von der Verpflichtung zur Leistung frei geworden sein. Dies setzt voraus, daß bei Schließung des Vertrages der Versicherungsfall schon eingetreten war und S zu diesem Zeitpunkt davon wußte. "Bei Schließung des Vertrages" i.S.d. § 2 Abs. 2 VVG meint den formellen Versicherungsbeginn, d.h. den Zeitpunkt, an dem der Vertrag durch Angebot und Annahme zustande gekommen ist.[45] Hier war der Vertrag - wenn auch aufschiebend bedingt - durch Annahme der OSV am 20.5.1996 zustande gekommen. Das bedingte Rechtsgeschäft selbst ist tatbestandlich vollendet.[46] Die OSV ist nicht nach § 2 Abs. 2 VVG von ihrer Leistungspflicht befreit.

V. Kein Rücktritt der OSV nach § 20 VVG

Verletzung der Anzeigepflicht

Die OSV könnte auch dann die Zahlung der 50.000 DM verweigern, wäre sie wirksam vom Vertrag zurückgetreten, § 20 Abs. 2 S. 2 VVG.

Die OSV hat S gegenüber ausdrücklich den Rücktritt erklärt, § 20 Abs. 2 S. 1 VVG. Sie hat hierbei die Frist des § 20 Abs. 1 VVG eingehalten.

Rücktrittsgrund könnte nach § 16 VVG die Verletzung der vorvertraglichen Anzeigepflicht sein. S müßte einen ihm bekannten und der OSV unbekannten, erheblichen Umstand zum Zeitpunkt des Vertragsschlusses verschwiegen haben.

Erheblichkeit

Erheblich ist jeder Umstand, der geeignet ist, auf den Entschluß des VR, einen Vertrag überhaupt oder wie vereinbart abzu-

---

[44] LORENZ, a.a.O. (Fn 7), 621.
[45] BRUCK/MÖLLER, a.a.O. (Fn 19), § 2, Anm. 42.
[46] Vgl. die Ausführungen zur Hilfserwägung.

schließen, Einfluß zu nehmen (§ 16 Abs. 1 S. 2 VVG). Maßgeblich sind die Grundsätze der Risikoprüfung.[47] Die größere Wahrscheinlichkeit eines Sturmes erhöhte offensichtlich[48] das Risiko der OSV und hätte deren Entscheidung beeinflußt. Dieser Umstand war S auch bekannt, nicht aber der OSV.

S müßte diesen Umstand "bei Schließung des Vertrages" verschwiegen haben. Dies meint - wie bei § 2 Abs. 2 VVG - den Zeitpunkt des formellen Vertragsschlusses.[49] Dieser war schon mit Annahme durch die OSV vollendet, auf den Ablauf etwa der Widerspruchsfrist kommt es nicht an (vgl. oben). Der VR wäre zu diesem Zeitpunkt ohnehin nicht mehr in der Lage, den Vertragsschluß zu verhindern. Wiederum ist zu beachten, daß § 5a VVG - verglichen mit der Rechtslage vor dessen Einführung - den VN nicht schlechter stellen sollte. Der VR ist ohnehin in der Lage (und verpflichtet), dieses Problem durch vollständige und rechtzeitige Information zu vermeiden.[50] Die OSV kann nicht vom Vertrag zurücktreten.

Anzeigepflicht

VI. Endergebnis

S kann von der OSV Zahlung von 50.000 DM verlangen.

Abwandlung

S könnte nach §§ 1 Abs. 1 S. 1, 49 VVG gegen die OSV einen Anspruch auf Zahlung von 50.000 DM haben. Dies setzt voraus, daß ein wirksamer VV geschlossen wurde, der Versicherungsfall eingetreten ist und der OSV keine Einwendungen gegen den Zahlungsanspruch zustehen.

---

[47] BGH VersR 1984, 629; PRÖLSS/MARTIN/PRÖLSS, a.a.O. (Fn 27), § 17, Anm. 2.
[48] Aufgrund dieser Offensichtlichkeit brauchen die tatsächlichen Geschäftsgrundsätze des VR nicht festgestellt zu werden (vgl. BGH VersR 1984, 629; OLG Köln r + s 1985, 230).
[49] PRÖLSS/MARTIN/PRÖLSS, a.a.O. (Fn 27), § 17, Anm. 3; BRUCK/MÖLLER, a.a.O. (Fn 19), § 16, Anm. 8.
[50] Die Grundsätze der obigen Hilfserwägung gelten daher auch hier.

I. Versicherungsvertrag

Ein solcher VV könnte in der Vereinbarung vorläufiger Deckung zwischen S und A liegen.

1. Rechtsnatur der vorläufigen Deckungszusage

eigenständiger VV

Der eigentliche VV und vorläufige Deckungszusage sind streng zu unterscheiden. Nach std. Rspr. des BGH[51] ist die vorläufige Deckungszusage ein Zeitvertrag besonderer Art, bei dem der materielle Versicherungsbeginn vorverlagert wird, um dem VN bis zum Abschluß oder zur Ablehnung des Hauptvertrages Versicherungsschutz zu gewähren. Trotz dieses vorläufigen Charakters ist die vorläufige Deckungszusage *echter VV*. Sie ist streng vom späteren Hauptvertrag zu trennen, da keine einheitliche, sondern eine vorläufige, die Zeit bis zur endgültigen Entscheidung überbrückende Vereinbarung gewollt ist.[52] Die Deckungszusage ist i.d.R. keine Rückwärtsversicherung i.S.d. § 2 VVG, da der Versicherungsschutz nicht vor, sondern mit Vertragsschluß beginnt.[53]

2. Einigung

A und die OSV müßten sich auf die Erteilung vorläufiger Deckung geeinigt haben. Dies setzt zwei korrespondierende Willenserklärungen voraus.

---

[51] BGHZ 2, 87; NJW 1951, 313.
[52] Ganz *h.M.*: RGZ 113, 150; 114, 321; 140, 318; BGHZ 2, 91; VersR 1951, 114, 195; 1958, 173; 1982, 381; OLG Celle VersR 1952, 92; VICTOR EHRENBERG, Handbuch des gesamten Handelsrechts, 1922, 107; PRÖLSS/MARTIN/PRÖLSS, a.a.O. (Fn 27), Zusatz zu § 1, Anm. 2; *a.A.*: BRUCK/MÖLLER, a.a.O. (Fn 19), § 1, Anm. 94 und wohl auch RGZ 10, 216.
[53] In einer Klausur dürfen derartige Ausführungen natürlich kürzer ausfallen.

a) Willenserklärung der OSV

Eine solche könnte seitens der OSV[54] in der Erklärung des A zu sehen sein, S vorläufige Deckung zu erteilen. Aus den Umständen (§ 164 Abs. 1 S. 2 BGB) ergibt sich eindeutig der Wille, im Namen der OSV zu handeln. Versicherungsagenten haben erkennbar kein Interesse daran, sich persönlich zu binden.

Der Wirksamkeit dieser Erklärung steht auch nicht entgegen, daß A nur eine mündliche Zusage gab und diese nicht auf dem Antrag des S vermerkt wurde. Denn wie jeder normale VV kann auch die vorläufige Deckung formlos vereinbart werden.[55] — *Formerfordernis*

A müßte mit Vertretungsmacht gehandelt haben (§ 164 Abs. 1 S. 1 BGB). Die gesetzliche Vertretungsmacht eines Vermittlungsagenten nach § 43 VVG umfaßt - anders als diejenige eines Abschlußagenten[56] (§ 45 VVG) - nicht die Zusage vorläufiger Deckung.[57] Hier war A nur Vermittlungsagent, weil zum Abschluß von Versicherungsverträgen nicht ermächtigt.

Nach den Grundsätzen der Auge- und Ohr Doktrin[58] ist es der OSV jedoch verwehrt, sich hierauf zu berufen. Sie muß sich an den Erklärungen und Zusagen des von ihr eingeschalteten Agenten festhalten lassen, denen der VN regelmäßig vertrauen darf.[59] Daher wirkt die Beschränkung der Vertretungsmacht des A nicht im Verhältnis von S zur OSV. — *Auge- und Ohr-Doktrin*

---

[54] Es kann offengelassen werden, welche Seite zuerst ein Angebot abgab.

[55] Daß das Reichsaufsichtsamt auf Schriftform wert legte (VA 1927, 95), ist ohne Belang (BGHZ 21, 122; VersR 1964, 840; OLG Celle VersR 1952, 92; OLG Karlsruhe VersR 1957, 797). Enthielte das Antragsformular eine "Schriftformklausel", so wäre die mündliche Zusage des A wirksam, Schriftform einvernehmlich abbedungen (§ 5 AGBG), vgl. OLG Karlsruhe VersR 1990, 889 f.

[56] RG 141, 410; BGH VersR 1956, 482; OLG Celle VersR 1952, 92.

[57] BGH NJW 1951, 313; BayObLG VersR 1957, 215; LG München VersR 1958, 590.

[58] BGH 102, 194; 107, 322; 116, 387; vgl. hierzu ausführlich Fall 10.

[59] OLG Hamm VersR 1982, 843; VersR 1983, 1047; OLG Köln r + s 1985, 284; mit anderer Begründung („gewohnheitsrechtliche Erfüllungshaftung") auch PRÖLSS/MARTIN/PRÖLSS, a.a.O. (Fn 27), § 43,

b) Willenserklärung des S

S hat in die Erteilung vorläufiger Deckung eingewilligt, einer besonderen Form bedurfte es hierfür nicht (vgl. o.). Wenn die OSV einwendet, hiervon keine Mitteilung bekommen zu haben, so ist dies in rechtlicher Hinsicht bedeutungslos. Nach § 164 Abs. 3 BGB wirkt der Zugang an den nach § 43 VVG empfangsberechtigten A unmittelbar gegen sie.

II. Kein vorzeitiges Erlöschen der vorläufigen Deckung

Beendigung

Zum Zeitpunkt des Versicherungsfalls müßte noch Versicherungsschutz bestanden haben. Die vorläufige Deckung endet nach § 158 Abs. 2 BGB, wenn die Verhandlungen über den in Aussicht genommenen Vertrag endgültig gescheitert sind.[60] Ein solches Scheitern liegt jedoch noch nicht in dem Ablauf der (hier 2-wöchigen) Antragsfrist, da die Parteien auch dann die Verhandlungen noch fortsetzen können.[61] Diese Verhandlungen müssen sich vielmehr "zerschlagen" haben,[62] was etwa dann der Fall wäre, wenn S erkennbar jegliches Interesse an einem Vertragsschluß verloren hätte.

Die vorläufige Deckung der OSV war daher zum Zeitpunkt des Sturms nicht erloschen.

III. Kein Widerspruchsrecht nach § 5a VVG

§ 5a Abs. 3 S. 1 VVG

Grundsätzlich stünde S ein Widerspruchsrecht nach § 5a Abs. 1 S. 1 VVG zu, da ihm bei Antragstellung weder AVB noch Verbraucherinformation ausgehändigt worden waren. Der Vertrag wäre also noch schwebend unwirksam. Nach § 5a Abs. 3 S. 1 VVG kann der VN jedoch bei Gewährung "sofortigen

---

Anm. 7 A b); *a.A.:* OLG Frankfurt/M VersR 1990, 782; LG Köln VersR 1085, 284.

[60] RGZ 107, 198; 150, 152; BGH VersR 1955, 339; 1958, 173.

[61] BGH Vers 1955, 339; BB 1955, 493; OLG Düsseldorf VersR 1961, 1009; OLG Hamm VersR 1984, 173; *a.A.:* LG München VersR 1958, 590.

[62] PRÖLSS/MARTIN/PRÖLSS, a.a.O. (Fn 27), Zusatz zu § 1, Anm. 3 sowie die eben zitierte Rspr.

Versicherungsschutzes"[63] auf die Überlassung der Unterlagen verzichten, sein Widerspruchsrecht entfällt (§ 5a Abs. 3 S. 3 VVG).[64] Selbst ohne einen solchen Verzicht könnte S den Schwebezustand beseitigen und den Vertrag ex tunc wirksam werden lassen.[65] Daher steht § 5a VVG einem Anspruch des S nicht entgegen.

IV. Keine Leistungsfreiheit nach § 38 Abs. 2 VVG

Die OSV könnte nach § 38 Abs. 2 VVG von der Verpflichtung zur Leistung frei geworden sein, da S zum Zeitpunkt des Eintritts des Versicherungsfalls noch keine Prämie entrichtet hatte. Jedoch gilt diese Vorschrift im Rahmen einer vorläufigen Deckungszusage als abbedungen.[66] Vielmehr wird die Prämie für die vorläufige Deckung üblicherweise in die erste Prämie des Hauptvertrages einbezogen.[67] § 38 Abs. 2 VVG steht dem Anspruch des S also nicht entgegen.

§ 38 Abs. 2 VVG

Ergebnis:

S kann von der OSV Zahlung von 50.000 DM verlangen.

---

[63] Dies meint vorläufige Deckung.
[64] Aber auch dann entfällt das Widerspruchsrecht nicht hinsichtlich des von der vorläufigen Deckungszusage streng zu trennenden Hauptvertrages.
[65] Vgl. die Ausführungen zu I.3. der Hauptlösung.
[66] BGHZ 21, 122; OLG Nürnberg VersR 1966, 916; OLG Hamm VersR 1982, 1042; 1987, 926; OLG Karlsruhe ZfS 1984, 60; anders wohl LG Frankfurt/M. VersR 1985, 658.
[67] BRUCK/MÖLLER, a.a.O. (Fn 19), § 1, Anm. 101; PRÖLSS/MARTIN/PRÖLLS, a.a.O. (Fn 27), Zusatz zu § 1, Anm. 3.

Klausur Nr. 3***
An der schwäbischen Eisenbahn

Angelehnt an: BGHZ 25, 34; BGHZ 79, 76

Spätschadenproblematik - Ereignis- und Schadenursachetheorie - Zahlungsverzug bei Einzugsermächtigung

Die Ex - GmbH, ein Unkraut- und Schädlingsbekämpfungsunternehmen, schloß am 20. Dezember 1994 mit der Versicherfix AG einen BetriebshaftpflichtVV. Der Vertrag war auf den 4. Dezember 1995 befristet. Der Ex-GmbH wurden bei Antragstellung die Allgemeinen Haftpflichtbedingungen (AHB) ausgehändigt. Es fand auch eine Belehrung über das Widerspruchsrecht statt. Die AHB lauten auszugsweise:

§ 1 Gegenstand der Versicherung

Der Versicherer gewährt dem Versicherungsnehmer Versicherungsschutz für den Fall, daß er wegen eines während der Wirksamkeit der Versicherung eingetretenen Schadensereignisses, das den Tod, die Verletzung oder Gesundheitsschädigung von Menschen (Personenschaden) oder die Beschädigung oder Vernichtung von Sachen (Sachschaden) zur Folge hatte, für diese Folgen auf Grund gesetzlicher Haftpflichtbestimmungen privatrechtlichen Inhalts von einem Dritten in Anspruch genommen wird.

§ 5 Obliegenheiten des Versicherungsnehmers, Verfahren

(1) Versicherungsfall im Sinne dieses Vertrages ist das Schadenereignis, das Haftpflichtansprüche gegen den Versicherungsnehmer zur Folge haben könnte.

(2) Jeder Versicherungsfall ist dem Versicherer unverzüglich, spätestens innerhalb einer Woche, schriftlich anzuzeigen.

Macht der Geschädigte seinen Anspruch gegenüber dem Versicherungsnehmer geltend, so ist dieser zur Anzeige innerhalb einer Woche nach Erhebung des Anspruchs verpflichtet.

§ 9 Vertragsdauer, Kündigung

Der Vertrag ist zunächst für die in dem Versicherungsschein festgesetzte Zeit abgeschlossen. Beträgt diese mindestens ein Jahr, so bewirkt die Unterlassung rechtswirksamer Kündigung eine Verlängerung des Vertrages jeweils um ein Jahr.

Nachdem die Ex-GmbH die erste Prämie überwiesen hatte, erteilte sie der Versicherfix AG im Februar 1995 eine Einzugsermächtigung für die Folgeprämien. Obwohl das Konto der Ex-GmbH über ausreichende Deckung verfügte, befand sie sich im Juli 1995 mit den Monatsprämien seit April 1995 im Rückstand, weil die Versicherfix AG vergessen hatte, ihre Forderungen einzuziehen. Mit Schreiben vom 8. Juli 1995 wurde die Ex-GmbH wegen der bis dahin aufgelaufenen Prämien in der § 39 Abs.1 VVG entsprechenden Form gemahnt. Das Schreiben enthielt folgenden Satz: „Mit dem erfolglosen Ablauf der gesetzten Zahlungsfrist ist die Kündigung des Versicherungsvertrags verbunden". Die Ex-GmbH ließ das Schreiben unbeachtet, denn sie hielt es wegen der erteilten Einzugsermächtigung für ein Versehen der Versicherfix AG.

Im Juli 1995 befreite die Ex-GmbH im Auftrag der Deutschen Bahn AG die Gleiskörper der Bahnstrecke Stuttgart - Ulm - Biberach von Unkraut. Das dabei verwendete Unkrauttilgungsmittel drang nach dem Versprühen über das Schotterbett der Gleise in den Boden ein, und wurde von den umstehenden Tannenbäumen aufgenommen.

Anfang Juli 1997 stellte das Forstamt Biberach fest, daß die Tannen entlang der Bahnstrecke Biberach - Ulm Nadeln verlieren und absterben. Daraufhin wendete es sich an die Deutsche Bahn AG, welche auf die Ex-GmbH verwies. Mit Schreiben vom 18. September 1997 teilte das Forstamt der Ex - GmbH die entstandenen Waldschäden in Höhe von 2366 DM mit und erhob am gleichen Tag Klage gegen die Ex-GmbH mit der Begründung, daß die Anspruchsvoraussetzungen von § 823 Abs.1 BGB, bzw. §§ 1,3 Abs.3 lit. a) UmweltHG gegeben seien.

Am 20. September 1997 zeigte die Ex-GmbH der Versicherfix AG den Schaden an. Am 11. Dezember 1997 lehnte diese die Gewährung von Versicherungsschutz mit dem Hinweis ab, daß der Versicherungsfall erst nach Beendigung des VV eingetreten sei. Das werde daraus deutlich, daß in der Vergangenheit der Begriff „Ereignis" in den §§ 1 und 5 AHB durch den Begriff „Schadenereignis" ersetzt worden sei. Die Ex-GmbH meinte, der Begriff „Schadenereignis" erfasse auch das den Schaden begründende Ereignis, das Absterben der Bäume. Die Versicherfix AG erwiderte darauf, daß sich die Ex-GmbH, selbst wenn ihre Ansicht zuträfe, im Verzug mit der Zahlung von Folgeprämien befunden habe und schon deshalb kein Anspruch auf Versicherungsschutz bestünde.

Hat die Ex-GmbH gegen die Versicherfix AG Anspruch auf Versicherungsschutz ?

Zusatzfrage

In § 10 der AHB wurde folgendes vereinbart:

> *Der Versicherungsfall ist die nachprüfbare erste Feststellung des Schadens durch den Geschädigten, einen sonstigen Dritten oder den VN[1].*

Ist mit dieser Bestimmung der Begriff des Versicherungsfalls eindeutig geregelt ?

---

[1] Vgl. Umwelthaftpflichtmodell des HUK-Verbandes, VerBAV 1993, 30 ff.

Lösung

Die Versicherfix AG (VR) wäre gem. § 1 VVG i.V.m. § 149 VVG verpflichtet, der Ex-GmbH (VN) Versicherungsschutz zu gewähren, wenn während der Wirksamkeit der Versicherung ein Schadenereignis eingetreten wäre, das die Beschädigung oder Vernichtung von Sachen zur Folge hatte und der VN aufgrund gesetzlicher Haftpflichtbestimmungen privatrechtlichen Inhalts von einem Dritten auf Schadenersatz in Anspruch genommen wird (§ 1 AHB).

I. Inanspruchnahme auf Schadenersatz durch einen Dritten

Die Ex-GmbH müßte von einem Dritten auf Schadenersatz in Anspruch genommen worden sein, § 1 AHB. Inanspruchnahme ist jede ernstliche Erklärung des Dritten gegenüber dem Versicherungsnehmer, aus der sich ergibt, daß der Dritte Ansprüche zu haben glaubt und diese verfolgen wird. Hier hat die Forstverwaltung Biberach spätestens mit Schreiben und Klageerhebung vom 18. September 1997 Schadenersatzansprüche gegen die Ex - GmbH erhoben.

Befreiungs- und Rechtsschutzanspruch

Fraglich ist, ob der Forstverwaltung tatsächlich ein Anspruch gegen den VN zusteht oder ob sie sich an die Deutsche Bahn AG halten muß. Diese Frage kann jedoch offenbleiben, denn in § 150 VVG und § 3 Abs.2 Nr.1 AHB ist geregelt, daß der VR den VN nicht nur von begründeten Schadenersatzansprüchen freizustellen hat, sondern darüber hinaus auch unbegründet erhobene Ansprüche abzuwehren hat. Die Haftpflichtversicherung gewährt damit zugleich Rechtsschutz. Der Rechtsschutzanspruch entsteht mit der Erhebung von Ansprüchen durch Dritte. Es reicht aus, daß der Dritte seinen Anspruch mit einem in den Schutzbereich des VV fallenden Rechtsverhältnis begründet.[2]

Schutzbereich des VV

In § 1 AHB ist vereinbart, daß der VR Deckung von Ansprüchen „auf Grund gesetzlicher Haftpflichtbestimmungen privat-

---

[2] PRÖLSS/MARTIN/VOIT, VVG-Kommentar[25], § 149 1 b) bb).

rechtlichen Inhalts" gewährt. Hier beruft sich das Forstamt auf § 823 BGB und §§ 1, 3 Abs.3 lit.a) UmweltHG. Es liegt also eine Inanspruchnahme durch einen Dritten i.S.d. § 1 AHB vor.

II. Wirksamer Versicherungsvertrag

Der Versicherungsfall müßte sich während der Wirksamkeit des VV ereignet haben.

Der VV wurde am 20. Dezember 1994 abgeschlossen und zwar befristet auf den 4. Dezember 1995. Es besteht auch kein Wirksamkeitshindernis gem. § 5a VVG, denn dem VN wurden die AHB, unter Belehrung über das Widerspruchsrecht, bei Antragstellung übergeben.

Der VV könnte sich gem. § 9 AHB automatisch verlängert haben. § 9 AHB setzt voraus, daß der VV für eine Dauer von über einem Jahr abgeschlossen wurde. Hier trifft das nicht zu. Der VV endete damit vertragsgemäß am 4. Dezember 1995.

§ 9 AHB

III. § 39 Abs.3 S.2 VVG, Kündigung wegen Verzugs mit einer Folgeprämie

Das Vertragsverhältnis könnte aber schon früher, nämlich durch den Ablauf der in der Mahnung vom 8. Juli 1995 bestimmten Zahlungsfrist beendet worden sein. Die mit der Mahnung des VRs verbundene Kündigung müßte wirksam gewesen sein, § 39 Abs.2 VVG.

Voraussetzung dafür ist, daß sich der VN mit der Zahlung einer Folgeprämie in Verzug befand. Hier wurde die Folgeprämie vom VR nicht rechtzeitig gutgeschrieben.

Es stellt sich die Frage, ob für einen Verzug i.S.d. § 39 VVG die bloße Nichtzahlung der Folgeprämie ausreicht oder ob die Nichtzahlung vom VN verschuldet sein muß.

Im Vergleich zu § 38 VVG, der nur von „nicht rechtzeitig" spricht und unstrittig ein „vertreten müssen" nicht fordert, ist in § 39 VVG dreimal von „im Verzuge" die Rede. Diese Wortwahl verweist auf die allgemeinen schuldrechtlichen Regeln.[3] Demnach setzt der Verzug i.S.d. § 39 VVG, so wie § 285 BGB, regelmäßig ein Verschulden voraus. Eine wirksame Kündigung läge also nur vor, wenn die nicht rechtzeitige Zahlung der Prämie in den Risikobereich des VN fiele.

Vertretenmüssen der Rechtzeitigkeit der Leistung

Der VN hat dem VR eine Einzugsermächtigung erteilt. Fraglich ist, wer das Risiko der nicht rechtzeitigen Zahlung im Lastschriftverfahren trägt. Aus § 269 BGB ergibt sich, daß es für die Rechtzeitigkeit der Leistung darauf ankommt, daß der Schuldner das seinerseits für die Leistung Erforderliche getan hat. Was das Erforderliche ist, folgt aus der Art der Schuld. § 270 BGB regelt, daß die Geldschuld grundsätzlich eine Schickschuld ist. Der Schuldner hat die rechtzeitige Versendung zu vertreten.[4]

Ist hingegen der Einzug im Lastschriftverfahren vereinbart worden, so übernimmt der VR das mit der rechtzeitigen Zahlung verbundene Risiko.[5] Die Geldschuld wird zur Holschuld.[6] Der VN hat in einem solchen Fall das seinerseits Erforderliche getan, wenn die Prämie bei Fälligkeit von seinem Konto abgebucht werden kann. Hier war das Konto des VN bei Fälligkeit ausreichend gedeckt. Der VN durfte davon ausgehen, daß der VR von der Ermächtigung rechtzeitig Gebrauch machen werde. Der VN hat somit die Nichtrechtzeitigkeit der Prämienzahlung nicht zu vertreten. Er befand sich nicht in Verzug.

Die dennoch ergangene Mahnung des VR ist nicht gem. § 39 Abs.1 VVG wirksam, selbst wenn sie inhaltlich dessen Erfordernissen genügt, denn es fehlt an einem Verzug des VN. Sie begründet nicht die Leistungsfreiheit des VR gem. § 39 Abs.2 VVG.

---

[3] HANS-LEO WEYERS, Versicherungsvertragsrecht[2], Rn 286.
[4] PALANDT/HEINRICHS, BGB-Kommentar[57], § 270 Rn 1.
[5] BGHZ 69, 366.
[6] PALANDT/HEINRICHS, a.a.O. (Fn 4), § 270 Rn 5.

In der Mahnung könnte die Abstandnahme vom Einzugsverfahren erblickt werden.[7] Ob die Mahnung dazu führen kann, daß die Verantwortung hinsichtlich der ab August 1995 fällig gewordenen Prämien wieder auf den VN überging, kann aber dahinstehen, denn für die ab August aufgelaufenen Prämien fehlt es an einer den Anforderungen des § 39 Abs.1 VVG entsprechenden Mahnung.

Abstandnahme vom Einzugsverfahren durch Mahnung ?

Der VV wurde nicht durch Kündigung, sondern vereinbarungsgemäß am 4. Dezember 1995 beendet.

IV. Versicherungsfall

Der Versicherungsfall müßte sich zu einem Zeitpunkt ereignet haben, der in den Wirksamkeitszeitraum des VV fällt. Der Versicherungsfall liegt in der Verwirklichung der versicherten Gefahr.[8] Aus § 1 Ziff.1 AHB ergibt sich, daß Gegenstand der Haftpflichtversicherung, und damit versicherte Gefahr, der Schutz vor der Möglichkeit ist, daß jemand aufgrund bestimmter Haftpflichttatbestände durch einen anderen auf Schadenersatz in Anspruch genommen wird.

Verwirklichung der versicherten Gefahr

Fraglich ist, in welchem Ereignis sich die versicherte Gefahr verwirklicht, denn im vorliegenden Fall bieten sich mehrere Anknüpfungspunkte an.

Die versicherte Gefahr könnte sich, wie der VN meint, während der Laufzeit des VV, also zwischen dem 20. Dezember 1994 und dem 4.Dezember 1995, oder, wie der VR behauptet, erst nach Beendigung des VV verwirklicht haben.

Der Schadensfall erstreckt sich vom Versprühen des Gifts bis zur endgültigen Feststellung des Absterbens der Bäume.

Würde man das Absterben der Bäume im Juli 1997 (im folgenden Folgeereignis genannt) als Eintritt des Versicherungsfalls ansehen, so läge dieser außerhalb des zeitlichen Geltungsbereichs des VV. Die Versicherfix AG würde nicht haften.

Folgeereignis

---

[7] BGHZ 69, 361 eher ablehnend.
[8] BGH VersR 1952, 179, 180.

Ursacheereignis	Sieht man hingegen den Versicherungsfall im Versprühen des Unkrautvertilgungsmittels im Juli 1995 (im folgenden Ursacheereignis genannt), so liegt der Versicherungsfall im Wirksamkeitszeitraum des VV.
claims-made	Die versicherte Gefahr könnte sich auch durch die Inanspruchnahme des VN durch einen Dritten, hier das Forstamt, verwirklicht haben, sog. claims-made-Prinzip.[9] Dieser Zeitpunkt, der 18. September 1997, liegt außerhalb der Wirksamkeit des VV.
Discovery-Prinzip	Man könnte den Versicherungsfall auch, so wie es das Umwelthaftpflichtmodell[10] tut, in der nachprüfbaren ersten Feststellung des Schadens durch den Geschädigten, einen sonstigen Dritten oder den VN sehen, sog. Discovery-Prinzip.
	Welcher dieser Vorgänge als Versicherungsfall anzusehen ist richtet sich nach dem Gesetz und den AHB.
gesetzliche Regelung	In § 149 VVG ist der Umfang der Haftung des Haftpflichtversicherers geregelt. Was die in dieser Vorschrift „während der Versicherungszeit eintretende Tatsache" ist, bleibt offen und wird erst näher in den AHB bestimmt.
Regelung in den AHB	In § 5 Nr.1 AHB wird der Versicherungsfall als „das Schadenereignis, das Haftpflichtansprüche gegen den Versicherungsnehmer zur Folge haben könnte" beschrieben. Der Versicherungsfall ist also jedenfalls ein Vorgang, der einer möglichen Anspruchserhebung vorausgeht.[11]
	Die AHB stellen auf das „Schadenereignis" ab. Damit scheidet die Inanspruchnahme durch einen Dritten als Versicherungsfall aus.[12]

---

[9] GERHARD LIMBERGER/ DETLEF KOCH, Der Versicherungsfall in der Gewässerschadenhaftpflichtversicherung, VersR 1991, 144 ff.
[10] Letzte Fassung in VerBAV 1993, 30 ff.
[11] BGHZ 79, 76.
[12] BRITTA HANNEMANN, Die Neubegründung der Lehre vom gedehnten Versicherungsfall, 34. Für ein Abstellen auf die „Inanspruchnahme" noch die Rspr. des RG, RGZ 114, 117, 119.

Diese Wortwahl verbietet ebenfalls eine Interpretation des Versicherungsfalls i.S.d. Discovery-Prinzips, denn die Feststellung eines Schadens setzt begrifflich voraus, daß das Schadenereignis bereits stattgefunden hat.

Fraglich ist, ob unter dem Begriff „Schadenereignis" das Ursache- oder das Folgeereignis zu verstehen ist. Das muß durch Auslegung ermittelt werden. AVB sind von der Verständnismöglichkeit eines Durchschnittsversicherungsnehmers, der über keine versicherungsrechtlichen Spezialkenntnisse verfügt,[13] einheitlich so auszulegen, wie sie von Verwendern und redlichen Vertragspartnern unter Abwägung der normalerweise beteiligten Kreise verstanden werden.[14]

Schadenereignis

Die Wortwahl „*Schaden*ereignis" könnte auf eine Interpretation im Sinne der Folgeereignistheorie hindeuten. Dafür spricht auch die historische Entwicklung des Ereignisbegriffs.

Früher war gem. § 1 Nr.1 AHB a.F. das „während der Wirksamkeit der Versicherung eingetretene Ereignis" erheblich. Unter Ereignis verstand die frühere Rechtsprechung das Folgeereignis,[15] also den Eintritt des realen Verletzungszustandes. Im Jahr 1980 änderte der BGH seine Rechtsprechung und stellte auf das Ursacheereignis ab.[16] Die Versicherer haben auf diese Rechtsprechungsänderung mit einer Änderung ihrer AHB reagiert: Der Begriff „Ereignis" wurde durch den Begriff „Schadenereignis" ersetzt.

historische Entwicklung des Ereignisbegriffs

Gegen eine Auslegung im Sinne der Folgeereignistheorie spricht, daß sich dem durchschnittlichen VN die Bedeutung dieser Vokabelauswechslung, sollte er von ihr Kenntnis erlangt haben, nicht erschließt.[17]

---

[13] BGHZ 84, 273.
[14] BGHZ 7, 368.
[15] BGHZ 25, 34.
[16] BGHZ a.a.O. (Fn 11).
[17] PRÖLSS/MARTIN/VOIT, a.a.O. (Fn 2), § 149 Anm. 2) A.) b).

Der Wortlaut der Vorschrift bleibt unklar: Unter „Schadenereignis" kann sowohl das den Schaden begründende Ereignis, als auch der Schaden selbst zu verstehen sein.[18] Der Wortlaut der Bedingungen und ihre historische Entwicklung führen also zu keinem Ergebnis.

Erwartungen des VN

Von wesentlicher Bedeutung für die Auslegung ist, was ein durchschnittlicher VN vom Versicherungsschutz in der Haftpflichtversicherung erwarten kann,[19] ob seinen Erwartungen eher die sog. Folgeereignis- oder die Ursacheereignistheorie entspricht.

Deckungserwartung des VN für Spätschäden

Für die vom BGH derzeit vertretene Ursacheereignistheorie spricht, daß der VN die berechtigte Erwartung hat, daß die Versicherung alle Schäden abdeckt, die auf einer während der Wirksamkeit der Versicherung gesetzten Ursache beruhen, sog. Spätschäden.

Serienschäden

Außerdem kommt die Ursacheereignistheorie dem VN im Fall von Serienschäden zugute: Pro Ursacheereignis entsteht ein (Teil-)Serienschaden, für den jeweils die gesamte Deckungssumme zur Verfügung steht.

Gegen die Ursacheereignistheorie sprechen aber, ebenfalls im Interesse des VN, gewichtige Gründe.

Prämienerhöhung

Erstens müssen, sofern die Prämie nicht ohnehin diese Schäden mitumfaßt, zur Deckung der Spätschäden Schadensreserven gebildet werden. Dies hat eine Prämienerhöhung zur Folge.

hoher Schaden und geringe Deckung

Zweitens besteht die Gefahr, daß für hohe Schäden geringe Deckungssummen zur Verfügung stehen. Denn die Höhe des Schadens richtet sich in aller Regel nach dem Preisniveau zur Zeit der Geltendmachung des Schadens. Die Deckungssummen

---

[18] BGHZ a.a.O. (Fn 15), 37 „andererseits ist das Schadenereignis nicht etwa gleichzusetzen mit dem Schaden selbst".
[19] BGH VersR 1981, 174.

bestimmen sich dagegen nach dem Zeitpunkt des Kausalereignisses.[20]

Desweiteren kann der VN den Umfang des Versicherungsschutzes nicht immer dem aktuellen Stand des VV entnehmen, etwa wenn eine Erhöhung oder Verringerung der Deckungssumme stattgefunden hat.

Unsicherheit über Umfang des Versicherungsschutzes

Für den VN kann es unter Umständen sehr schwer sein, das Ursacheereignis festzustellen und zu beweisen, denn das Ursacheereignis liegt weiter in der Vergangenheit als das Folgeereignis. Besonders schwierig wird es dann, wenn die Ursache in einem Unterlassen besteht.

Beweis des Ereigniszeitpunkts

Für die vom BGH ursprünglich vertretene Folgeereignistheorie spricht weiter, daß der VN bei Abschluß des VV erwartet, daß ihm Versicherungsschutz für alle während der Dauer des VV eintretenden Schäden gewährt wird, auch wenn das Ursacheereignis vor Versicherungsbeginn stattfand.

Sofortschutz

Auch hat der VN ein Interesse daran, alle während der Wirksamkeit des VV entstehenden Schäden durch den aktuellen VR abdecken zu lassen. Wechselt etwa der VN die Versicherung nach Eintritt der Schadensursache, so müßte er sich bei Schadenseintritt an seinen früheren VR verweisen lassen, von dem er sich möglicherweise wegen Meinungsverschiedenheiten über die Schadensregulierung getrennt hatte.

Schutz durch den aktuellen VR

Gegen die Folgeereignistheorie spricht, daß es für den VN unter Umständen sehr schwer sein wird, den Ereigniszeitpunkt festzustellen und zu beweisen, denn auch für die Bestimmung des Folgeereignisses bieten sich unterschiedliche Anknüpfungszeitpunkte an. Hier etwa das Eindringen der Chemikalie in den Baum oder das spätere nach außen sichtbare Absterben der Bäume.

Anknüpfung für das Folgeereignis

---

[20] HANS-GEORG JENSSEN, Der Ereignisbegriff in der Haftpflichtversicherung, ZVersWiss 87, 425, 440; JOACHIM KUWERT, Allgemeine Haftpflichtversicherung, 29.

Nachhaftungsfälle	Außerdem werden in den Fällen, in denen das Folgeereignis nach dem Ablauf der Versicherungszeit eintritt, sog. Nachhaftungsfälle, oft unbillige Ergebnisse erreicht: Versichert sich der VN nach Ablauf der Versicherung nicht anderweitig, so hat er in diesen Fällen keinen Deckungsschutz mehr. Erben und Testamentsvollstrecker könnten mit ihnen unbekannten und ungedeckten Haftpflichtansprüchen aus den Lebzeiten des Erblassers überzogen werden.[21]
Zwischenergebnis: Der Ereignisbegriff ist unklar	Im Ergebnis bleibt der Ereignisbegriff in den AHB n.F. auch im Hinblick auf das Interesse des VN unklar, denn die Vor- und Nachteile beider Theorien halten sich für ihn die Waage. Jedenfalls bedeutet die Begriffsänderung durch den BGH keine Besserstellung des VN. Im Gegenteil: Das Schwanken der Rechtsprechung ist ihm nicht zumutbar, weil dadurch eine erhebliche Rechtsunsicherheit begründet wird.
Anwendung des § 5 AGBG	Gem. § 5 AGBG gehen Unklarheiten bei der Auslegung Allgemeiner Geschäftsbedingungen zulasten des Verwenders. Voraussetzung ist, daß sich die Mehrdeutigkeit der Klausel nicht durch Auslegung beseitigen läßt. Die Auslegung muß objektiv erfolgen und hat sich nach dem typischen Verständnis redlicher Vertragspartner unter Abwägung ihrer gegenseitigen Interessen zu richten.[22]
	Die oben angestellten Erörterungen zeigen, daß der Begriff des Schadenereignisses auch nach Auslegung unklar bleibt.
kundengünstigste Auslegung	Fraglich ist also, welches die kundengünstigste Auslegung des Begriffs Schadenereignis ist. Ob die Bestimmung der kundengünstigsten Deutungsalternative aufgrund eines individuell-konkreten Maßstabs oder generalisierend-abstrakt zu bestimmen ist,[23] ist umstritten, kann hier aber dahingestellt bleiben: Die für den VN sowohl unter abstrakten als auch individuellen Gesichtspunkten günstigste Auslegung läßt sich nicht zugunsten der Ursache- oder der Folgeereignistheorie entscheiden.

---

[21] PRÖLSS/MARTIN/VOIT, a.a.O. (Fn 2), § 149 2)A.)b).
[22] BGHZ 102, 380.
[23] WOLF/HORN/LINDACHER, AGB-Gesetz³, § 5 Rn 30.

Die Vorteile der einen Theorie sind die Nachteile der anderen und umgekehrt.

Für den VN ist demnach die Auslegung am günstigsten, nach der ihm größtmöglicher Deckungsschutz zukommt. Dies ereicht man, indem man den Begriff „Schadenereignis" dahingehend auslegt, daß sowohl das Ursache-, als auch das Folgeereignis umfaßt sind.[24]

V. Endergebnis

Der VR ist verpflichtet, dem VN Versicherungsschutz zu gewähren.

Hinweis

Wer sich aufgrund des Wortlauts der AHB für die Folgeereignistheorie entschieden hat gelangt damit nicht automatisch zur Ablehnung des Anspruchs auf Versicherungsschutz. Vielmehr sind die nachfolgenden Erörterungen anzustellen:

Das Folgeereignis

Als Folgeereignis wird das den Schaden unmittelbar auslösende Ereignis[25] bezeichnet.

Fraglich ist, ob das Folgeereignis, so wie der VR meint, tatsächlich im augenfälligen Absterben der Bäume zu sehen ist.

Für das Folgeereignis könnten auch andere Anknüpfungspunkte in Betracht kommen. Dieses Problem entsteht immer dann, wenn der Schaden nicht unfallartig eintritt, sondern in einem allmählichen Prozeß entsteht, sog. gedehnter Versicherungs-

gedehnter Versicherungsfall

---

[24] Es kann dahingestellt bleiben, ob dieses Ergebnis auch über den Gedanken der Verletzung des Transparenzgebots, § 9 AGBG, und eine Ausfüllung der durch die Unwirksamkeit der Klausel entstehenden Lücke durch § 149 VVG erreicht werden kann. Vgl. dazu H.-P. SCHWINTOWSKI, Lücken im Haftpflichtdeckungsschutz, demnächst in VuR.
[25] BGH VersR 1957, 499, 500.

fall.²⁶ Im vorliegenden Fall zieht sich der Anknüpfungszeitraum für das Folgeereignis vom Eindringen des ersten Tropfens der Chemikalie in den Baum, über die erste ernsthafte Beeinträchtigung der inneren Gesundheit des Baumes bis hin zum sichtbaren Abfallen der Nadeln.

Sichtbarkeit

Für die Ansicht des VR spricht, daß ein realer Verletzungszustand jedenfalls dann gegeben ist, wenn die Schädigung nach außen für jeden sichtbar ist.²⁷

Theorie des ersten Tropfens

Die für die Gewässerhaftpflicht entwickelte Theorie des ersten Tropfens stellt auf das Eindringen des ersten Tropfens einer Chemikalie in das geschädigte Objekt ab,²⁸ denn dies stelle den Beginn der Rechtsgutsverletzung dar. Würde man dieser Theorie folgen, so läge das Folgeereignis noch im Wirksamkeitszeitraum des VV.

Gegen diese Theorie wird eingewendet, daß sie zu abstrakt ist und der erste Tropfen haftungsrechtlich keine Rolle spielen kann,²⁹ denn kleinste Mengen einer Chemikalie sind unschädlich und begründen noch keine Haftung.

ernst zu nehmende Beeinträchtigung

Nach a.A., ist das Folgeereignis in dem Augenblick eingetreten, in dem eine ernst zu nehmende Beeinträchtigung des Rechtsguts gegeben ist.³⁰ Das OLG Köln³¹ stellte auf den Zeitpunkt ab, in dem das Gift in derartigem Maße in die Bäume eingedrungen war, daß das Absterben nicht mehr zu verhindern war.

Es ist nicht auszuschließen, daß bereits bevor die Bäume äusserlich sichtbar abstarben eine ernsthafte Beeinträchtigung der

---

²⁶ BGHZ 107,170.
²⁷ So das LG Köln, referiert bei JOACHIM SCHMIDT-SALZER, Revolution der Betriebshaftpflichtversicherung durch Neudefinition des Ereignisbegriffs?, BB 1981, 459, 460.
²⁸ JOACHIM SCHMIDT-SALZER, Umwelt-Altlasten und Haftpflichtversicherung, BB 1986, 610.
²⁹ PRÖLSS/MARTIN/VOIT, a.a.O. (Fn 2), Betriebshaftpflicht Anm. 42. c) dd).
³⁰ PRÖLSS/MARTIN/VOIT, a.a.O. (Fn 29).
³¹ Vgl. BGHZ 79, 85.

Bäume vorlag. Die ernsthafte Beeinträchtigung könnte sogar noch in den Wirksamkeitszeitraum der Versicherung fallen.

Im Ergebnis bleibt also auch der Folgeereignisbegriff unklar und man gelangt auch hier wieder zur Anwendung des § 5 AGBG. Für den VN ist es sowohl generell-abstrakt, als auch individuell gesehen am Günstigsten, wenn sowohl der erste Tropfen als auch das Absterben der Bäume vom Folgebegriff erfaßt sind.

Im vorliegenden Fall hat der VN also auch unter dem Gesichtspunkt der Folgeereignistheorie Anspruch auf Versicherungsschutz.

Zusatzfrage

Die in den AHB getroffene Definiton des Versicherungsfalls entspricht dem sog. Discovery-Prinzip (s.o.), welches im Umwelthaftpflicht-Modell Ziff. 4 seinen Niederschlag gefunden hat. Das maßgebliche Ereignis für die zeitliche Abgrenzung des Versicherungsfalls ist die „nachprüfbare erste Feststellung des Schadens".

Auch mit dieser Regelung ist der Begriff des Versicherungsfalls nicht klar und eindeutig geregelt. Denn mit „Schaden" kann sowohl die Schadensursache als auch die Schadensfolge gemeint sein. Beide können auch nachprüfbar und zuerst feststellbar sein.

Klausur Nr. 4**
Tunesischer Führerschein

Angelehnt an: BGH NJW 1972, 1229; BGH VersR 1974, 1072; OLG Karlsruhe VersR 1976, 181

Obliegenheiten vor und nach Eintritt des Versicherungsfalls - Führerscheinklausel - Relevanzrechtsprechung

Der private Reinigungsunternehmer (U) war Halter eines LKW. Mit diesem verursachte sein tunesischer Fahrer (F) einen Unfall, indem er ohne Blinkzeichen zu geben von der rechten auf die linke Fahrbahnseite wechselte und dabei übersah, daß ein von hinten kommender LKW gerade zum Überholen angesetzt hatte. Es entstand erheblicher Sach- und Personenschaden.

F lebte seit fünf Jahren in Deutschland, besaß aber lediglich die tunesische Fahrerlaubnis der Klasse B. Diese berechtigte ihn dazu, in Deutschland *vorübergehend* einen LKW zu führen. Als vorübergehend gilt nach § 5 der VO über den internationalen Kfz-Verkehr vom 12. November 1934 (RGBl. I, 1137) ein Zeitraum von einem Jahr. Tatsächlich fuhr F den LKW schon seit vier Jahren. Er hatte auch mehrmals versucht, den deutschen Führerschein der Klasse II zu erwerben, war aber - aus sprachlichen Gründen - immer an der theoretischen Prüfung gescheitert.

Der Kraftfahrthaftpflichtversicherer des U lehnte die Deckung für den von F verursachten Unfall ab, weil dieser keine gültige deutsche Fahrerlaubnis besessen habe. Zu Recht?

Hinweis: Der Versicherungsvertrag (VV) enthielt in den Allgemeinen Kraftfahrtbedingungen (AKB) folgende Klauseln:

§ 2b Einschränkung des Versicherungsschutzes.

(1) Der Versicherer ist von der Verpflichtung zur Leistung frei,

a) ...

b) ...

c) wenn der Fahrer des Fahrzeugs bei Eintritt des Versicherungsfalles auf öffentlichen Wegen oder Plätzen nicht die vorgeschriebene Fahrerlaubnis hat;

Lösung

Der Versicherer verweigert den Deckungsschutz zu Recht, wenn die Voraussetzungen von § 6 Abs. 1 und 2 VVG vorliegen.

§ 6 Abs. 1 VVG setzt zunächst voraus, daß eine Obliegenheit vor Eintritt des Versicherungsfalles verletzt wird, die ausdrücklich[1] im Vertrag bestimmt war. Dies könnte hier die *Führerscheinklausel* nach § 2b Abs. 1c AKB[2] gewesen sein, da diese dem Vertrag zugrunde lag. Nach dieser Klausel ist der Versicherer von der Verpflichtung zur Leistung frei, wenn der Fahrer des Fahrzeugs auf öffentlichen Wegen oder Plätzen nicht die vorgeschriebene Fahrerlaubnis hat. Genau das war hier der Fall, da F nur über die tunesische Fahrerlaubnis verfügte und bereits länger als ein Jahr den LKW in Deutschland führte. Folglich hatte F keine gültige Fahrerlaubnis, als er den Unfall auf einer öffentlichen Straße verursachte.

Obliegenheitsverletzung vor Versicherungsfall / Führerscheinklausel

Fraglich könnte allenfalls sein, ob es sich bei § 2b Abs. 1c AKB wirklich um eine Obliegenheit oder möglicherweise um einen *Risikoausschluß* handelt. Risikoausschlüsse beschreiben das *objektiv versicherte Risiko*, während Obliegenheiten *bestimmte Verhaltenspflichten* des VN verlangen, also an das subjektive Risiko anknüpfen. Die Führerscheinklausel verlangt ein bestimmtes Verhalten, nämlich ein Kfz nur dann zu führen, wenn man über die gültige Fahrerlaubnis verfügt. Es ist deshalb unstreitig, daß sie eine vertragliche Obliegenheit i.S.v. § 6 Abs. 1 VVG darstellt.[3]

Obliegenheit oder Risikoausschluß

Diese vertragliche Obliegenheit muss F *vor Eintritt* des Versicherungsfalles (§ 6 Abs. 1 S. 1 VVG) verletzt haben. Das ist der Fall, da F vor dem Unfall keine gültige Fahrerlaubnis im Sinne des deutschen Rechts hatte. Außerdem muß der Vertrag die

---

[1] BGH VersR 1988, 267.
[2] Die unverbindlichen Empfehlungen des HUK-Verbandes für die AKB (95) sind abgedruckt bei HEINRICH DÖRNER, Allgemeine Versicherungsbedingungen[2], Beck'sche Textausgabe.
[3] BGHZ 1, 159, 165; VersR 1969, 147; NJW 1972, 1229; VersR 1974, 1072.

Rechtsfolge des Obliegenheitsverletzung, nämlich Leistungsfreiheit, ausdrücklich vorsehen, was nach dem Wortlaut von § 2b Abs. 1c AKB gewährleistet ist.

unverschuldete Obliegenheit

Die vereinbarte Leistungsfreiheit soll nach § 6 Abs. 1 VVG aber dann nicht eintreten, wenn die Obliegenheitsverletzung vom Versicherungsnehmer *nicht verschuldet* wurde. Versicherungsnehmer ist hier U und nicht F. U war zwar Halter des LKW aber nicht der Fahrer. Er selbst hat also die Obliegenheit, ohne gültige Fahrerlaubnis den LKW nicht zu führen, nicht verletzt.

keine Verschuldenszurechnung nach § 278 BGB

Fraglich ist, ob sich U das Verhalten des F nach § 278 BGB zurechnen lassen muß. Das würde voraussetzen, daß sich U zur Erfüllung einer Verbindlichkeit gegenüber dem VR des F bedient, also gegenüber dem VR die *Rechtspflicht* hatte, den LKW nur durch einen Fahrer mit gültiger deutscher Fahrerlaubnis führen zu lassen. Zwar bestimmt § 2b Abs. 1c AKB, daß der Versicherer von der Verpflichtung zur Leistung frei ist, wenn der Fahrer des Fahrzeugs bei Eintritt des Versicherungsfalles auf öffentlichen Wegen nicht die vorgeschriebene Fahrerlaubnis hat. Daraus resultiert aber keine vertraglich geschuldete Pflicht des U gegenüber dem Versicherer, den LKW nur durch einen Fahrer führen zu lassen, der die gültige deutsche Fahrerlaubnis besitzt. Vielmehr enthält § 2b Abs. 1c AKB nur eine *Verhaltenspflicht des Versicherungsnehmers gegen sich selbst*, nämlich eine vor dem Versicherungsfall zu erfüllende Obliegenheit. Deshalb scheidet nach ständiger Rechtsprechung und herrschender Lehre die Zurechnung des Verhaltens von F gegenüber U nach § 278 BGB aus.[4]

F kein Repräsentant

Denkbar wäre eine Verhaltenszurechnung auch dann noch, wenn F Repräsentant des U gewesen wäre. Repräsentant ist jemand, der anstelle des Versicherungsnehmers die Risikoverwaltung übernommen hat. Der Repräsentant muß gleichsam an die Stelle des Versicherungsnehmers getreten sein.[5] Davon kann

---

[4] BGHZ 107, 229, 236 m.w.N.
[5] BGHZ 107, 229.

hier keine Rede sein; F war nur der Fahrer des LKW, mehr nicht. Auf die Streitfrage, ob Familienangehörige Repräsentanten des VN sind, muß deshalb hier nicht eingegangen werden.[6]

Entscheidend ist aber, daß U als Arbeitgeber die Verpflichtung sich selbst gegenüber hatte, den F zumindest nach der gültigen Fahrerlaubnis zu fragen. Diese Fragepflicht ergibt sich aus dem Arbeitsvertrag, da U arbeitsrechtlich verpflichtet ist, seinen LKW im öffentlichen Verkehr nur von Fahrern führen zu lassen, die über eine gültige Fahrerlaubnis verfügen. Da U diese Fragepflicht verletzt hat, trifft ihn mindestens fahrlässige Unkenntnis und somit ein eigenes Verschulden i.S.v. § 6 Abs. 1 VVG i.V.m. § 276 BGB.

Fragepflicht aus Arbeitsvertrag

Allerdings kann sich der Versicherer bei *vorbeugenden Obliegenheiten* i.S.v. § 6 Abs. 2 VVG nur dann auf die Leistungsfreiheit berufen, wenn die Verletzung der Obliegenheit Einfluß auf den Eintritt des Versicherungsfalls oder den Umfang der ihn obliegenden Leistung gehabt hat. Die Führerscheinklausel gehört zu den vorbeugenden Obliegenheiten, da sie von den Versicherten zum Zweck der Verminderung der Gefahr zu erfüllen ist.

vorbeugende Obliegenheit

Fraglich kann hier nur sein, ob die Obliegenheitsverletzung wirklich *kausal* für den eingetretenen Versicherungsfall war. Dagegen könnte sprechen, daß F immerhin ein volles Jahr lang mit seiner tunesischen Fahrerlaubnis den LKW in Deutschland führen durfte und in den folgenden drei Jahren zusätzliche Fahrpraxis erwarb. Zudem scheiterte er in der Führerscheinprüfung zur Klasse II nicht im praktischen, sondern im theoretischen Teil und dort auch nur aus sprachlichen Gründen. F verfügte also über die nötige Erfahrung zum Lenken eines LKW und er konnte auf die Verkehrsregeln zutreffend reagieren, weil er die Verkehrszeichen jedenfalls richtig zu lesen vermochte. Der von ihm verursachte Verkehrsunfall beruhte zwar auf ei-

Kausalität

Kausalität trotz ausreichender Fahrpraxis

---

[6] Dazu BGH VersR 1990, 736, wonach der Ehegatte nicht Repräsentant des VN ist; krit. PETER BACH, Entwicklung eines differenzierten Repräsentantenbegriffs, VersR 1990, 235.

nem fahrlässigen Fehlverhalten. Ein solcher Fahrfehler unterläuft aber täglich einer Vielzahl von LKW-Fahrern, und zwar auch dann, wenn sie über eine gültige deutsche Fahrerlaubnis verfügen.

Trotz alledem kommt es nach allgemeiner Meinung nicht darauf an, daß F über die nötigen Fahrkenntnisse wirklich verfügte. Die Führerscheinklausel soll eine formale Barriere zum Schutz der Verkehrsopfer sein. Es wird darauf hingewiesen, daß F ohne Führerschein den LKW eben gar nicht gefahren und damit den Unfall nicht verursacht hätte.[7] Völlig überzeugend ist diese Begründung nicht, da die Verkehrsopfer nicht durch ungültige Führerscheine, sondern durch Fahrer gefährdet werden, die über keine ausreichende Fahrpraxis verfügen. Die eher formale Argumentation des BGH hat also *generalpräventiven* Charakter. Die Führerscheinklausel soll, neben bestimmten Straftatbeständen, generell den Anreiz unterdrücken, Fahrzeuge ohne Fahrerlaubnis zu führen. Andernfalls wäre die Fahrerlaubnis entwertet, jeder würde sich im Zweifel darauf berufen, hinreichende Fahrpraxis zu haben und dies versuchen, durch einen Fahrtest zu beweisen. So gesehen schiebt das strafrechtliche Verbot, Kfz ohne gültige Fahrerlaubnis im öffentlichen Verkehr zu führen, der Versuchung „sich selbst auszubilden" einen vernünftigen Riegel vor.

Generalprävention

Ob dieses zu Recht bestehende, strafrechtlich sanktionierte (§ 21 StVG) Verbot auch noch versicherungsrechtlich verstärkt werden muß, ist allerdings eine andere Frage. Der drohende Entzug des Deckungsschutzes und der damit verbundene Regreß des Versicherers gegen den Versicherungsnehmer erhöht jedenfalls die Strafdrohung, die § 21 StVG für das Fahren ohne Fahrerlaubnis vorsieht. Ob eine solche das Strafrecht ergänzende, der Höhe nach aber nicht kalkulierbare und daher zufällige, Strafverschärfung mit dem das Strafrecht prägenden Bestimmtheitsgebot und dem Verbot der Doppelbestrafung (Art. 103 Abs. 3 GG) in Einklang zu bringen ist, wurde bisher vom Bundesverfassungsgericht noch nicht entschieden, er-

Verbot der Doppelbestrafung

---

[7] BGH NJW 1972, 1229; VersR 1974, 1072.

scheint aber zumindest zweifelhaft. Die Zweifel verstärken sich, wenn man bedenkt, daß die Schadenshöhe zufallsabhängig sehr hoch oder niedrig sein kann, so daß - bei gleichem Vorwurf - der eine VN glimpflich davonkommt, während der andere womöglich in eine lebenslange Schuldenspirale gerät. Noch zweifelhafter werden die Dinge, wenn man an die Stelle des tunesischen Fahrers beispielsweise einen griechischen stellt. Griechenland gehört zur Europäischen Union und man könnte darüber nachdenken, ob es in dieser nicht diskriminierend ist (Art. 6 EGV), wenn man den Führerschein eines anderen Mitgliedstaates nicht anerkennt, obwohl überall dieselben Verkehrsregeln gelten.

Allerdings kann sich der Versicherer auf Leistungsfreiheit bei Verletzung einer Obliegenheit vor Eintritt des Versicherungsfalles nur dann berufen, wenn er den Vertrag innerhalb eines Monats, nachdem er von der Verletzung Kenntnis erlangt hat, gekündigt hat (§ 6 Abs. 1 S. 2 und 3 VVG). Im vorliegenden Fall enthält der Sachverhalt keinen Hinweis auf eine solche Kündigung. Da in Ermangelung präziser Zeitangaben nicht ausgeschlossen werden kann, daß der Versicherer diese Kündigung noch fristgerecht ausspricht, kann die Leistungsfreiheit als mögliche Rechtsfolge zumindest nicht ausgeschlossen werden. *Kündigung*

Der KH-Versicherer lehnt die Deckung für den von F verursachten Unfall nach noch h.M. zu Recht ab; das zur Entscheidung aufgerufene Gericht könnte aber darüber nachdenken, den Fall nach Art. 100 GG dem Bundesverfassungsgericht zur Vorabentscheidung darüber vorzulegen, ob die Führerscheinklausel i.V.m. § 6 VVG mit dem Grundsatz der Bestimmtheit der Strafe (Art. 103 Abs. 2 GG) und dem Verbot der Doppelbestrafung (Art. 103 Abs. 3 GG) in Einklang zu bringen ist. *Ergebnis*

**Fallabwandlung: Trunkenheit am Steuer
Angelehnt an: BGHZ 48, 7; 49, 130; NJW 1984, 971)**

Nicht F, sondern U selbst, der über eine gültige Fahrerlaubnis der Klasse II verfügte, steuerte den Lkw, allerdings mit 0,9 ‰ im Blut. Tags darauf meldete er den Schaden seinem KH-Versicherer. Dabei verschwieg U seine Trunkenheit sowohl am Telefon als auch später beim Ausfüllen der Schadensanzeige. Durch einen Zufall erfuhr der Sachbearbeiter des Versicherers etwa eine Woche später davon, daß U den Lkw in betrunkenem Zustand geführt hatte. Daraufhin verweigerte der VR die Leistung wegen vorsätzlicher Verletzung der Aufklärungspflicht. U wendet überrascht ein, auf diese harte Folge habe man ihn - was zutrifft - weder am Telefon noch in der Schadensanzeige hingewiesen. Verweigert KH die Leistung zu Recht?

Dem VV lagen u.a. folgende Klauseln aus den Allgemeinen Kraftfahrtbedingungen (AKB) zugrunde.

§ 7 Obliegenheiten im Versicherungsfall

(1) ...

(2) Jeder Versicherungsfall ist dem Versicherer vom Versicherungsnehmer innerhalb einer Woche schriftlich anzuzeigen. Der Versicherungsnehmer ist verpflichtet, alles zu tun, was zur Aufklärung des Tatbestandes und zur Minderung des Schadens dienlich sein kann.

(3) Wird eine dieser Obliegenheiten vorsätzlich oder grob fahrlässig verletzt, so ist der Versicherer dem Versicherungsnehmer gegenüber von der Verpflichtung zur Leistung frei. Bei grob fahrlässiger Verletzung bleibt der Versicherer zur Leistung insoweit verpflichtet, als die Verletzung weder Einfluß auf die Feststellung des Versicherungsfalles noch auf die Feststellung oder den Umfang der dem Versicherer obliegenden Leistung gehabt hat.

Lösung

In diesem Fall kann sich der Versicherer nicht auf eine Obliegenheitsverletzung vor, sondern allenfalls *nach* dem Versicherungsfall berufen. Es müssen also die Voraussetzungen von § 6 Abs. 3 VVG vorliegen. Auch hier muß die Leistungsfreiheit für den Fall vereinbart sein, daß eine Obliegenheit verletzt wird. Diese Vereinbarung enthalten § 7 Abs. 2 und 3 der zugrundegelegten AKB. Der Versicherungsnehmer ist danach verpflichtet, alles zu tun, was zur Aufklärung des Tatbestandes und zur Minderung des Schadens dienlich sein kann. Verletzt er diese *Aufklärungspflicht*, die typischerweise nach Eintritt des Versicherungsfalles zu erfüllen ist, so ist der Versicherer nach § 7 Abs. 3 von der Verpflichtung zur Leistung frei.

Obliegenheit nach Eintritt des Versicherungsfalls

Im vorliegenden Fall hätte der Versicherungsnehmer den Versicherer über den *Trunkenheitszustand* aufklären müssen. Es ist nämlich nicht auszuschließen, daß sich dieser Zustand auf die Beurteilung des Versicherungsfalles und die Höhe des Schadens auswirkt. Für den Versicherungsnehmer ist der Hinweis auf den Trunkenheitszustand auch deshalb - jedenfalls gegenüber seinem Versicherer - unproblematisch, weil Trunkenheitsfahrten zwar grob fahrlässig aber - wegen ihrer Häufigkeit - nach § 152 VVG von der Kraftfahrthaftpflichtdeckung umfaßt sind. Hier hat der Versicherungsnehmer, der den Verlust des Versicherungsschutzes wegen seiner Trunkenheit ganz zu Unrecht befürchtete, jedenfalls seine Aufklärungspflicht verletzt.

Aufklärung über 0,9 ‰

Die Verletzung dieser Pflicht führt nach § 6 Abs. 3 VVG dann zur Leistungsfreiheit des Versicherers, wenn der Versicherungsnehmer die Obliegenheit *vorsätzlich* verletzt hat. Dies war hier der Fall, da U seine Trunkenheit wissentlich und willentlich, also vorsätzlich, sowohl am Telefon als auch später in der Schadensanzeige verschwieg. Nach dem Wortlaut von § 6 Abs. 3 VVG ist der Versicherer also von der Verpflichtung zur Leistung frei, obwohl er für die Trunkenheitsfahrt als solche Versicherungsschutz hätte gewähren müssen und aus der Verletzung der Aufklärungspflicht keinerlei Nachteile erlitten hat.

Vorsatz

Alles- oder Nichts-Prinzip / Relevanzrechtsprechung	Dieses starre, mit dem privatrechtlichen Äquivalenzprinzip nicht mehr in Einklang zu bringende, *Alles oder Nichts*-Prinzip hat der BGH durch seine *Relevanzrechtsprechung* einer Billigkeitskorrektur unterworfen. Danach muß der Versicherer den Versicherungsnehmer unmißverständlich darüber belehrt haben, daß die Verletzung der Aufklärungspflicht auch dann zur Leistungsfreiheit führt, wenn dies für den Versicherer keine nachteiligen Folgen hat.[8] Aber selbst dann, wenn der Versicherer den Versicherungsnehmer in dieser Weise belehrt hat, ist die Berufung auf Leistungsfreiheit nur zulässig, wenn der Verstoß generell geeignet ist, die Interessen des Versicherers *ernsthaft zu gefährden* und den Versicherungsnehmer der Vorwurf *groben Verschuldens* trifft.[9]
	Im vorliegenden Fall fehlt es bereits an einer Belehrung des Versicherers gegenüber dem VN, daß der Versicherungsschutz auch dann entfällt, wenn die Obliegenheitsverletzung für Eintritt und Umfang des Versicherungsfalles folgenlos ist. Darüber hinaus sind die Interessen des Versicherers durch das Verschweigen der Trunkenheit nicht ernsthaft gefährdet worden, weil sich dies weder auf die Feststellung des Versicherungsfalls noch auf den Umfang des Schadens auswirkte.
Ergebnis	Der Versicherer kann sich nicht auf Leistungsfreiheit berufen.

---

[8] BGHZ 48, 7; 49, 130; seither std. Rspr.
[9] BGH VersR 1982, 182; OLG Köln VersR 1986, 544; zusammenfassend KARL SIEG, Die Relevanzrechtsprechung im Privatversicherungsrecht, BB 1990, 2280.

Klausur Nr. 5***
Kein Alarm trotz Alarmanlage

Angelehnt an: BGH VersR 1987, 921

Falsche Schlüssel - Beweislast bei Einbruchdiebstahl - Gefahrerhöhung durch Unterlassen - Objektive Gefahrerhöhung

Die Uhrengroßhändlerin A war bei dem VR (V) für ihr Geschäft seit dem 20. September 1994 gegen Einbruchdiebstahl versichert. Bei Antragstellung wurde A gem. § 10 a VAG umfassend mit den notwendigen Verbraucherinformationen versorgt.

Über der Unterschriftszeile auf dem Antragsformular befand sich folgender Passus:

> *Der Antragsteller hat unverzüglich die vereinbarten Sicherungen anbringen zu lassen. Sollte die vereinbarte Sicherung nicht angebracht oder in der vereinbarten Form betrieben werden, haftet der VR nur für Schäden, die auch durch diese Sicherungen nicht hätten verhindert werden können.*

In den Besonderen Bedingungen sind Klauseln für die Einbruchdiebstahlversicherung enthalten. Diese wurden der A zusammen mit den AVB vor Unterzeichnung des Antrags ausgehändigt. Sie lauten auszugsweise:

> *15.451-Einbruchmeldeanlage*
>
> *(1) Die im VV bezeichneten Räume sind durch eine Einbruchmeldeanlage der im VV bezeichneten Art zu überwachen.*
>
> *(2) Der VN hat*
>
> *a) die Einbruchmeldeanlage nach den Vorschriften des Herstellers zu bedienen und stets im voll funktionsfähigen Zustand zu erhalten.*

b) die Einbruchmeldeanlage jeweils scharf zu schalten, solange die Arbeit in dem Betrieb ruht; vertragliche Abweichungen bedürfen der Schriftform.

d) Störungen, Mängel oder Schäden unverzüglich durch eine anerkannte Errichterfirma beseitigen zu lassen.

e) während jeder Störung der Einbruchmeldeanlage die in Nr. 1 genannten Räume durch einen ununterbrochen anwesenden Wächter bewachen zu lassen.

Die AVB lauten auszugsweise:

§ 1 Nr. 2 AERB

Einbruchdiebstahl liegt vor, wenn der Dieb

a) in einen Raum eines Gebäudes einbricht, einsteigt oder mittels falscher Schlüssel oder anderer Werkzeuge eindringt; ein Schlüssel ist falsch, wenn die Anfertigung desselben für das Schloß nicht von einer dazu berechtigten Person veranlaßt oder gebilligt worden ist; der Gebrauch eines falschen Schlüssels ist nicht schon dann bewiesen, wenn feststeht, daß versicherte Sachen abhanden gekommen sind;

usw.

Nach Zugang des Versicherungsscheins bezahlte A unverzüglich die erste Prämie. Für die halbjährliche Folgeprämie erteilte sie einen Abbuchungsauftrag, der von V seitdem pünktlich ausgeführt wurde.

Die Geschäftsraumtüren waren durch Schlösser gesichert; darüber hinaus war eine Alarmanlage installiert, die binnen 45 Sekunden ausgeschaltet werden mußte, um eine Alarmauslösung nach dem Öffnen der Fenster und Türen zu verhindern. Die Schlüssel zu den Türschlössern und zur Alarmanlage befanden sich zunächst bei dem Mitarbeiter M und bei der A.

Anfang März 1995 teilte M der A mit, er habe sämtliche ihm überlassene Schlüssel verloren. Er könne leider nicht sagen, wo.

A ließ daraufhin, spätestens am 26. März 1995, die Türschlösser auswechseln. Bezüglich der Alarmanlage unternahm sie nichts.

A zeigte weder den Verlust der Schlüssel, noch die Auswechselung der Türschlösser noch die Tatsache, daß sie wegen der Alarmanlage nichts unternommen hatte, dem VR an.

M erhielt einen neuen Schlüssel für die Türschlösser; einen weiteren Schlüssel für die Alarmanlage erhielt er nicht. Aufgrund von Meinungsverschiedenheiten wurde M zum 18. Dezember 1995 von der Arbeit freigestellt. Die ihm überlassenen Schlüssel gab er nun zurück. Zum 31. Dezember 1995 wurde das Dienstverhältnis des M form- und fristgerecht gekündigt.

Am 23. Dezember 1995 zeigte A sowohl der Polizei als auch V einen Diebstahl in ihren Geschäftsräumen an, der in der vorangegangenen Nacht erfolgt sein müsse und bei dem Waren und Bargeld in erheblichem Umfang entwendet worden waren. Bei der polizeilichen Spurensicherung stellte sich zunächst heraus, daß die Tür, falls überhaupt verschlossen, mit einem Schlüssel geöffnet und sodann die Alarmanlage ordnungsgemäß ausgeschaltet worden war.

A verlangte von V die Zahlung von 300.000 DM für die abhandengekommenen Sachen. Mitte Januar 1996 weigerte V sich, Versicherungsschutz zu gewähren und kündigte den Vertrag. Er erklärte, A habe den Versicherungsfall mindestens grob fahrlässig herbeigeführt. Außerdem ergebe sich seine (V's) Leistungsfreiheit aus der Verletzung der Pflicht, ihn über den Verlust der Schlüssel und die Folgemaßnahmen zu informieren. Schließlich habe A eine Gefahrerhöhung vorgenommen, was allein schon zur Leistungsfreiheit führe.

Hat A Anspruch auf Zahlung der Versicherungssumme i.H.v. 300.000 DM ?

Lösung

A könnte gegen V einen Anspruch auf Zahlung von 300.000 DM aus §§ 1 Abs. 1 S. 1, 49 VVG haben.

Voraussetzung dafür wäre, daß zwischen A und V ein wirksamer Versicherungsvertrag (VV) besteht, der Versicherungsfall eingetreten ist, ohne daß sich der VR auf Leistungsfreiheit berufen kann.

I. Wirksamer Versicherungsvertrag

Wirksamer VV

Der VV kommt gem. §§ 145 ff BGB durch Angebot und Annahme zustande. Durch Unterschreiben des ausgefüllten Antragsformulars hat A ein Angebot gerichtet auf Vertragsschluß abgegeben. Die Annahme erfolgte durch Zusendung des Versicherungsscheins. Der VV ist wirksam entstanden.

Verbraucherinformationen

A hat auch die gem. § 10 a VAG zu erteilenden Verbraucherinformationen vor Abgabe des bindenden Vertragsangebots erhalten, so daß die Frage, ob der Vertrag bei nicht ordnungsgemäßer Verbraucherinformation schwebend unwirksam ist oder nur als Rumpfvertrag zustande kommt, dahingestellt bleiben kann.[1]

Leistungsfreiheit gem. §§ 38, 39 VVG

Anhaltspunkte für eine Leistungsfreiheit des V infolge Prämienverzugs (§§ 38, 39 VVG) enthält der Sachverhalt nicht.

II. Eintritt des Versicherungsfalls

Gem. § 1 Abs. 1 S. 1 VVG ist der VR zum Ersatz des Schadens verpflichtet, der durch den Eintritt des Versicherungsfalls verursacht wurde. Mit dem Eintritt des Versicherungsfalls während der Laufzeit des VV konkretisiert sich die mögliche Einstandspflicht des VR zur Leistungspflicht. Der Versicherungsfall ist eingetreten, wenn das Ereignis vorgefallen ist, von dem die Leistungspflicht des VR abhängen soll.[2]

---

[1] DÖRNER/HOFFMANN, Der Abschluß von Versicherungsverträgen nach § 5 a VVG, NJW 1996, 153.
[2] BGH VersR 1952, 180.

Bei der Einbruchdiebstahlversicherung liegt der Versicherungsfall nach § 1 Nr. 2 AERB vor, wenn der Dieb „in einen Raum eines Gebäudes einbricht, einsteigt oder mittels falscher Schlüssel oder anderer Werkzeuge eindringt".

Einbruchdiebstahl als Versicherungsfall

Eingebrochen oder eingestiegen ist der Dieb im vorliegenden Fall nicht.

Einbruch/Einsteigen

Ein Einbruchdiebstahl ist aber auch durch die Benutzung eines falschen Schlüssels möglich (§ 1 Nr. 2 a AERB). Ein Schlüssel ist gem. § 1 Nr. 2 AERB falsch, wenn die Anfertigung desselben für das Schloß nicht von einer dazu berechtigten Person veranlaßt oder gebilligt worden ist. Hätte also der Dieb die Tür mit dem ehemals dem M ausgehändigten und verloren gegangenen Schlüssel geöffnet, so läge kein Diebstahl i.S.v. § 1 Nr. 2 AERB vor. Der Dieb hätte das Türschloß nämlich mit einem richtigen Schlüssel geöffnet. Mit diesem Schlüssel konnte der Dieb die Tür aber nicht öffnen, da A im März 1995 die Schlüssel auswechseln ließ. Die zu dem neuen Schloß gehörenden Schlüssel sind laut Sachverhalt nicht abhanden gekommen, so daß davon ausgegangen werden kann, daß der Dieb mittels eines falschen Schlüssels i.S.v. § 1 Nr. 2 AERB eingedrungen ist.

mittels eines falschen Schlüssels

Allerdings ist es nach dem Sachverhalt nicht völlig ausgeschlossen, daß der Dieb den neuen Schlüssel von M ausgehändigt bekommen hat. Immerhin gab es zwischen M und A Meinungsverschiedenheiten, die am 18. Dezember 1995 dazu führten, daß M von der Arbeit freigestellt wurde. Mit Wirkung zum 31. Dezember 1995 hat M dann endgültig durch form- und fristgerechte Kündigung das Arbeitsverhältnis mit A beendet. Die ihm überlassenen Schlüssel gab er zwar an A zurück, was aber nicht ausschließt, daß er diese zuvor dem Dieb für eine zeitlang überlassen haben könnte. Damit stellt sich die Frage, welche Anforderungen an den, dem VN grundsätzlich obliegenden Beweis für den Eintritt des Versicherungsfalls i.S.d. § 286 ZPO zu stellen sind. Der Beweis eines versicherten Diebstahls i.S.d. § 1 Nr. 2 AERB ist oft schwierig, da der Diebstahl sich i.d.R. im verborgenen abspielt. Zudem ist der

Beweislastverteilung bzgl. des Eintritts des Versicherungsfalls

Gebrauch eines falschen Schlüssels nicht schon dann bewiesen, wenn feststeht, daß versicherte Sachen abhandengekommen sind.

Beweiserleichterung

Deshalb ist zur Verwirklichung des Vertragszwecks eine Beweiserleichterung geboten. Sie gilt insbesondere auch für den Nachweis des Nachschlüsseldiebstahls i.S.d. § 2 a AVB.[3] Der VN muß nur beweisen, daß eine hinreichende Wahrscheinlichkeit für den versicherten Diebstahl besteht.

„Äußeres Bild eines versicherten Diebstahls"

Eine solche kann sich vor allem daraus ergeben, daß der VN das "äußere Bild" eines versicherten Diebstahls beweist. Das ist hier der Fall, da keine konkreten Hinweise dafür bestehen, daß die richtigen Schlüssel von A oder M in falsche Hände geraten sein könnten. Die Tatsache, daß es zwischen A und M Meinungsverschiedenheiten gegeben hat, läßt keinen gegenteiligen Schluß zu. Meinungsverschiedenheiten zwischen Arbeitgebern und Arbeitnehmern kommen häufiger vor und führen gelegentlich zur Auflösung des Arbeitsverhältnisses. Die darin angelegten sozialen Spannungen lassen aber nach der Lebenserfahrung nicht einen prima-facie-Rückschluß mit dem Inhalt zu, daß Arbeitnehmer, denen aufgrund von Meinungsverschiedenheiten gekündigt wurde, im allgemeinen dazu neigen, ihre Schlüssel einem Dieb auszuhändigen, um auf diese Weise dem Arbeitgeber einen Schaden zuzufügen. Gegen eine solche Annahme spricht auch, daß A den Schlüssel nicht sofort bei der Arbeitsfreistellung am 18. Dezember 1995 herausverlangte, was darauf hindeutet, daß zwischen A und M trotz der Meinungsverschiedenheiten noch ein Vertrauensverhältnis bestand. Hiervon ausgehend hat A das äußere Bild eines Diebstahls i.S.d. § 1 Nr. 2 AERB dargetan.

Folglich ist mit dem Einbruchdiebstahl am 23. Dezember 1995 in die Geschäftsräume und dem Diebstahl diverser Gegenstände mittels eines falschen Schlüssels der Versicherungsfall während der Vertragslaufzeit eingetreten.

---

[3] BGH VersR 1974, 166; BGH NJW-RR 1990, 607; BGH VersR 1991, 543.

III. Leistungsfreiheit gem. § 61 VVG

V könnte gem. § 61 VVG leistungsfrei sein, wenn A den Versicherungsfall vorsätzlich oder grob fahrlässig herbeigeführt hat. Unter Herbeiführen ist Verursachung zu verstehen, wobei sowohl positives Tun als auch Unterlassen umfaßt wird.[4]

Als mögliche Ursache kommt der Verlust des Schlüssels für die Alarmanlage und die unterbliebene Auswechslung derselben in Betracht. A hat den Schlüssel nicht verloren und somit den Versicherungsfall nicht durch positives Tun verursacht.   *Positives Tun der A*

A könnte den Versicherungsfall aber dadurch herbeigeführt haben, daß sie nach dem Abhandenkommen der Schlüssel das Schloß für die Alarmanlage nicht auswechseln ließ. Für das Herbeiführen des Versicherungsfalls durch Unterlassen ist erforderlich, daß der VN die drohende Verwirklichung der Gefahr zuläßt, obwohl er über geeignete Mittel zum Schutz des versicherten Interesses verfügt, deren Einsatz von ihm erwartet werden kann.[5] Allerdings muß das Verhalten des Versicherungsnehmers nicht unmittelbar zum Versicherungsfall führen.[6] Es genügt, daß irgendein Verhalten des VN mitursächlich für den Eintritt des Versicherungsfalls ist. Maßstab für das Verhalten des VN ist dabei stets das Verhalten eines Nichtversicherten. Wer sich in bezug auf die versicherten Interessen völlig sorglos oder sogar unlauter verhält, führt den Versicherungsfall durch Unterlassen herbei.[7] Für die Annahme der Herbeiführung des Versicherungsfalls muß allerdings eine deutliche Unterschreitung des vertraglich vereinbarten Sicherheitsstandards vorliegen.[8]   *Durch Unterlassen der Schloßerneuerung*

Das ist im vorliegenden Fall zu verneinen. Zwar wechselte A am 26. März 1995 nur die Türschlösser, nicht hingegen diejeni-   *Fahrlässigkeitsvorwurf an A*

---

[4] BGH VersR 1976, 649; PRÖLSS/MARTIN/PRÖLSS, VVG-Kommentar[25], § 61 Anm. 3.
[5] BGH VersR 1986, 962; OLG Hamm VersR 1989, 1083.
[6] OLG Köln VersR 1982, 643, str.
[7] BGH VersR 1989, 583.
[8] BGH VersR 1984, 29.

gen der Alarmanlage aus. Dies allerdings konnte derjenige, der die verlorenen Schlüssel des M möglicherweise hatte, nicht wissen. Hätte er die Schlüssel nach diesem Datum ausprobiert, hätte er die Auswechselung des Türschlosses bemerkt und den naheliegenden Schluß daraus ziehen können, daß dies auch für das Schloß der Alarmanlage gilt. Nachdem im folgenden bis zum Dezember 1995 nicht eingebrochen worden war, konnte A nicht mehr damit rechnen, daß die verlorenen Schlüssels irgendeine Bedeutung für einen Einbrecher haben könnten. Sicherlich wäre A der im Verkehr erforderlichen Sorgfalt erst dann im hinreichendem Maße nachgekommen, wenn sie auch die Schlösser der Alarmanlage ausgewechselt hätte. Daß sie diesen Sorgfaltsmaßstab aber in besonders groben Maße unterschritten hat, kann nicht behauptet werden. Sie hat nicht unterlassen, was sonst niemand unterlassen hätte.

Positives Tun des M   Möglicherweise hat M aber durch den Verlust des Schlüssels den Versicherungsfall herbeigeführt. Darauf kommt es nur dann an, wenn der VN im Rahmen des § 61 VVG für das Verhalten Dritter einzustehen hat. Nach überwiegender Ansicht haftet der VN zwar nicht nur für einen gesetzlichen Vertreter oder ein Organ[9], sondern auch für einen Repräsentanten[10], wobei allerdings hohe Anforderungen an die Repräsentanteneigenschaft gestellt werden.

M als Repräsentant   Repräsentant ist, wer mit dem Willen des VN im Hinblick auf das versicherte Risiko an die Stelle des VN tritt, weil er in einem Geschäftsbereich von einiger Bedeutung, zu dem das versicherte Risiko gehört, aufgrund eines Vertretungs- oder ähnlichen Verhältnisses selbständig für den VN handelt.[11] Das bedeutet bei der Sachversicherung, daß ihm die notwendige Obhut über die versicherte Sache einschließlich einigen Entscheidungsspielraums so übertragen worden ist, daß der VN sie nicht

---

[9] So aber OLG Karlsruhe VersR 1982, 1190.
[10] BGH VersR 1981, 822; 1982, 81; 1986, 541; 1989, 737; ablehnend PRÖLSS/MARTIN/PRÖLSS, a.a.O. (Fn 4), § 61 Anm. 2.
[11] BGHZ 24, 378.

selbst ausüben muß.[12] Für eine Repräsentantenstellung des M, der Mitarbeiter im Uhrengroßhandel der A ist, fehlen über die Mitarbeiterstellung hinausgehende Befugnisse, die diese begründen könnten. Demnach war M kein Repräsentant der A.

Nur ergänzend ist darauf hinzuweisen, daß M durch den bloßen Verlust des Schlüssels zur Alarmanlage den Versicherungsfall schon deshalb nicht i.S.v. § 61 VVG (mit-) herbeiführte, weil der Einbruchdiebstahl nach Auswechselung der Türschlösser eintrat und er keinen Einfluß darauf hatte, daß das Schloß der Alarmanlage nicht ausgewechselt wurde.

<small>Unterlassen des M</small>

V ist nicht gem. § 61 VVG von der Leistungspflicht frei.

III. Leistungsfreiheit wegen Risikoausschluß

Der VR könnte von der Leistung frei sein, wenn ein objektiver Risikoausschluß für den Fall, daß die Alarmanlage nicht in vertragsgemäßem Zustand unterhalten wird, vereinbart wurde. Während durch die Vereinbarung von Obliegenheiten dem VN ein bestimmtes Verhalten auferlegt wird, dessen Nichtbeachtung unter bestimmten Voraussetzungen zur Leistungsfreiheit des VR führt, wird bei einem Risikoausschluß nicht an das Verhalten des VN angeknüpft, sondern es werden die Situationen anhand von objektiven Kriterien beschrieben, in denen nicht geleistet wird.[13]

Fraglich ist, ob dem VN im vorliegenden Fall auferlegt wird, die Sicherung der Räume durch eine Alarmanlage zu gewährleisten oder ob der VR den Ersatz der Schäden nur dann gewährt, wenn die Räume durch eine Alarmanlage gesichert sind.

<small>objektiver Risikoausschluß</small>

Nach der Ausschlußtheorie[14], deren Vertreter auf den Wortlaut der jeweiligen Klausel abstellen und nur dann eine Obliegenheit

<small>Ausschlußtheorie</small>

---

[12] BGHZ 107, 229; 122, 250; HANS-LEO WEYERS, Versicherungsvertragsrecht 2, Rn 367.
[13] PRÖLSS/MARTIN/PRÖLSS, a.a.O. (Fn 4), § 6 Anm. 3 A.
[14] So z.B. LG Kassel VersR 1982, 393; WALTER WILCKE, Zur Rechtsnatur der Schweißschadensklausel in der allgemeinen Haftpflichtversicherung, VersR 1969, 8; KARL SIEG, Obliegenheiten und se-

annehmen, wenn der Text tatsächlich ein Verhalten beschreibt, könnte im vorliegenden Fall sowohl ein Risikoausschluß als auch eine Obliegenheit vereinbart worden sein, da der VN sowohl zum Einbau der Einbruchmeldeanlage angehalten wird (15.451 Nr. 1 AVB) als auch festgeschrieben wird, daß die Räume durch eine Alarmanlage zu sichern sind (15.451 Nr. 1 AVB). Durch die Orientierung am Wortlaut sind die den VN vor unberechtigter Leistungsfreiheit des VR schützenden Verschuldens- und Kausalitätserfordernisse des § 6 VVG nur dann heranzuziehen, wenn unmißverständlich das Verhalten des VN im Vordergrund steht. Dadurch wird die Wertung des § 15 a VVG, wonach die Vorschriften des § 6 Abs. 1 bis 3 VVG nicht zum Nachteil des VN abbedungen werden können, außer Acht gelassen, welche unabhängig von der Formulierung der Klausel beachtet werden muß.[15]

Verhaltenstheorie

Die Verhaltenstheorie, die Risikoausschlüsse nur dann als solche anerkennen will, wenn es sich überhaupt nicht um Handlungen oder Unterlassungen des VN handelt, geht über den Schutzzweck der §§ 6, 15 a VVG hinaus und ist nur vereinzelt vertreten worden[16] und auch vorliegend nicht anwendbar.

Ansicht des BGH

Die Rspr. hat sich dieser Theorie nur angenähert, sie aber nicht vollständig übernommen. Nach Ansicht des BGH handelt es sich -unabhängig vom Wortlaut- bei Bestimmungen, die „der Sache nach" Verhaltensnormen darstellen um „verhüllte Obliegenheiten".[17] Die Unterscheidung richtet sich danach, ob in der AVB-Klausel ein bestimmtes Verhalten des VN gefordert wird, von dem es abhängt, ob er seinen Versicherungsschutz verliert (dann Obliegenheit) oder ob unabhängig davon nur ausschnittweise Deckung gewährt wird -dann Risikoausschluß.[18] Theore-

---

kundäre Risikobeschränkungen im Versicherungsrecht, BB 1970, 106.

[15] PRÖLSS/MARTIN/PRÖLSS, a.a.O. (Fn 4), § 6 Anm. 3 B a.

[16] RG JW 1922, 100; s. dazu auch PRÖLSS/MARTIN/PRÖLSS, a.a.O. (Fn 4), § 6 Anm. 3 B b.

[17] BGH NJW 1972, 1229.

[18] BGH NJW 1985, 2831; 1990, 482; PRÖLSS/MARTIN/PRÖLSS, a.a.O. (Fn 4), § 6 Anm. 3 B b.

tisch ist diese Abgrenzung überzeugend, praktisch ist die Unterscheidung zwischen umfassend gewährtem Versicherungsschutz, der zum Teil durch das Fehlverhalten des VN wieder entzogen wird und nur beschränkt gewährtem allerdings nicht leicht zu treffen. So stützt sich der BGH auch auf sehr formale Kriterien[19], was letztlich dazu führt, daß die Anwendung des § 6 VVG von der Formulierungstechnik abhängt. Um dennoch zum richtigen Ergebnis zu kommen, ist bei der Abgrenzungsfrage zu berücksichtigen, daß die Qualifikation einer Bestimmung als verhüllte Obliegenheit den Ausschluß nicht versicherungstechnisch entwerten darf.[20] So soll es sich dann um eine Obliegenheit handeln, wenn es der VN typischerweise in der Hand hat, die von der Deckung ausgenommene Situation zu vermeiden[21].

Der letztgenannten Ansicht ist zu folgen, so daß es darauf ankommt, ob es in A´s Händen liegt, daß die vertraglich vereinbarte Sicherung besteht. Der Einbau und die Erhaltung der Funktionsfähigkeit der vertraglich vereinbarten Sicherung hing von A ab, so daß es sich vorliegend um eine Obliegenheit handelte. Leistungsfreiheit des V aufgrund eines objektiven Risikoausschlusses scheidet folglich aus.

V. Leistungsfreiheit wegen Verletzung einer vertraglich vereinbarten Obliegenheit

V könnte wegen Verletzung einer vertraglich vereinbarten Obliegenheit von der Leistung frei sein, wenn sowohl die Obliegenheit als auch die Leistungsfreiheit vertraglich vereinbart sind (§ 6 Abs. 1 VVG).

V könnte von der Verpflichtung zur Leistung frei sein, weil A den Verlust des Schlüssels der Alarmanlage nicht angezeigt hat. Dann müßte eine solche Anzeigepflicht Gegenstand der vertraglichen Vereinbarungen geworden sein. Das VVG sieht zwar

Nichtanzeige des Verlustes des Schlüssels

---

[19] BGH VersR 1986, 781; VersR 1986, 1097.
[20] BGH VersR 1978, 1036; VersR 1982, 567.
[21] ANTON MARTIN, Sachversicherungsrecht, M III 7; PRÖLSS/MARTIN/PRÖLSS, a.a.O. (Fn 4), § 6 Anm. 3 B d, bb.

an verschiedenen Stellen Anzeigepflichten des VN vor (z.B. §§ 25, 27, 33 VVG), diese wurden aber vorliegend nicht Vertragsinhalt. Leistungsfreiheit aufgrund Verletzung einer vertraglich vereinbarten Obliegenheit ist demnach nicht gegeben.

stillschweigend vereinbarte Obliegenheiten

Möglicherweise oblag A aber nach Sinn und Zweck des Vertrags die Obliegenheit, den Verlust des Schlüssels anzuzeigen. Zweifelhaft ist bereits, ob die Annahme einer Obliegenheit aus dem Sinn und Zweck des Vertrags im Interesse des VR möglich ist. Das würde bedeuten, daß der VN die vertraglich vereinbarten Obliegenheiten daraufhin untersuchen müßte, ob der VR ihm vernünftigerweise noch weitergehende Verhaltensnormen auferlegt hat. Dies widerspricht dem Grundsatz der Vertragsfreiheit. Obliegenheiten müssen nach einhelliger Meinung vertraglich vereinbart werden[22]. Da eine Anzeigeobliegenheit aber gerade nicht Gegenstand der vertraglichen Vereinbarungen geworden sind, scheidet auch deren Verletzung aus.

Obliegenheitsverletzung durch Nichtauswechselung des Schlosses der Alarmanlage

In Betracht kommt weiterhin eine Obliegenheitsverletzung der A, die nach dem Verlust des Schlüssels die Alarmanlage oder zumindest das Schloß nicht auswechseln ließ. Eine solche Obliegenheit müßte Gegenstand der vertraglichen Vereinbarung geworden sein. Nach Nr. 2 a der AVB, die die Klausel über den Einbau der Alarmanlage konkretisieren, ist der VN verpflichtet, „die Einbruchmeldeanlage stets in voll funktionsfähigem Zustand zu erhalten". Versteht man den Begriff „Funktionsfähigkeit" bloß technisch, liegt kein Defekt vor. Für den VR ist es aber unerheblich, ob die Alarmanlage aus technischen oder anderen Gründen in ihrer Funktion beeinträchtigt ist. Eine Alarmanlage erfüllt nur dann den ihr zugedachten Zweck, wenn sie das Betreten der gesicherten Räume durch Unbefugte anzeigt und dadurch erschwert. Vollfunktionsfähig ist eine Alarmanlage dann nicht mehr, wenn der Schlüssel zu ihrer Bedienung in unbefugten Händen ist, und noch dazu nicht ausgeschlossen werden kann, daß der Dritte über die Nichtauswechselung des Schlosses der Alarmanlage von einem Mitar-

---

[22] BGH VersR 198 8, 267; PRÖLSS/MARTIN/PRÖLSS, a.a.O. Fn 4), § 6 Anm. 2.

beiter -hier M- informiert wurde. A könnte somit eine Gefahrstandsobliegenheit (§ 6 Abs. 2 VVG) vor Eintritt des Versicherungsfalls verletzt haben.

Jedoch kann sich der VR auch in diesen Fällen auf Leistungsfreiheit nur berufen, wenn dies vertraglich vereinbart war. Der Vertrag enthält die Vereinbarung, daß der VR für den Fall, daß die vereinbarte Sicherung (=Alarmanlage) nicht oder nicht in der vereinbarten Form angebracht wurde, nur für die Schäden haftet, die auch durch die Sicherung nicht hätten verhindert werden können. Darin ist keine ausdrückliche Vereinbarung der Leistungsfreiheit zu sehen. Allerdings hat die Rspr. in Ausnahmefällen vom Erfordernis der ausdrücklichen vertraglichen Abrede der Leistungsfreiheit abgesehen und den VR bei grobem Verstoß des VN gegen die vertraglich vereinbarte Obliegenheit gem. § 242 BGB leistungsfrei werden lassen;[23] von einem solch groben Verstoß der A, der V die Erbringung der vertraglichen Leistung unzumutbar machen würde, kann vorliegend aber nicht die Rede sein. Mangels ausdrücklicher Vereinbarung der Leistungsfreiheit ist VR die Berufung darauf nicht möglich.

vertragliche Vereinbarung der Leistungsfreiheit

VII. Leistungsfreiheit wegen Gefahrerhöhung

V könnte gem. § 25 Abs. 1 VVG von der Leistung frei sein, wenn § 23 Abs. 1 VVG verletzt ist und der Versicherungsfall nach der Erhöhung der Gefahr eingetreten ist.

Fraglich ist zunächst, ob die §§ 23 ff VVG überhaupt neben § 6 VVG anwendbar sind.

Anwendbarkeit der §§ 23 ff VVG

In der älteren Rspr. des BGH fanden die §§ 23 ff VVG im Falle der Verletzung von Obliegenheiten zur Verhinderung der Gefahrerhöhung keine Anwendung, mit der Begründung, daß den nachteiligen Folgen der Gefahrerhöhung durch § 6 VVG in ausreichendem Maße begegnet werde.[24]

Ältere Rechtsprechung des BGH

---

[23] RGZ 157, 67; 160, 3; BGH VersR 1987, 1182.
[24] BGH NJW 1965, 156.

neuere Rechtsprechung des BGH	Die neuere Rspr. geht demgegenüber von einem Nebeneinander der Bestimmungen über Obliegenheitsverletzungen (§ 6 VVG) und über Gefahrerhöhungen aus.[25] Danach sind die §§ 23 ff VVG grundsätzlich neben § 6 VVG anwendbar, wenn mit der Verletzung von Sicherheitsvorschriften eine Gefahrerhöhung verbunden ist[26]. Da diese Ansicht dem Wortlaut des § 32 VVG entspricht, ist ihr zu folgen. Die §§ 23 ff VVG sind im vorliegenden Fall anwendbar.
objektiver Tatbestand der Gefahrerhöhung gem. § 23 Abs. 1 VVG	Gem. § 23 Abs. 1 VVG darf der VN nach Abschluß des VV keine Erhöhung der Gefahr vornehmen oder deren Vornahme durch einen Dritten gestatten.
	Dadurch soll der VR vor nachteiligen Veränderungen der Gefahrenlage geschützt werden. Eine Gefahrerhöhung liegt bei nachträglicher Änderung der bei Vertragsschluß tatsächlich vorhandenen gefahrerheblichen Umstände, die den Eintritt des Versicherungsfalls oder eine Vergrößerung des Schadens wahrscheinlicher macht, vor. Die Gefahrerhöhung muß derart erheblich gewesen sein (§ 29 VVG), daß, wäre sie dem VR bei Vertragsschluß bekannt gewesen, er den Vertrag nicht oder nur gegen höhere Prämie abgeschlossen hätte.[27] Nicht ausreichend für § 23 Abs. 1 VVG sind nur kurzzeitig wirkende Gefahrsteigerungen.
Gefahrerhöhung/ Gefahrsteigerung	Im vorliegenden Fall hat der Verlust des Schlüssels zu einer dauernden Gefahrerhöhung und nicht nur zu einer Gefahrsteigerung geführt. Wäre nämlich der Schlüsselverlust dem VR bei Vertragsschluß bekannt gewesen, hätte er den Vertrag nicht geschlossen. Bezieht man das Auswechseln der Türschlösser am 26. März 1995 mit ein, so hätte der VR zumindest eine höhere Prämie genommen. Immerhin konnte auch jetzt noch der Schlüssel für die Alarmanlage in falsche Hände gelangen, wobei es einfacher ist, nur den einen Schlüssel für das Türschloß statt zwei für Türschloß und Alarmanlage, nachzuma-

---

[25] BGH VersR 1987, 921; OLG HAMM Vers R 1990, 86.
[26] BGH VersR 1987, 921.
[27] BGHZ 79, 158.

chen. Außerdem bildet der richtige Schlüssel für die schwer zu überwindende Alarmanlage in der Hand eines potentiellen Diebes einen erhöhten Anreiz, sich auch noch den fehlenden Schlüssel für das Türschloß zu beschaffen.

Durch den Verlust des Schlüssels ist der Eintritt des Versicherungsfalls wahrscheinlicher geworden sein, so daß die Gefahr objektiv erhöht war.

§ 23 Abs. 1 VVG setzt ferner voraus, daß die Gefahrerhöhung vom VN veranlaßt ist, also von ihm vorgenommen wurde. Die durch den Verlust des Schlüssels eingetretene Gefahrerhöhung erfolgte nicht durch ein Verhalten der A.

Gefahrerhöhung durch das Verhalten des VN

Möglicherweise hat A aber die Gefahr i.S.d. § 23 VVG erhöht, indem sie die unabhängig von ihrem Willen eingetretene Gefahr nicht beseitigt hat. Fraglich ist, ob die Gefahrerhöhung durch Unterlassen vorgenommen werden kann.

Gefahrerhöhung durch Unterlassen

Eine Ansicht entnimmt § 23 VVG die Obliegenheit zur Beseitigung einer unabhängig vom Willen des VN eingetretenen, ihm aber bekannten Gefahrerhöhung. Das Unterlassen der Beseitigung sei auch als Vornahme anzusehen, zumindest dann, wenn die Beseitigung ohne weiteres möglich ist. §§ 27 ff VVG seien auf Fälle der hier anstehenden Art nicht anwendbar, weil sie Unabwendbarkeit bzw. Unzumutbarkeit der Abwendung bzw. der Beseitigung voraussetzten.[28] Rechtlich finde die Gefahrerhöhung erst durch das Unterlassen statt;[29] vorliegend damit nicht durch den Verlust des Schlüssels, sondern durch das Nichtauswechseln des Schlosses statt.

zustimmende Meinung

Dagegen spricht aber die gesetzliche Konzeption, die eine scharfe Trennung zwischen gewollter und ungewollter Gefahrerhöhung zieht[30]. In der Regel liegt bei ungewollten Gefahrerhöhungen gleichzeitig das Unterlassen von Beseitigungsmaßnahmen vor. Werden nun alle diese Fälle als gewollte Gefahrerhöhung behandelt, so würde der im Gesetz angelegte Unter-

a.A.: Trennung entsprechend der gesetzlichen Konzeption

---

[28] PRÖLSS/MARTIN/PRÖLSS, a.a.O. (Fn 4), § 23 Anm. 4a.
[29] OLG FRANKFURT VersR 1985, 825.
[30] BGH VersR 1987, 653.

schied aufgehoben. Bei ungewollten Gefahrerhöhungen soll dem VN aber gerade nur eine Anzeigepflicht obliegen. Folglich kann eine Gefahrerhöhung nicht durch Unterlassen vorgenommen werden.

Da die Voraussetzungen des § 23 Abs. 1 VVG nicht gegeben sind, kann sich der VR auf die Leistungsfreiheit gem. § 25 Abs. 1 VVG nicht berufen.

VIII. Leistungsfreiheit wegen unterlassener Anzeige

V könnte gem. § 28 Abs. 1 VVG leistungsfrei sein. Dann müßte A ihrer Anzeigepflicht gem. § 27 Abs. 2 VVG nicht nachgekommen und der Versicherungsfall müßte später als einen Monat nach dem Zeitpunkt, in welchem dem VR die Anzeige hätte zugehen müssen, eingetreten sein.

Anzeigepflicht gem. § 27 Abs. 2 VVG

Den VN trifft die Anzeigepflicht nach § 27 Abs. 2 VVG, wenn eine Gefahrerhöhung objektiv, also unabhängig von seinem Willen, eingetreten ist. Das ist durch den Verlust des Schlüssels der Fall.

Kenntnis des Gefahrerhöhung

Weiterhin ist für eine Anzeigepflicht der A erforderlich, daß sie Kenntnis von der Gefahrerhöhung erlangt hat. Diese hatte A seit Anfang März 1995, da M ihr zu dem Zeitpunkt den Verlust des Schlüssel mitgeteilt hat. Folglich war sie seit diesem Zeitpunkt zur Anzeige verpflichtet.

Dieser Anzeigepflicht hätte sie unverzüglich (§ 121 Abs. 1 S. 1 VVG) nachgekommen müssen; die Anzeige erfolgte entgegen dieser Pflicht gar nicht.

Zeitpunkt des Eintritts des Versicherungsfalls

Desweiteren ist für die Leistungsfreiheit gem. § 28 Abs. 1 VVG erforderlich, daß der Versicherungsfall später als einen Monat nach dem Zeitpunkt eintritt, in welchem dem VR die Anzeige hätte zugehen müssen. Am 26. März 1995 hatte A spätestens Kenntnis von der Gefahrerhöhung. Hätte die A die Anzeige unverzüglich dem V gegenüber erklärt, wobei unverzüglich nicht mit sofort gleichzusetzen ist[31] (Als Obergrenze gilt eine Frist von zwei Wochen[32].), wäre die Anzeige dem VR folglich spätestens Mitte April 1995 zugegangen. Der Versicherungsfall ist aber erst am 23. Dezember 1995 eingetreten, mithin erheblich später als die Anzeige dem VR hätte zugehen müssen.

Gem. § 28 Abs. 1 VVG ist V somit leistungsfrei, sofern nicht ausnahmsweise ein Fall von § 28 Abs. 2 VVG vorliegt.

Danach kann sich der VR nicht auf Leistungsfreiheit berufen, wenn das Unterlassen der Anzeige nicht kausal für den Eintritt des Versicherungsfalls war (§ 28 Abs. 2 Satz).   *ausnahmsweise keine Leistungsfreiheit*

Der VR wird nur dann von der Leistung frei, wenn sich die Gefahrerhöhung auf den Eintritt des Versicherungsfalls ausgewirkt hat. Die Beweislast trifft den VN[33], d.h. A müßte den Beweis erbringen, daß die Gefahrerhöhung nicht ursächlich für den Versicherungsfall geworden ist. Diesen Beweis kann A nicht erbringen, da nicht geklärt ist, ob der Dieb mit dem verlustig gegangenen Schlüssel für die Alarmanlage diese ausgeschaltet hat. An A, die bereits das Türschloß hat auswechseln lassen, werden auch nicht zu hohe Anforderungen gestellt, da für sie anhand der vertraglichen Vereinbarungen erkennbar war, daß einer funktionsfähigen Alarmanlage große Bedeutung zukommt.   *Gefahrerhöhung kausal für den Eintritt des Versicherungsfalls*

Die Leistungspflicht des VR bleibt gem. § 28 Abs. 2 S. 1 VVG auch bestehen, wenn ihm die Gefahrerhöhung in dem Zeitpunkt bekannt war, in welchem ihm die Anzeige hätte zugehen müssen. Für eine solche Annahme bestehen keine Anhaltspunkte, demnach ist davon auszugehen, daß V frühestens am 23. Dezember 1995 bei der Schadensanzeige Kenntnis erlangt hat, da die A bei Verlust des Schlüssels keine Angaben gemacht hat.

---

[31] RGZ 124, 118; PALANDT/HEINRICHS, BGB-Kommentar[57], § 121 Rn 3.
[32] OLG Hamm NJW-RR 1990, 523.
[33] BAUMGÄRTEL/PRÖLSS, Handbuch der Beweislast im Privatrecht, Bd. 5; Versicherungsrecht, § 23-25 VVG Rn 13 ff.

§ 28 Abs. 2
S. 2 VVG

Gem. § 28 Abs. 2 S. 2 VVG bleibt die Leistungspflicht des VR auch dann bestehen, wenn zur Zeit des Eintritts des Versicherungsfalls die Kündigungsfrist ohne Kündigung verstrichen ist. Das ist vorliegend nicht der Fall. Gem. § 27 Abs. 1 S. 2 i.V.m. § 24 Abs. 2 VVG beträgt die Kündigungsfrist einen Monat, beginnend mit dem Zeitpunkt, in welchem der VR von der Gefahrerhöhung Kenntnis erlangt. Diese war wie oben gezeigt frühestens am 23. Dezember 1995 anzunehmen.

Eine Einengung der Rechte des VR dergestalt, daß bei einem bereits eingetretenen Versicherungsfall die Berufung des VR auf seine Leistungsfreiheit von der Kündigung des Vertrags abhängig gemacht wird, lehnt der BGH ab.[34]

V ist mit Vorliegen der Voraussetzungen des § 28 Abs. 1 VVG von der Verpflichtung zur Leistung frei. Ob eine Geltendmachung der Leistungsfreiheit im Prozeß erforderlich wäre (dann: Einrede)[35] oder ob sich die Leistungsfreiheit bei Vorliegen der Voraussetzungen von selbst ergibt (dann: Einwendung),[36] braucht nicht entschieden zu werden, da V sich auf das Leistungsverweigerungsrecht beruft.

IX. Ergebnis

A hat keinen Anspruch auf Zahlung der 300.000 DM.

---

[34] BGHZ 4, 376 f.
[35] So BGH NJW 1974, 1241; 1990, 384 allerdings eine vertragliche Obliegenheit (§ 6 VVG) betreffend.
[36] PRÖLSS/MARTIN/PRÖLSS, a.a.O. (Fn 4), § 6 Anm. 9 c; BRUCK/MÖLLER, VVG^8 I, § 6 Anm. 20.

Klausur Nr. 6***

Unvollständiger Antrag

Angelehnt an: BGH NJW 1992, 1506

Vorvertragliche Anzeigepflichten - Rücktritt - Arglistiges Verschweigen - Risikoprüfungsobliegenheit - Analogie zu § 21 VVG

Der Unternehmer U beantragte am 15. September 1994 bei der V-Versicherungs-AG den Abschluß einer Risikolebensversicherung mit einer Laufzeit von 20 Jahren und einer Versicherungssumme in Höhe von 50.000 DM. Das Antragsformular, das u.a. die erforderlichen Verbraucherinformationen i.S.v. § 10a VAG enthielt, füllte er wie folgt aus:

Bei der Formularfrage

> *9. Wurden für Versicherungen auf Ihr Leben schon einmal Beitragszuschläge oder Leistungseinschränkungen verlangt?*

kreuzte U das Ja- Kästchen an und beantwortete die ergänzende Frage nach dem Namen des damaligen Versicherers mit X-VVaG. Die Frage nach dem „Wann?" beantwortete er mit „1986", die Frage nach dem „Warum?" beantwortete er nicht.

Bei den Formularfragen

> *10. Leiden oder litten Sie bisher an Krankheiten, Störungen oder Beschwerden?*
>
> *11. Bestehen körperliche oder geistige Schäden?*
>
> *12. Bezogen, beziehen oder beantragen Sie eine Rente oder Pension aus gesundheitlichen Gründen? Bitte Rentenbescheid zur Einsichtnahme beifügen.*
>
> *13. Sind Sie in den letzten fünf Jahren untersucht oder behandelt worden?*

kreuzte U jeweils das Ja-Kästchen an. Einen Rentenbescheid fügte er nicht bei. Zu Frage Nr. 14 des Formulars

14. Wenn Sie Fragen der Ziff. 10-13 bejaht haben, brauchen wir noch folgende Angaben: Art und Verlauf der Krankheit, Verletzung usw. Wann? Wie oft? Wie lange?

nahm er folgende Eintragungen vor:

- *Zuckerkrankheit, seit 1988*

- *Mandeloperation, 1987*

- *Bänderdehnung im Fußgelenk, 1982*

U gab ferner Dr. med. M. - mit Adresse und Telefonnummer - als Hausarzt an und entband ihn von seiner ärztlichen Schweigepflicht. Für den Fall seines Todes bezeichnete er seine Ehefrau F unwiderruflich als Bezugsberechtigte. V nahm diesen Antrag am 12. Oktober 1994 ohne weitere Risikoprüfung schriftlich an. „*Versicherungsbeginn*" war lt. Versicherungsschein der 1. November 1994; von diesem Zeitpunkt an wurden auch die Prämien fortlaufend vom Konto des U abgebucht.

Am 21. Februar 1996 wird U bei einem Jagdunfall im Tiergarten tödlich verletzt. Zwei Tage später tritt F ihren Zahlungsanspruch gegen V „zur Sicherung aller Verbindlichkeiten aus der laufenden Geschäftsverbindung" an die B- Bank ab.

Nunmehr tritt V mit einem an F gerichteten Schreiben vom 15. März 1996 von dem Vertrage zurück und erklärt, kurz nach dem Tode des U habe man den ehemaligen Hausarzt Dr. M. aufgesucht und dabei erfahren, daß U das Antragsformular seinerzeit nicht ordnungsgemäß ausgefüllt habe. Er habe eine schwere, ihm seit 1984 bekannte und seitdem medikamentös behandelte, alkoholbedingte Lebererkrankung wider besseres Wissen verschwiegen. Ein zu dem damaligen Zeitpunkt erhobener, ganz auffälliger Befund seiner Blutwerte, die von da an kontinuierliche Einnahme von Medikamenten und der dringende Rat seines Arztes, ab sofort Diät zu leben, hätten U klar vor Augen geführt, daß er schwer krank sei und daß diese Krankheit auch den Vertragsschluß beeinflussen würde.

Mit einem weiteren Schreiben an F ficht V den Vertrag am 21. Februar 1996 auch noch an; bei Vertragsschluß habe man sich in einem grundlegenden Irrtum über den Gesundheitszustand des U befunden, der seinen wahren Gesundheitszustand bewußt verschwiegen und sie, V, damit arglistig getäuscht habe.

B ermächtigt daraufhin F, die der V- Versicherung am 30. März 1996 die Abtretung angezeigt hat, den - vermeintlichen - Zahlungsanspruch gegen V in eigenem Namen einzuklagen. Vor Gericht erklärt F, daß U tatsächlich seit 1984 um seine schwere Lebererkrankung gewußt und angenommen habe, daß die V-Versicherung, hätte er sie über die Lebererkrankung informiert, eine Lebensversicherung in dieser Form nicht abgeschlossen hätte. U habe die Formularfragen jedoch richtig, wenn auch nicht immer ganz vollständig beantwortet. V hätte daraufhin aber weitere Untersuchungen anstellen müssen; sie treffe eine „rechtliche Risikoprüfungsobliegenheit"; hätte sie bspw. bei Vertragsschluß bei Dr. M. oder auch bei dem X-VVaG nachgefragt, so hätte sie bereits damals von der Lebererkrankung erfahren.

V wendet dagegen ein, die Klage sei weder zulässig noch begründet; so könne F den behaupteten Anspruch prozessual gar nicht geltend machen, weil sie nicht mehr Anspruchsinhaberin sei; zudem sei sie, V, vom Vertrage zurückgetreten und habe außerdem auch noch wirksam angefochten; es sei zwar richtig, daß der X-VVaG bereits 1986 um die Lebererkrankung des U gewußt und einen Vertragsschluß daran habe scheitern lassen; eine Nachfragepflicht der V habe insoweit jedoch keineswegs bestanden. Hat die Klage der F Aussicht auf Erfolg ?

Hinweis: Der Versicherungsvertrag (VV) wurde auf der Grundlage der ALB 94 - Musterbedingungen des Verbandes der Lebensversicherungsunternehmen e.V. für die Risikolebensversicherung geschlossen.[1]

---

[1] Beck'sche Textausgabe, hrsg. von HEINRICH DÖRNER, 2. Aufl. 1996, Nr. 2.

Lösung

Die Klage der F hat Aussicht auf Erfolg, wenn sie zulässig und begründet ist.

I. Zulässigkeit

Prozeßführungs-befugnis

Fraglich ist zunächst, ob F prozeßführungsbefugt, d.h. befugt ist, das behauptete Recht prozessual in eigenem Namen geltend zu machen.[2] F hat ihren angeblichen Rechtsanspruch als Bezugsberechtigte (vgl. § 166 VVG) des Versicherungsvertrages zwischen U und V „zur Sicherung aller Verbindlichkeiten aus der laufenden Geschäftsverbindung" an die B-Bank abgetreten;[3] sie klagt also ein - nunmehr - fremdes Recht in eigenem Namen ein.

gewillkürte Prozessstandschaft

Eine solche *gewillkürte*, d.h. nicht gesetzlich angeordnete Prozeßstandschaft ist nur zulässig, wenn der Rechtsträger den Prozeßstandschafter - wie hier - ermächtigt hat, das behauptete Recht in eigenem Namen geltend zu machen,[4] und wenn darüber hinaus ein *schutzwürdiges Eigeninteresse* des Ermächtigten anzunehmen ist.[5] Ein schutzwürdiges Eigeninteresse der F könnte sich daraus ergeben, daß sie ihren Anspruch nur *zur Sicherheit* abgetreten hat, denn der im Rahmen einer Sicherungsabtretung typischerweise beabsichtigte Rückerwerb der Forderung nach Erfüllung „aller Verbindlichkeiten aus dem laufenden Geschäftsbetrieb" wäre ausgeschlossen, falls das Gericht die Existenz der abgetretenen Forderung verneinen sollte; die Rechtsposition der F wäre also trotz der Forderungs-

---

[2] Vgl. ZÖLLER/VOLLKOMMER, ZPO-Kommentar[20], Vor § 50 Rn 18; HANS-JOACHIM MUSIELAK, Grundkurs ZPO[3], Rn 105.

[3] Einzelheiten der Sicherungsabtretung bei KARL LARENZ, Schuldrecht Bd.I, Allgemeiner Teil[14], § 34 V und bei MÜKO-ROTH, BGB-Kommentar[3], Bd. 2, § 398 Rn 95-114.

[4] ZÖLLER/VOLLKOMMER, a.a.O. (Fn 2), Rn 45; MUSIELAK, a.a.O. (Fn 2).

[5] Std. Rspr. (BGHZ 89, 2; 92, 349; BGH NJW 1989, 1933; BGH NJW- RR 1989, 690) und h.L. (ZÖLLER/VOLLKOMMER, a.a.O., (Fn 1), Rn 44; MUSIELAK, a.a.O., (Fn 1)); a.A. nur LARENZ, a.a.O. (Fn 2), § 34 Vc.

abtretung noch beeinträchtigt, so daß ein schutzwürdiges Eigeninteresse zu bejahen ist.[6] F ist somit prozeßführungsbefugt. Weitere Zulässigkeitszweifel bestehen nicht.

II. Begründetheit

Die Klage der F ist begründet, falls der B-Bank ein Anspruch gegen V aus dem Lebensversicherungsvertrag zugunsten der F i.V.m. §§ 1 Abs. 1 S. 2, 166 VVG , 398 BGB auf Zahlung der Versicherungssumme in Höhe von 50.000 DM zusteht. Das setzt voraus, daß ein Zahlungsanspruch der F entstanden (I) und nicht wieder erloschen ist (II), und daß F diesen Zahlungsanspruch wirksam an die B-Bank abgetreten hat (III).

1. Entstehung des Anspruchs

Fraglich ist zunächst, ob ein Anspruch der F gegen V auf Auszahlung der Versicherungssumme entstanden ist. Dazu müßte ein VV zwischen U und V zustande gekommen, der Versicherungsfall eingetreten und F bezugsberechtigt sein.

Ein VV zwischen U und V könnte durch korrespondierende Willenserklärungen zustande gekommen sein: U stellt am 15. September 1994 einen Antrag auf Abschluß einer Lebensversicherung, den V am 12. Oktober 1994 auch annimmt; die erforderliche Einigung liegt also vor; auf die Regelung des § 5a Abs.1 VVG kommt es insoweit nicht an, weil sich die Verbraucherinformation i.S.v. § 10a VAG bereits auf dem Antragsformular befinden. *(Zustandekommen des Vertrags)*

In der Risikolebensversicherung ist Versicherungsfall der Tod der versicherten Person während der Versicherungsdauer (§ 1 ALB 94). Versicherte Person ist hier der VN U, denn die Lebensversicherung wurde - was rechtlich ohne weiteres zulässig ist (§ 159 Abs.1 VVG) - auf seine Person genommen. Der *(Eintritt des Versicherungsfalls)*

---

[6] In der Rspr. ist ein schutzwürdiges Eigeninteresse allgemein anerkannt, wenn der Zedent im Rahmen einer Sicherungszession die abgetretene Forderung im eigenen Namen einklagt; BGH BB 1967, 227; BGH NJW 1989, 1933; 1990, 1117; BGH NJW 1979, 924.

Versicherungsschutz beginnt, sobald der VN die Erstprämie gezahlt und der VR das Vertragsangebot des VN schriftlich oder durch Übergabe des Versicherungsscheins angenommen hat (§ 2 Satz 1 ALB 94), jedoch nicht vor dem im Versicherungsschein ausgewiesenen Versicherungsbeginn (§ 2 S. 2 ALB 94). Hier wird die Erstprämie am 1. November 1994, dem Tage, den auch der Versicherungsschein als „Versicherungsbeginn" ausweist, abgebucht; eine schriftliche Annahmeerklärung liegt bereits seit dem 12. Oktober 1994 vor, so daß der Versicherungsschutz am 1. November 1994 beginnt. Nachdem die Versicherungsdauer 30 Jahre beträgt, ist mit dem Tode des U am 21. Februar 1996 der Versicherungsfall eingetreten.

Bezugsberechtigung der F

F ist laut VV unwiderruflich bezugsberechtigt. Eine solche unwiderrrufliche Bezugsberechtigung könnte zwar gem. § 2302 BGB unzulässig sein, falls sich der VN dadurch seiner unbeschränkbaren Testierfreiheit begäbe; die Einräumung eines Bezugsrechts ist jedoch keine Verfügung von Todes wegen, so daß § 2302 BGB nicht anzuwenden und eine unwiderrufliche Bezugsberechtigung zulässig ist. Mit Eintritt des Versicherungsfall ist daher ein Leistungsanspruch der bezugsberechtigten F entstanden.

2. Erlöschen des Anspruchs

Rücktritt vom VV

V könnte jedoch mit der Begründung, U habe seine schwere Lebererkrankung bei Vertragsschluß wider besseres Wissen verschwiegen und damit eine vorvertragliche Anzeigepflicht verletzt, wirksam vom Vertrag mit U zurückgetreten sein, vgl. §§ 16 Abs.2 Satz 1 VVG , 8 Abs.3 Satz 1 ALB 94.

Rücktrittserklärung

V erklärt mit Schreiben vom 15. März 1996 ihren Rücktritt vom Vertrag gegenüber F. Fraglich ist jedoch, ob F richtige Adressatin der Rücktrittserklärung war. Der Rücktritt ist grundsätzlich gegenüber dem VN - hier also gegenüber U - zu erklären, vgl. § 20 Abs. 2 S. 1 VVG . Nach seinem Tode greift die vereinbarte Regelung des § 8 Abs. 7 S. 1 ALB 94: Danach ist die Rücktrittserklärung nunmehr gegenüber dem Bezugsberechtigten - hier also gegenüber der F - abzugeben. Auch aus der Sicherungsabtretung an die B-Bank ergibt sich nichts anderes; F bleibt Bezugsberechtigte i.S.v. § 8 Abs. 7 S. 1 ALB 94 und damit vertraglich vereinbarte Erklärungsempfängerin; V handelte zudem in Unkenntnis der Sicherungsabtretung, die ihr erst am 30. März 1996 angezeigt wurde; sie könnte sich also im Zweifel auch auf die Regelung des § 407 Abs. 1 BGB berufen.

In der Lebensversicherung ist ein Rücktritt des VR wegen einer Verletzung der dem VN bei Vertragsschluß obliegenden Anzeigepflicht grundsätzlich ausgeschlossen, wenn seit Vertragsschluß mehr als zehn Jahre verstrichen sind, vgl. § 163 S.1 VVG. Hier wird dieser Rücktrittsausschluß durch § 8 Abs. 3 ALB 94 noch - zugunsten des VN (vgl. § 178 Abs.1 S.1 VVG) - verschärft; nach dieser Klausel kann der VR wegen einer Verletzung vorvertraglicher Anzeigepflichten nur binnen drei Jahren nach Vertragsschluß zurücktreten. Diese Vereinbarung steht einem Rücktritt des V jedoch nicht entgegen, denn zwischen Vertragsschluß am 12. Oktober 1994 und Rücktrittserklärung am 15. März 1996 sind weniger als zwei Jahre Zeit verstrichen.

Rücktrittsausschluß

Gem. §§ 20 Abs.1 VVG, 8 Abs. 3 S. 2 ALB 94 kann der Rücktritt nur innerhalb eines Monats erklärt werden, nachdem der VR von der Verletzung der Anzeigepflicht Kenntnis erlangt hat. Kenntnis i. S. dieser Vorschrift liegt vor, wenn der VR „zuverlässige Kunde" davon hat, daß der VN ihm bekannte gefahrerhebliche Umstände nicht angegeben hat.[7] Bei falschen Angaben über den Gesundheitszustand ist das i.d.R. erst dann der Fall, wenn der VR die behandelnden Ärzte konsultiert hat.[8] Hier erfährt V erst kurz nach dem Tode des U, also frühestens am 21. Februar 1996 von der vermeintlichen Verletzung einer vorvertraglichen Anzeigepflicht. Bereits am 15. März 1996, also innerhalb von etwa drei Wochen, erklärt sie ihren Rücktritt.

Rücktrittsfrist

---

[7] Vgl. u.a. OLG Köln r+s 1986, 46; BGHZ 108, 326; PRÖLSS/MARTIN/PRÖLSS, VVG- Kommentar[25], § 20 Anm. 2 m.w.N.
[8] OLG Hamm VersR 1987, 150.

Die Monatsfrist des § 20 Abs. 1 S.1 VVG ist somit erkennbar gewahrt.

Rücktrittsgrund i.S.v. § 16 Abs.1 VVG

Fraglich ist jedoch, ob ein Rücktrittsgrund vorliegt. Ein gesetzlicher Rücktrittsgrund könnte sich aus § 16 Abs. 2 S.1 VVG ergeben, falls U § 16 VVG zuwider die Anzeige eines erheblichen Gefahrumstandes unterlassen haben sollte. Tatsächlich hat U eine - ihm unstreitig seit 1984 bekannte und seitdem medikamentös behandelte - Lebererkrankung nicht angezeigt. Damit könnte er einen erheblichen Gefahrumstand verheimlicht und gegen seine vorvertraglichen Anzeigepflichten aus § 16 Abs. 1 VVG verstoßen haben.

erheblicher Gefahrumstand

Die Lebererkrankung des U müßte dann ein Umstand sein, der für die Übernahme der Gefahr durch V erheblich gewesen ist. Gem. § 16 Abs. 1 Satz 2 VVG ist erheblicher Gefahrumstand jeder Umstand, der geeignet ist, auf den Entschluß des VR, den Vertrag überhaupt oder zu den vereinbarten Bedingungen abzuschließen, Einfluß auszuüben.

Die Erheblichkeit ist i.d.R. *aus Sicht des individuellen VR* zu beurteilen. Ein VR, der eine vorsichtige Risikoauslese praktiziert, wird einen Vertragsschluß eher scheitern lassen bzw. einen Risikoausschluß oder einen Prämienzuschlag vereinbaren, als ein in diesem Sinne „großzügiger" VR.[9] Um die Erheblichkeit der Lebererkrankung hier zu beurteilen, wäre also der Rückgriff auf die *tatsächlichen Geschäftsgrundsätze* der V erforderlich.[10]

Dieser Rückgriff ist jedoch nach std. Rspr.[11] ausnahmsweise entbehrlich, wenn die Gefahrerheblichkeit auf der Hand liegt: Ist ein Umstand typischerweise geeignet, den Entschluß eines jeden VR zu beeinflussen, so ist er schon objektiv, d.h. unabhängig von unternehmensindividuellen Risikoprüfungsgrund-

---

[9] BRUCK/MÖLLER, VVG^8 I, § 16 Anm.25.
[10] Vgl. auch BGH, Urt.v.20.2.1991, bei DIETRICH MÜLLER, VVG-Entscheidungen, § 16 Nr. 13 und BGH, Urt. v. 8.3.1989, bei MÜLLER, a.a.O., § 16 Nr. 3.
[11] BGH VersR 84, 629; 84, 855; 89, 689; 90, 297.

sätzen als gefahrerheblich anzusehen.[12] Laut Sachverhalt litt U an einer alkoholbedingten Lebererkrankung, die so schwer wog, daß er ständig medikamentös behandelt werden und Diät leben mußte. Eine so schwerwiegende Erkrankung reduziert nach allgemeiner Lebenserfahrung die Lebenserwartung des Patienten. Die Kenntnis dieser Erkrankung hätte aus diesem Grunde den Entschluß eines jeden VR beeinflußt, eine Lebensversicherung zu bestimmten Konditionen abzuschließen. Die Lebererkrankung ist somit als ein *objektiv* gefahrerheblicher Umstand i.S.d. § 16 Abs. 1 VVG zu qualifizieren.[13]

Fraglich ist, ob U dieser gefahrerhebliche Umstand auch bekannt war. Die Kenntnis muß sich einerseits auf den Umstand selbst, andererseits auf die Gefahrerheblichkeit dieses Umstands beziehen.[14] Die Lebererkrankung selbst war U seit 1984 bekannt; U ging darüber hinaus unstreitig davon aus, daß sich V in Kenntnis dieses Umstandes nicht auf eine Lebensversicherung zu den vereinbarten Bedingungen eingelassen hätte; U wußte somit auch um die Gefahrerheblichkeit.

Kenntnis

Auf die Zweifelsregelung des § 16 Abs. 1 S. 3 VVG, derzufolge ein Umstand, nach dem der VR ausdrücklich und schriftlich gefragt hat, im Zweifel als erheblich gilt, kommt es nach alledem nicht mehr an.

Zweifelsregelung, § 16 Abs.1 Satz 3 VVG

U hat die alkoholbedingte Lebererkrankung nicht angezeigt und damit einen ihm bekannten, erheblichen Gefahrumstand i.S.v. § 16 Abs. 1 VVG verschwiegen.

Nichtanzeige

Dennoch wäre ein Rücktritt der V ausgeschlossen, falls U kein Verschulden daran trifft, daß die Anzeige der Lebererkrankung im Antragsformular unterblieben ist (§ 16 Abs. 3 VVG). Dann dürfte U weder vorsätzlich noch fahrlässig gehandelt haben (§ 276 Abs. 1 BGB). Nachdem U um seine Lebererkrankung

Verschulden

---

[12] BGH a.a.O. (Fn 12).
[13] Vgl. BGH VersR 1990, 297: Gefahrerheblichkeit einer alkoholbedingten Leberschädigung liegt auf der Hand.
[14] BRUCK/MÖLLER, a.a.O. (Fn 9), § 16 Anm.34; PRÖLSS/MARTIN/PRÖLSS, a.a.O. (Fn 7), §§ 16, 17 Anm.2b, 9.

und ihre Gefahrerheblichkeit wußte, hätte er angesichts der Formularfragen Nr. 10, 11 und 14 auch erkennen müssen, daß die Lebererkrankung als gefahrerheblicher Umstand anzugeben war. U handelte also zumindest fahrlässig.

arglistiges Verschweigen, § 18 Abs. 2 VVG

Die Frage, ob U darüber hinaus auch arglistig gehandelt hat, stellt sich im Rahmen des Rücktritts nur unter den Voraussetzungen des § 18 Abs. 2 VVG; hatte der VN die Gefahrumstände an Hand schriftlicher, von dem VR gestellter Fragen anzuzeigen, so kann der VR wegen unterbliebener Anzeige eines Umstandes, nach welchem nicht *ausdrücklich* gefragt wurde, nur im Fall arglistigen Verschweigens zurücktreten.

ausdrückliche Nachfrage

Hier hatte U die Gefahrumstände zwar anhand schriftlicher, vom VR gestellter Fragen anzuzeigen; fraglich ist jedoch, ob U einen Umstand verschwiegen hat, nach dem nicht ausdrücklich gefragt worden ist. Die Formularfragen Nr. 10, 11 und 14 fragen u.a. nach gegenwärtigen und früheren Erkrankungen, nach körperlichen Schäden und -ggf.- nach Art und Verlauf der Krankheit; eine präzise Frage nach einer evtl. bestehenden Lebererkrankung findet sich dagegen nicht. Die vorhandenen Formularfragen könnten daher so unbestimmt sein, daß keine ausdrückliche Frage i.S.v. § 18 Abs. 2 VVG vorliegt. Die Fragen müssen i.d.R. deutlich auf den betreffenden Umstand hinzielen, so daß es an einer ausdrücklichen Frage fehlt, wenn nach einem Umstand überhaupt nicht oder nur ganz generell gefragt ist;[15] der Antragsteller muß „auf den Umstand gleichsam hingestoßen" werden.[16] So fehlt es bspw. an einer ausdrücklichen Frage, wenn im Anschluß an Fragen nach einer Vielzahl aufgeführten Krankheiten noch gefragt wird: „Leiden Sie unter sonstigen Krankheiten?".[17]

Konkretisierung allgemein gehaltener Fragen

Die Anforderungen an das Antragsformular dürfen andererseits nicht überspannt werden, denn sonst müßte jede denkbare Krankheit, die theoretisch für eine Risikoprüfung relevant sein

---

[15] BRUCK/MÖLLER, a.a.O. (Fn 9), § 16 Anm. 29.
[16] BRUCK/MÖLLER, a.a.O. (Fn 15).
[17] BRUCK/MÖLLER, a.a.O. (Fn 15); KARL SIEG, Versicherungsvertragsrecht, 132.

könnte, einzeln abgefragt werden; dann läge zwar eine Fülle konkreter Fragen vor; das Formular wäre jedoch so umfangreich und unübersichtlich, daß niemandem gedient wäre. Es muß daher - schon aus praktischen Gründen - ausreichen, daß der VR allgemein nach vorhandenen Krankheiten fragt, *wenn diese Frage durch geeignete Beispiele konkretisiert wird.* Das gilt jedenfalls dann, wenn das Gewicht der exemplarisch aufgeführten Krankheiten - auch nach den Vorstellungen eines medizinischen Laien - das der nicht angegebenen Erkrankung nicht wesentlich überschreitet.

Solche konkretisierenden Beispiele fehlen hier; die allgemein gehaltene Frage der V *„Leiden oder litten Sie bisher an Krankheiten, Störungen oder Beschwerden"* wäre nur als eine ausdrückliche Frage i.S.v. § 18 Abs. 2 VVG zu qualifizieren, wenn sie bspw. durch einen Zusatz wie *[z.B. Herz- Kreislauf Erkrankungen, Nierenerkrankungen usw.]?* konkretisiert worden wäre; bei einer solchen Formulierung stünde auch für einen medizinischen Laien fest, daß vergleichbare Krankheiten der inneren Organe, bspw. Lebererkrankungen anzugeben wären.

Nachdem eines ausdrückliche Frage iSv. § 18 Abs. 2 VVG fehlt, setzt ein Rücktritt der V zusätzlich Arglist des U voraus. Der Begriff der Arglist ist derselbe wie der der §§ 22 VVG, 123 Abs. 1 BGB,[18] erfordert also keine moralisch verwerfliche Gesinnung des VN, und ist mit Vorsatz gleichzusetzen;[19] der Handelnde muß den Willen und das Bewußtsein haben, durch das Verschweigen von Tatsachen im Erklärungsgegner einen Irrtum zu erregen *und* er muß wissen, daß der andere Teil durch das Verschweigen zur Abgabe einer Willenserklärung bestimmt wird, d.h. daß dieser bei wahrheitsgemäßer Erklärung nicht oder nur zu anderen Bedingungen abgeschlossen hätte.[20] U

Arglist des U

---

[18] BRUCK/MÖLLER, a.a.O. (Fn 9), § 18 Anm. 8.
[19] MüKo-KRAMER, BGB-Kommentar³, Bd.1, § 123 Rn 6.
[20] Std. Rspr. schon des RG, vgl. RGZ 96, 345; 134, 43, 53; ebenso BGH NJW 1957, 988 = BGH, Urt. vom 13.5.1957 bei MÜLLER, a.a.O. (Fn 10), § 22 Nr.1; OLG Frankfurt/a.M., NJW-RR 1992, 1250.

wußte, daß er einen gefahrerheblichen Umstand verschweigt und V so über seinen wahren Gesundheitszustand täuscht; er handelte darüber hinaus in dem Bewußtsein, daß V den Vertrag in dieser Form nicht abgeschlossen hätte, hätte er die Lebererkrankung in dem Antragsformular erwähnt. Im Ergebnis ist daher Arglist des U anzunehmen:[21] Er wollte den Entschluß des VR, die Risikolebensversicherung zu bestimmten Bedingungen abzuschließen, dadurch zu seinen Gunsten manipulieren, daß er die Lebererkrankung verheimlicht. [22] § 18 Abs. 2 VVG steht einem Rücktritt des VR somit nicht entgegen.

Rechtsfolgen des Rücktritts

Die Voraussetzungen eines Rücktritts gem. §§ 20, 16 Abs. 2 S. 1, 18 Abs. 2 VVG liegen nach alledem vor.[23] Ein Rücktritt begründet i.d.R. für beide Teile die Pflicht zur Rückgewähr der empfangenen Leistungen (Rückgewährschuldverhältnis, vgl. §§ 346 S. 1 BGB, 20 Abs. 2 S. 2 VVG) und hebt die im Vertrage begründeten primären Leistungspflichten auf, soweit sie noch nicht erfüllt oder sonst erloschen sind (sog. Befreiungswirkung).[24]

trotz Rücktritt keine Leistungsfreiheit

Etwas anderes könnte sich jedoch aus § 21 VVG ergeben. Danach bleibt der VR trotz Rücktritt zur Leistung verpflichtet, wenn der Umstand, bzgl. dessen die Anzeigepflicht verletzt ist, keinen Einfluß auf den Eintritt des Versicherungsfalls und auf den Umfang seiner Leistung hatte. Die Befreiungswirkung des Rücktritts setzt mit anderen Worten voraus, daß Kausalität zwischen dem verschwiegenen oder falsch angezeigten Umstand und dem Eintritt des Versicherungsfalls besteht. Hier trat der Tod des U durch den Jagdunfall vom 23. Februar 1996, also ganz unabhängig von der bestehenden Lebererkankung ein;

---

[21] Der BGH (VersR 1992, 603) läßt diese Frage ausdrücklich offen; in der Berufungsinstanz ist Täuschungsvorsatz dagegen bejaht worden.
[22] Vgl. PRÖLSS/MARTIN/PRÖLSS, a.a.O. (Fn 7), § 22, Anm.2.
[23] Im Schrifttum wird vertreten, der Rücktritt nach § 16 Abs. 2 VVG setzte zusätzlich voraus, daß sachgerecht nach dem verschwiegenen Umstand gefragt wurde; vgl. PRÖLSS/MARTIN, a.a.O. (Fn 7), §§ 16, 17 Anm.1.
[24] Vertiefend, LARENZ, a.a.O. (Fn 3), § 26a.

Kausalität ist daher zu verneinen, so daß V trotz des wirksamen Rücktritts vom 15. März 1996 zur Leistung verpflichtet bleibt.

Der Anspruch der F könnte jedoch gem. §§ 119 Abs. 2, 142 Abs. 1 BGB durch die Anfechtung, die V am 21. März 1996 erklärt hat, rückwirkend wieder erloschen sein.

Irrtumsanfechtung, § 119 Abs. 2 BGB

Fraglich ist zunächst, ob V den Vertrag überhaupt noch anfechten konnte, nachdem sie eine Woche vorher bereits ihren Rücktritt erklärt hat. Dafür spricht, daß der Rücktritt nur zu einer Umwandlung des Schuldverhältnisses, dagegen nicht zu seiner Beseitigung führt; zum Zeitpunkt der Anfechtung ist der VV also - wenn auch in modifizierter Form - noch vorhanden und eine Anfechtung nach wie vor möglich. Hinzukommt, daß nach h.L.[25] sogar die Anfechtung eines nichtigen Rechtsgeschäftes möglich ist; derjenige, der zunächst nach § 119 Abs. 1 BGB anficht und nach § 122 Abs. 1 BGB den Vertrauensschaden ersetzen müßte, hat die Möglichkei, nachträglich auch noch nach dem ihm insoweit günstigeren § 123 Abs. 1 BGB anzufechten; die Anfechtung eines noch bestehenden Rückgewährschuldverhältnisses muß dann aber erst recht zulässig sein.

Zulässigkeit einer Anfechtung nach Rücktritt

Eine Irrtumsanfechtung nach §§ 119 ff. BGB könnte jedoch mit Blick auf eventuelle vorvertragliche Anzeigepflichtverletzungen gem. § 22 VVG e contrario grundsätzlich ausgeschlossen sein, falls *allein* „die Anfechtung wegen arglistiger Täuschung über Gefahrumstände" unberührt bleiben sollte. Für diese Auslegung spricht, daß der VR - insb. nach § 119 Abs. 2 BGB - oft und ohne Rücksicht auf ein Verschulden des VN anfechten könnte, wenn ein gefahrerheblicher Umstand nicht oder nicht richtig angezeigt und dadurch beim VR ein Irrtum entstanden ist.[26] Damit wäre aber die abschließende Wertung der §§ 16 ff. VVG, insb. das Verschuldenserfordernis aus § 16 Abs. 3 VVG, unterlaufen. Eine Irrtumsanfechtung gem.

Zulässigkeit einer Irrtumsanfechtung

---

[25] LARENZ, BGB Allgemeiner Teil[7], § 29 IV lit.c und PALANDT/HEINRICHS, BGB- Kommentar[57], Überbl. v. § 104, Rn 35.
[26] BRUCK/MÖLLER, a.a.O. (Fn 9), § 22 Anm. 6a.

§§ 119 ff. BGB ist aus diesen Gründen systematisch ausgeschlossen.[27]

Anfechtung gem. §§ 22 VVG, 123 Abs. 1 BGB

Eine Anfechtung wegen arglistiger Täuschung ist im Gegensatz dazu auch hinsichtlich möglicherweise mißachteter vorvertraglicher Anzeigepflichten i.S.d. §§ 16 ff. zulässig (§ 22 VVG).

Anfechtungserklärung und -frist

V ficht den VV am 21. März 1996 auch mit der Begründung an, sie fühle sich arglistig getäuscht; sie hat die Anfechtungserklärung auch innerhalb eines Jahres nach Entdeckung der Täuschung - im Februar 1996 - erklärt; die Anfechtungsfrist des § 124 BGB ist somit gewahrt. Richtige Adressatin der Anfechtungserklärung war erneut F (vgl. § 8 Abs. 7 ALB 94).

Täuschung

U könnte den VR dadurch getäuscht, d.h. einen Irrtum der V erregt oder aufrechterhalten haben, daß er die alkoholbedingte Lebererkrankung auf dem Antragsvordruck nicht erwähnt hat. Eine solche Täuschung durch Unterlassen setzt allerdings zunächst eine Pflicht des U voraus, seine Lebererkrankung zu offenbaren (Rechtspflicht zur Aufklärung)[28]. Eine solche Rechtspflicht ergibt sich hier aus § 16 Abs.1 VVG, wonach der VN alle ihm bekannten, gefahrerheblichen Umstände bei Vertragsschluß anzuzeigen hat. Darüber hinaus ist davon auszugehen, daß V aufgrund der Nichtanzeige irrtümlich geglaubt hat, daß U zum Zeitpunkt des Vertragsschlusses, von den angegebenen Erkrankungen abgesehen, gesund war. Eine Täuschung in Form des Unterlassens liegt somit vor.

Arglist

U handelte auch arglistig; er wollte den Vetragsschluß dadurch zu seinen Gunsten beeinflussen, daß er die Lebererkrankung unterschlägt und V über seinen wahren Gesundheitszustand täuscht

Anfechtungsausschluß über § 242 BGB?

Die Voraussetzungen des § 123 Abs.1 BGB liegen also vor, so daß sich V an und für sich am 21. Februar 1996 durch Anfechtung wegen arglistiger Täuschung von dem VV gelöst haben

---

[27] Vgl. auch MOTIVE, 96; RGZ 132, 386, 388; BGH VersR 1986, 1089, 1090; MÜKO-KRAMER, a.a.O. (Fn 19), § 119, Rn.13a.
[28] Vertiefend: MÜKO-KRAMER, a.a.O. (Fn 19), § 123 Rn 13f.

und der Zahlungsanspruch i.H.v. 50.000 DM ex tunc erloschen sein müßte.

Die Anfechtung wegen Verletzung einer vorvertraglichen Anzeigepflicht könnte jedoch hier gegen den Grundsatz von Treu und Glauben (§ 242 BGB) verstoßen, falls der VR bei Vertragsschluß selbst eine *Risikoprüfungsobliegenheit* mit Schutzzweck für den VN (bzw. den Bezugsberechtigten) mißachtet haben sollte.

So meint der BGH,[29] daß ein künftiger VN nicht mehr selbständig entscheiden könne, wie er der Anzeigeobliegenheit aus §§ 16, 17 VVG gerecht werde, wenn der Antragsvordruck eine Fülle von Formularfragen enthalte. Einem Fragenkatalog komme eine Berechtigung nur dann und deshalb zu, wenn und weil sich der Befragte darauf verlassen dürfe, daß der VR das ausgefüllte Formular sorgsam durchsehe und *seine vor Vertragsschluß gebotene Risikoprüfung* an sämtlichen Angaben in dem eingereichten Formular ausrichte. Sollte eine sachgerechte Risikoprüfung allein mit Hilfe der VN-Angaben zu den Formularfragen nicht möglich sein und verzichte der VR dennoch auf ergänzende Rückfragen, so bleibe es ihm aufgrund seines vorangegangenen Verhaltens verwehrt, aus diesem Grunde anzufechten oder zurückzutreten, falls er durch die gebotenen Rückfragen bei Vertragsschluß auch diejenigen Tatsachen erfahren hätte, aus denen er später ein Anfechtungs- oder Rücktrittsrecht herleiten will.[30] Grundgedanke dieser Rspr. ist somit erkennbar das Verbot des venire contra factum proprium.

Grundgedanke

Sollte V demnach bei Vertragsschluß eine Risikoprüfungsobliegenheit mit Schutzzweck für U bzw. F treffen und sollte V es trotz dieser Risikoprüfungsobliegenheit versäumt haben, eine angemessene Risikoprüfung vorzunehmen, so könnte die spätere Anfechtung gegen den Grundsatz von Treu und Glauben verstoßen.

Risikoprüfungsobliegenheit der V

---

[29] BGH NJW 1992, 1506.
[30] BGH a.a.O. (Fn 29).

Eine Risikoprüfungsobliegenheit des VR wird in den §§ 16 ff. VVG zwar nicht ausdrücklich normiert, könnte ihnen jedoch implizit zugrunde liegen. So meint der BGH,[31] der VR sei zu einer „ordnungsgemäßen Risikoprüfung vor Vertragsschluß gehalten, wie es die Regelung in den §§ 16 ff. voraussetzt"; er sei bei Verwendung eines Frageformulars gehalten, seine Risikoprüfung an sämtlichen Angaben in dem Formular auszurichten. V mußte mit anderen Worten eine adäquate Risikoprüfung durchführen und alle im Antragsformular enthaltenen Antworten des U detailliert auf ihre Stimmigkeit und Vollständigkeit hin überprüfen.

Verstoß gegen die Risikoprüfungsobliegenheit

Fraglich ist, ob V gegen diese Risikoprüfungsobliegenheit verstoßen hat. Das wäre der Fall, wenn sie das Formular vor Vertragsschluß nicht hinreichend sorgfältig und vollständig ausgewertet bzw. erforderliche Rückfragen unterlassen haben sollte.

Die Antworten des U geben seinen Gesundheitszustand nur ungenau wieder; so beantwortet er die Frage Nr. 9 „Warum?" überhaupt nicht und die Frage Nr. 14 nur stichpunktartig; einen Rentenbescheid fügt er nicht bei. Unklar bleibt daher, aus welchen gesundheitlichen Gründen U eine Rente bezogen, beantragt oder erhalten hat. Unklar bleibt auch, aus welchen gesundheitlichen Gründen U in den letzten fünf Jahren vor Vertragsschluß untersucht oder behandelt worden ist. V könnte allenfalls aus den Angaben zu Nr. 14 schließen, daß in beiden Fällen die Diabeteserkrankung des U die Ursache war; so erreichen weder eine erfolgreiche Mandeloperation noch eine Bänderdehnung den erforderlichen Schweregrad für eine Rente; für eine Behandlung in den letzen fünf Jahren vor Vertragsschluß liegen Mandeloperation und Bänderdehnung zudem zeitlich zu weit zurück.

Selbst wenn man die Angaben des U insoweit noch für schlüssig hält, bleibt aber unklar, warum für eine frühere Lebensversicherung des U schon einmal Beitragszuschläge oder Leistungseinschränkungen verlangt worden sind. So kommen aus

---

[31] BGH a.a.O. (Fn 30).

zeitlichen Gründen weder die Zuckerkrankheit (seit 1988) noch die Mandeloperation (1987) als Ursache für eine einschränkende Vereinbarung mit dem X-VVaG (1986) in Betracht. In Unkenntnis dieser Ursache konnte V jedoch keine sachgerechte Risikoprüfung durchführen; sie durfte aus diesem Grunde redlicherweise nicht von einer Rückfrage bei dem X-VVaG oder zumindest bei dem Hausarzt Dr. M. absehen, den U explizit von seiner Schweigepflicht entbunden hatte. Zumindest die Frage, warum ein anderer Lebensversicherer Beitragszuschläge oder Leistungseinschränkungen verlangt hat, drängte sich der V geradezu auf.[32]

Der X-VVaG hat im Jahre 1986 Beitragszuschläge oder Leistungseinschränkung *wegen der seit 1984 bekannten Lebererkrankung des U* verlangt; eine entsprechende Nachfrage hätte also bereits bei Vertragsschluß zu einer Offenbarung des verschwiegenen Gefahrumstandes geführt. Nahm V den Antrag des U dennoch - mit erklärtermaßen unzulänglichem Wissensstand an, so durfte sie es nicht von der künftigen Entwicklung abhängig machen, ob sie es bei einem so zustande gekommenen Vertrag belassen werde. Folgt man also der Rspr. zu den Risikoprüfungsobliegenheiten des VR, so verstößt die am 21. März 1996 erklärte Anfechtung wegen arglistiger Täuschung gegen Treu und Glauben und wäre aus diesem Grunde unzulässig.

Gegen die Rspr. des BGH zu den angeblichen Risikoprüfungsobliegenheiten des VR lassen sich jedoch eine Reihe von Einwänden erheben. Die Rspr. führt zunächst zu einer Risikoverlagerung contra legem:[33] Gem. §§ 16 ff. VVG soll grundsätzlich der *VN* das Risiko unterlassener Angaben bei Vertragsschluß tragen; der Gesetzgeber billigt dem VR in diesem Falle ein

Kritik

---

[32] Vgl. dagegen BGH VersR 1995, 901: „Hat der VN auf klare Fragen in dem Antragsformular unrichtig geantwortet und enthält die unrichtige Antwort keine Unklarheiten, so bedarf es keiner ergänzenden Rückfragen des VR; denn allein der Prüfung der Wahrheitsliebe des VN dient die dem VR obliegende Risikoprüfungspflicht nicht" = BGH Urt.v.3.5.1995 bei MÜLLER, a.a.O. (Fn 10), § 16 Nr. 30; Anm. MEINRAD DREHER, JZ 1992, 926 f.

[33] DREHER, a.a.O. (Fn 32).

Rücktritts- und ein Anfechtungsrecht zu. Der vom VVG gewählte Interessenausgleich - einerseits Schutz des VR durch Rücktritt und Anfechtungsrecht, andererseits Schutz des VN bspw. durch § 18 VVG (Rücktrittsrecht des VR nur bei Arglist des VN, falls eine ausdrückliche Frage trotz Verwendung eines Frageformulars fehlt) - wird deutlich zu Lasten des VR verschoben.[34] Im Schrifttum[35] wird außerdem zu Recht bezweifelt, daß ein VN, der *den VR arglistig über seinen Gesundheitszustand getäuscht* hat, nach Treu und Glauben wirklich Schutz verdient.

Diese Überlegungen sprechen dafür, die Rspr. des BGH zu den Risikoprüfungsobliegenheiten abzulehnen, denn sie mißachtet die gesetzlichen Wertungen der §§ 16 ff. VVG (LORENZ[36] spricht dabei von einer *Sperrwirkung* der §§ 16 ff.) und privilegiert einen betrügerisch handelnden VN über § 242 BGB.

Zwischenergebnis

V könnte nach alledem gem. §§ 22 VVG , 123 Abs. 1, 142 Abs.1 BGB anfechten und den VV - und damit zugleich den Leistungsanspruch der F - mit ex tunc Wirkung beseitigen.

Ergebniskorrektur: § 21 VVG analog

Dieses Ergebnis könnte jedoch durch eine analoge Anwendung des § 21 VVG zu korrigieren sein; dann bliebe die Leistungsverpflichtung des VR nicht nur im Falle des Rücktritts, sondern auch im Falle der Anfechtung wegen arglistiger Täuschung bestehen, falls der Umstand in Ansehung dessen die Anzeigepflicht verletzt ist, - wie hier - keinen Einfluß auf den Eintritt des Versicherungsfalls und auf den Umfang der Leistung des VR hatte.

Gegen eine analoge Anwendung des *rücktrittsbezogenen* § 21 VVG auf die Anfechtung nach §§ 22 VVG, 123 Abs. 1 BGB spricht zunächst eine historische Auslegung der Norm: Die Vorschrift des § 21, so die Motive zum VVG, dürfe

---

[34] DREHER, a.a.O. (Fn 32).
[35] DREHER, a.a.O. (Fn 32); EGON LORENZ, Hat der Versicherer eine Risikoprüfungsobliegenheit mit Schutzzweck zugunsten des Antragstellers, VersR 1993, 513 ff.
[36] LORENZ, a.a.O. (Fn 35), 516.

nicht dazu führen, daß der VR bei mangelndem Kausalzusammenhang zwischen der Verletzung der Anzeigepflicht und dem Eintritt des Versicherungsfalles auch dann zur Leistung verpflichtet werde, wenn ihn der VN durch seine falschen Angaben arglistig getäuscht und dadurch zum Vertragsschluß bestimmt habe; fechte der VR an, so sei der Vertrag von Anfang an nichtig und der VR sei, einerlei ob der Eintritt des Versicherungsfalls mit dem Umstand, auf den sich die arglistige Täuschung bezog, in ursächlichem Zusammenhang gestanden habe oder nicht, *nicht* zur Leistung verpflichtet.

Der historische Gesetzgeber übersieht jedoch, daß die Regelung des § 21 VVG so zu einem Wertungswiderspruch führt; handelt der VN - wie hier - arglistig und tritt der VR daraufhin zurück, so bleibt er gem. § 21 VVG zur Leistung verpflichtet; erklärt er hingegen die Anfechtung, so wird er gem. §§ 22 VVG, 123 Abs. 1, 142 Abs. 1 BGB von seiner Leistungspflicht befreit, obwohl es keinen Sachgrund gibt, den arglistigen VN im Falle des Rücktritts besser zu stellen, als im Falle der Anfechtung; hier wie dort ist es nach der Wertentscheidung des § 21 VVG unbillig, den VN für sein schuldhaftes Verhalten büßen zu lassen, wenn dieses Verhalten keinerlei Einfluß auf den Eintritt des Versicherungsfalls und auf den Leistungsumfang des VR hatte; hier wie dort haftet der VR nur für diejenigen Umstände, deren Gefahr er bei Vertragsschluß wirklich hat übernehmen wollen. Entgegen der h.M.[37] ist § 21 VVG daher analog auf die Anfechtung wegen arglistiger Täuschung anzuwenden, so daß der Anspruch der F auf Auszahlung der Versicherungssumme trotz wirksamer Anfechtung nicht rückwirkend erloschen ist.

3. Abtretung an die D-Bank

F hat ihren Zahlungsanspruch gem. § 398 BGB wirksam an die B- Bank abgetreten; § 15 Abs. 4 ALB94 steht dem nicht entgegen, denn F - als bisherige Berechtigte - hat der V die Abtretung schriftlich angezeigt.

---

[37] OLG Hamm, VersR 1982, 85; OLG Frankfurt, VersR 1980, 449; PRÖLSS/MARTIN/PRÖLSS, a.a.O. (Fn 7), § 22 Anm.6.

III. Ergebnis

Im Ergebnis steht B ein Anspruch gegen V auf Zahlung von 50.000 DM aus VV iVm. §§ 1 Abs. 2, 166 VVG, § 398 BGB zu. Die zulässige Leistungsklage ist somit auch begründet.

Klausur Nr. 7***

Der Pferdestallfall

Angelehnt an: BGH NJW 1993, 1862

Obliegenheiten - Wissensvertreter - Wissenserklärungsvertreter - Repräsentantendoktrin - Relevanzrechtsprechung

Im Mai 1994 errichtet B auf seinem Grundstück im Grunewald einen Pferdestall, ohne die dafür erforderliche Baugenehmigung der Stadt Berlin einzuholen. Im Juni 1996 erfährt das zuständige Bezirksamt davon und fordert B mehrfach auf, den Pferdestall abzureißen. Als B nicht reagiert, erläßt das Bezirksamt am 1. September 1996 eine Baubeseitigungsanordnung mit dem Inhalt, den Stall „spätestens zum 31. März 1997" zu beseitigen; andernfalls drohe eine „umgehende Ersatzvornahme". B legt gegen diese Verfügung keinen Widerspruch ein, überträgt jedoch im Oktober 1996 das Eigentum an Grundstück und Pferdestall auf seinen Sohn S.

S beantragt daraufhin am 3. Dezember 1996 den Abschluß einer Feuerversicherung auf der Grundlage der AFB 30 bei der V-Versicherungs-AG; das Antragsformular enthält u.a. die erforderlichen Verbraucherinformationen i.S.v. §10a VAG. V nimmt diesen Antrag mit Versicherungsschein vom 15. Januar 1997 an: Der Pferdestall wird mit einem Zeitwert von 150.000 DM versichert; die Erstprämie wird am 30. Januar 1997 vom Konto des S abgebucht.

Am 23. März 1997 brennt der Stall bis auf die Grundmauern nieder. Nach dem polizeilichen Ermittlungsergebnis liegt zwar Brandstiftung vor; das Ermittlungsverfahren wird jedoch mangels Tatverdacht gegen eine bestimmte Person bald darauf eingestellt. Kurz nach dem Brand sendet V dem S - auf seine Schadensanzeige hin - ein Schadensformular zu, um die Einzelheiten des Schadensfalls zu klären. S bittet daraufhin seinen Vater, B, der den Reitstall trotz der Eigentumsübertragung nach wie vor allein betreut und verwaltet hat, das Formular auszufüllen.

Auf die vorformulierte Frage:

12. Welchen Wert hatte die versicherte Sache vor dem Schaden unter Berücksichtigung von Alter und Abnutzung?

gibt B den Wert des Stalles mit 150.000 DM an. Die bestandskräftige Baubeseitigungsanordnung erwähnt B absichtlich nicht, weil er befürchtet, V könne dann glauben, der Stall sei gar nicht mehr so wertvoll, wie angegeben. Später erklärt B, ihm sei „wohl bewußt gewesen, daß man die Abrißverfügung eigentlich hätte erwähnen müssen." Der Schadensvordruck enthält u.a. noch folgende, optisch auffallende

Belehrung

Wir weisen Sie daraufhin, daß bewußt unwahre oder unvollständige Angaben zum Verlust des Anspruchs auf die Versicherungsleistung führen. Das gilt auch dann, wenn unwahre oder unvollständige Angaben letztlich folgenlos geblieben sind.

S liest das von B ausgefüllte Schadensformular kursorisch, ergänzt seine Personalien, unterzeichnet und schickt das Formular an V zurück. Eine Woche später erfährt V zufällig von der Abrißverfügung und lehnt aus diesem Grunde jede Leistung aus der Feuerversicherung ab; S, so V, wußte um die Baubeseitigungsanordnung und hätte bei der Formularfrage Nr. 12 einen entsprechenden Hinweis geben müssen. Da er es daran habe fehlen lassen, habe er u.a. gegen die AFB 30 und gegen § 34 VVG verstoßen.

S erwidert daraufhin, er habe von der Abrißverfügung überhaupt erst durch das Schreiben der V erfahren; auch B erklärt, er habe S zwar das Eigentum an der Reitanlage übertragen, damit S sich wieder mehr der Reiterei widme; S habe für den Stall jedoch „nicht das richtige Interesse" gehabt; er habe noch nicht einmal einen eigenen Schlüssel besessen. Vielmehr habe er, B, den Reitstall und die dort untergebrachten Pferde allein betreut und regelmäßig „nach dem Rechten gesehen"; die Abrißverfügung habe er daher auch gegenüber S nie erwähnt. S erklärt abschließend, er habe das Schadensformular ohnehin nicht selbst ausgefüllt und die Angaben seines Vaters nur kurz „überflogen"; außerdem habe V ja auch gar nicht nach einer evtl. Baubeseitigungsanordnung gefragt.

V entgegnet, selbst wenn S wider Erwarten nicht selbst von der Abrißverfügung gewußt habe, sei ihm das Fehlverhalten des B doch gem. § 278 BGB zuzurechnen, zumal B Wissens-, Wissenserklärungsvertreter und auch Repräsentant des S gewesen sei.

S verlangt weiterhin Zahlung von 150.000 DM. Wie ist die Rechtslage?

Die bei Vertragsschluß zugrundegelegten AFB 30 (Allgemeine Feuerversicherungsbedingungen) lauten auszugsweise:

> *§ 3 Ersatzwert, Unterversicherung*
>
> *(1) Die Versicherung darf nicht zu einer Bereicherung führen. (...)*
>
> *(2) Maßgebend für den Ersatzwert sind:*
>
> *a) (...) bei Gebäuden: der ortsübliche Bauwert unter Abzug eines dem Zustand des Gebäudes, insbesondere dem Alter und der Abnutzung entsprechenden Betrages. Ergibt sich bei Gebäuden (...) ein geringerer Wert aus dem Umstande, daß sie vor Eintritt des Schadensfalls schon dauernd entwertet waren, so gilt der geringere Wert als Ersatzwert.*
>
> *§ 13 Pflichten des Versicherungsnehmers im Schadensfall*
>
> *(1) Der Versicherungsnehmer hat im Falle eines Schadens, für den er Ersatz verlangt, folgende Pflichten:*
>
> *(...)*
>
> *c) Er hat dem Versicherer, soweit es ihm billigerweise zugemutet werden kann, jede Untersuchung über Ursache und Höhe des Schadens und über den Umfang der Entschädigungspflicht zu gestatten, jede dienliche*

Auskunft, auf Verlangen zu Protokoll oder schriftlich, zu erteilen und Belege beizubringen.

(2) Verletzt der Versicherungsnehmer eine der vorstehenden Obliegenheiten, so ist der Versicherer von der Verpflichtung zur Leistung frei, es sei denn, daß die Verletzung weder auf Vorsatz noch auf grober Fahrlässigkeit beruht. Bei grobfahrlässiger Verletzung der unter Abs. 1 a) und b) bestimmten Obliegenheiten bleibt der Versicherer zur Leistung insoweit verpflichtet, als die Verletzung keinen Einfluß auf die Feststellung des Schadensfalls oder auf die Feststellung oder den Umfang der Entschädigungsleistung gehabt hat.

§ 16 Besondere Verwirkungsgründe

Wenn der Versicherungsnehmer den Schaden vorsätzlich oder grob fahrlässig herbeiführt oder sich bei den Verhandlungen über die Ermittlung der Entschädigung einer arglistigen Täuschung schuldig macht, so ist der Versicherer dem Versicherungsnehmer gegenüber von jeder Entschädigungspflicht aus diesem Schadensfalle frei.

Lösung

S könnte einen Anspruch gegen V in Höhe von 150.000 DM aus der Feuerversicherung i.V.m. §§ 1 Abs. 1 S. 1, 49, 82, 83 Abs. 1 VVG haben, falls ein Feuerversicherungsvertrag zwischen V und S zustandegekommen und der Versicherungsfall eingetreten ist.

I. Entstehung des Anspruchs

Ein Versicherungsvertrag (VV) kommt durch korrespondierende Willenserklärungen, Antrag und Annahme des Antrags, zustande. Hier beantragt S am 3. Dezember 1996 den Abschluß einer Feuerversicherung auf der Grundlage der AFB 30. V nimmt diesen Antrag mit Versicherungsschein[1] vom 15. Januar 1997 - und damit zumindest konkludent - an, so daß die erforderliche Einigung vorliegt. Auf § 5a Abs. 1 VVG kommt es insoweit nicht an, weil die Verbraucherinformationen i.S.v. § 10a VAG bereits im Antragsformular enthalten sind.

Feuerversicherungsvertrag

Fraglich bleibt, ob der Versicherungsfall, d.h. das Ereignis, das die Leistungspflicht des VR begründet,[2] eingetreten ist. In der Feuerversicherung ist Versicherungsfall u.a. die Beschädigung oder Zerstörung der versicherten Sache durch Brand, Explosion oder Blitzschlag (§ 82 VVG). Hier ist die versicherte Sache, der Pferdestall des S, am 23. März 1997 bis auf die Grundmauern niedergebrannt; der Versicherungsfall ist also eingetreten, so daß V den entstandenen Vermögensschaden an und für sich in Höhe des Zeitwertes der versicherten Sache ersetzen müßte (vgl. § 1 Abs. 1 S. 1 VVG i.V.m. § 3 Nr. 2 AFB 30).

Eintritt des Versicherungsfalls

II. Leistungsfreiheit gem. § 38 Abs. 2 VVG?

V wäre gem. § 38 Abs. 2 VVG von seiner Verpflichtung zur Leistung frei, falls S die Erstprämie zur Zeit des Eintritts des

---

[1] Begriff: § 3 Abs. 1 VVG.
[2] PRÖLSS/MARTIN, VVG Kommentar[25], § 1 Anm.3; HANS-LEO WEYERS, Versicherungsvertragsrecht[2], Rn 34 und 551 ff.

Versicherungsfalls noch nicht gezahlt haben sollte. Die Erstprämie wurde jedoch schon am 30. Januar 1997, also fast zwei Monate vor dem Brand vom Konto des S abgebucht. § 38 Abs. 2 VVG führt also nicht zu einer Leistungsfreiheit der V.

III. Leistungsfreiheit gem. § 61 VVG

V könnte zudem gem. § 61 VVG von seiner Verpflichtung zur Leistung frei geworden sein, wenn S, oder B, falls S für B haftet, den Versicherungsfall vorsätzlich oder durch grobe Fahrlässigkeit herbeigeführt haben sollte.[3] Dabei ist zu berücksichtigen, daß nach den Ermittlungen der Polizei zwar Brandstiftung vorliegt, daß das Ermittlungsverfahren jedoch mangels Tatverdacht gegen eine bestimmte Person eingestellt wurde. Es ist also davon auszugehen, daß weder S noch B das Feuer gelegt haben. § 61 VVG greift somit nicht.

IV. Leistungsfreiheit gem. § 13 Abs. 2 AFB 30

V könnte jedoch gem. § 13 Abs. 2 AFB 30, der - wie sich aus §§ 6 Abs. 3, 34 Abs. 1 VVG ergibt - eine grundsätzlich zulässige Regelung trifft, von seiner Verpflichtung zur Leistung frei geworden sein, falls der VN S eine seiner vertraglichen Obliegenheiten aus Absatz 1 verletzt haben sollte.

1. Objektive Verletzung einer Aufklärungsobliegenheit aus § 13 Abs. 1c AFB 30 i.V.m. § 34 Abs. 1 VVG

Aufklärungsobliegenheit i.S.v. § 13 Abs. 1c AFB 30

Gem. § 13 Abs. 1c AFB 30 hat S dem V nach Eintritt des Schadensfalls u.a. „ (...) jede dienliche Auskunft, auf Verlangen zu Protokoll oder schriftlich, zu erteilen (...)", soweit es ihm billigerweise zugemutet werden kann.

---

[3] WEYERS, a.a.O. (Fn 2) Rn 564 und EDGAR HOFMANN, Privatversicherungsrecht³, § 7 Rn 3 behandeln § 61 VVG als gesetzlichen Risikoausschluß, so daß es - entgegen dem Wortlaut der Norm - bereits an einem Versicherungsfall fehlen soll.

Evtl. hätte S den VR V daher von der Existenz der Abrißverfügung für den Pferdestall und von der angedrohten Ersatzvornahme in Kenntnis setzen müssen.

Fraglich ist zunächst, ob dem V eine Auskunft über die Abrißverfügung *dienlich* gewesen wäre. Als dienlich ist in Anlehnung an § 34 Abs. 1 VVG jede Auskunft anzusehen, die „zur Feststellung des Versicherungsfalls oder des Umfangs der Leistungspflicht des VR erforderlich ist."[4]

„dienliche Auskunft"

In der Schadensversicherung wird der Umfang der Leistungspflicht durch die Höhe des Schadens bestimmt.[5] V müßte also den durch den Brand entstandenen Schaden, d.h. den Wert des zerstörten Pferdestalls in Geld (§ 49 VVG) ersetzen; angesichts des gesetzlichen *Bereicherungsverbots* aus § 55 VVG,[6] das § 3 Nr.1 AFB 30 wieder aufnimmt, darf eine Versicherungsleistung jedoch nicht zu einer Bereicherung des VN führen. Sollte die Abrißverfügung vom 1. September 1996 also schon vor Eintritt des Versicherungsfalls zu einer dauernden Entwertung des Pferdestalls geführt haben, müßte V nach § 3 Nr.2 AFB 30 nur noch den entsprechend geringeren Wert ersetzen.

Umfang der Leistungspflicht

Eine dauernde Entwertung i.S.v. § 3 Nr.2 AFB 30 muß sich nicht aus der Bau*substanz* als solcher ergeben. Vielmehr ist auf den Verkehrswert des Pferdestalls abzustellen, der - bei wirtschaftlicher Betrachtungsweise - durch die bestandskräftige Baubeseitigungsanordnung erheblich beeinträchtigt ist: Diese richtet sich - als grundstücksbezogener Verwaltungsakt - nicht nur gegen ihren Adressaten, den früheren Eigentümer B, sondern auch gegen seinen Rechtsnachfolger S.[7] Trotz der Eigen-

Dauernde Entwertung?

---

[4] Nach ANTON MARTIN, Sachversicherungsrecht³, X II Rn 153 ist der Begriff „sachdienlich" weit auszulegen: erfaßt werden danach u.a. „alle für Anspruchs*grund* und Anspruchs*höhe* rechtserheblichen Tatsachen".
[5] Dazu WEYERS, a.a.O. (Fn 2) Rn 15 - im Gegensatz zur Summenversicherung -.
[6] Dazu PRÖLSS/MARTIN, a.a.O. (Fn 2) § 55 Anm.1; WEYERS, a.a.O. (Fn 2) Rn 448 ff.
[7] Vgl. BVerwG NJW 1971, 1624; OVG Münster, NVwZ 1987, 427; VGH Mannheim, NJW 1979, 1565; BayVGH, BayVBl. 1983, 21;

tumsübertragung war es also zum Zeitpunkt des Brandes nur noch eine Frage der Zeit, bis der Pferdestall ohnehin hätte abgerissen werden müssen; sein rechtliches und tatsächliches Schicksal war bereits besiegelt, so daß eine dauernde wirtschaftliche Entwertung anzunehmen ist.[8] Eine Auskunft über die bestandskräftige Abrißverfügung wäre somit erkennbar eine dem VR *dienliche* Auskunft gewesen, denn der Umfang seiner Leistungspflicht hätte sich angesichts der Entwertung erheblich reduziert.

Nachfrage

Eine *Auskunft* setzt indes nach allgemeinem Sprachgebrauch eine Frage desjenigen voraus, dem die Auskunft erteilt werden soll.[9] Nach h.M.[10] braucht der VN aus diesem Grunde zu Höhe und Umfang des Schadens nicht unaufgefordert Erklärungen abzugeben. Eine Auskunft i.S.v. § 13 Abs. 1c AFB 30 erfordert begrifflich eine Nachfrage nach den Umständen zur Schadensfeststellung.[11]

Formularfrage Nr.14 als Nachfrage ?

Die erforderliche Nachfrage könnte hier in dem Schadensformular enthalten sein, das V dem S kurz nach dem Brand zugesandt hat. Dieses Formular enthält zwar keine *konkrete* Frage nach einer evtl. bestehenden Abrißverfügung für das versicherte Gebäude. Die Formularfrage Nr. 14 könnte jedoch im Lichte von § 3 Nr. 2 AFB 30 so auszulegen sein, daß S die Abrißverfügung hätte erwähnen müssen. So wird die Frage nach dem „Wert vor dem Schaden unter Berücksichtigung von Alter und Abnutzung" mit 150.000 DM beantwortet. Diese Antwort ist jedoch ohne erklärenden Hinweis auf die behördliche Abrißverfügung objektiv unrichtig.[12]

---

vertiefend: HOLGER STADIE, Rechtsnachfolge im Verwaltungsrecht, DVBl. 1990, 501, 507.

[8] Einzig die Ersatzvornahme hätte erneut angedroht werden müssen, vgl. VGH Mannheim, a.a.O. (Fn 7).

[9] BGH, NJW 1993, 1862; MARTIN, a.a.O. (Fn 4).

[10] BGH, LM AVB f. FeuerVers. Nr.13 = VersR 1976, 821; BGH NJW 1993, 1862; MARTIN, a.a.O., (Fn 4) X II Rn 145.

[11] BGH, NJW 1978, 826L = VersR 1978, 121; a.A. PETER SCHIMIKOWSKI, Übungen², Rn 128.

[12] BGH, VersR 1993, 829.

Angesichts der dauernden wirtschaftlichen Entwertung war das Gebäude schlicht keine 150.000 DM mehr wert.

Der VN konnte die Frage nach dem Wert „unter Berücksichtigung von Alter und Abnutzung" andererseits auch so verstehen, als sei allein der Baukostenwert, d.h. der Substanzwert der versicherten Sache gemeint.[13] Selbst wenn man die Formularfrage Nr.14 jedoch aus diesen Gründen nicht als ausreichende Nachfrage ansieht, hätte S die Abrißverfügung nichtsdestoweniger angeben müssen, falls der VN die Fragen des VR nicht nur vollständig und wahrheitsgemäß zu beantworten hat, sondern zusätzlich alle Angaben machen muß, die ersichtlich für die Leistungspflicht des VR von Bedeutung sind.[14]

Dazu folgendes: Enthält ein Schadensformular eine Reihe von Fragen, die der VR auf der Grundlage seines Erfahrungswissens und seiner Regulierungspraxis formuliert, so darf der VN zwar i.d.R. davon ausgehen, daß das Formular all diejenigen Umstände abdeckt, die - aus Sicht des VR - i.S. einer „dienlichen Auskunft" gem. § 13 Abs. 1c AFB 30 zu offenbaren wären. Eine über die sinnhaft richtige und vollständige Beantwortung der Formularfragen hinausgehende Obliegenheit des VN, einen bestimmten Schadensumstand zu offenbaren, kann sich jedoch aus der offensichtlichen Bedeutung dieses Umstandes für den VR ergeben: Drängt sich die Relevanz eines bestimmten Umstandes geradezu auf, so überwiegt das berechtigte Interesse des VR an vollständiger Aufklärung gegenüber dem Vertrauen des VN auf die Vollständigkeit des Schadensformulars. Eine Auskunft ist dem VN insoweit billigerweise zuzumuten, selbst wenn eine ausdrückliche Nachfrage fehlen sollte.

Aufklärungsobliegenheit aus erkennbarer Relevanz

Hier mußte S - bzw. B - erkennen, daß der VR ein erhebliches Interesse daran hat, über die nachhaltig wertmindernde Baubeseitigungsanordnung informiert zu werden. Er mußte darüber hinaus - auch als durchschnittlicher, rechtlich nicht vorgebilde-

---

[13] Siehe WERNER LÜCKE, VersR 1993, 1098.
[14] BGH VersR 1963, 134, OLG Köln, VersR 1991, 410; PRÖLSS/MARTIN, a.a.O. (Fn 2) § 34 Anm. 2 B.

ter VN - erkennen, daß eine behördliche Abrißverfügung für das versicherte Gebäude so ungewöhnlich ist, daß der VR keinen Anlaß hat, in oder neben dem Formular von sich aus danach zu fragen. S durfte sich also nach Treu und Glauben nicht auf den Standpunkt stellen, er sei nicht konkret nach einer (bestandskräftigen) Abrißverfügung gefragt worden. Er mußte von sich aus erkennen, daß er als redlicher VN verpflichtet war, sie anzuzeigen.

fehlende Kenntnis des S

Fraglich bleibt, ob S eine Aufklärungsobliegenheit aus § 13 Abs. 1c AFB 30 treffen konnte, obwohl er den aufzuklärenden Umstand persönlich gar nicht kannte. Entscheidend ist insoweit, daß die Aufklärungspflicht *objektiv* aus § 13 Abs. 1c AFB 30 zu bestimmen ist; subjektiv mangelnde Kenntnis der aufzuklärenden Tatsache hindert also weder die Entstehung der Aufklärungsobliegenheit, noch ihre Verletzung; sie ist nur für das Verschulden von Bedeutung.[15]

2. Verschulden

Gem. § 13 Abs. 2 AFB 30 i.V.m. § 6 Abs. 3 S. 1 - der gem. § 15a VVG nicht zum Nachteil des VN abgewandelt werden darf - tritt die vereinbarte Leistungsfreiheit nicht ein, wenn die Verletzung der Obliegenheit weder auf Vorsatz noch auf grober Fahrlässigkeit des VN beruht.

eigenes Verschulden des S

Die Verletzung der Aufklärungsobliegenheit könnte hier auf Vorsatz oder grober Fahrlässigkeit des S beruhen. Gegen ein Verschulden des S i.S. eines subjektiv vorwerfbaren Verhaltens spricht jedoch, daß er persönlich nichts von der Existenz einer Baubeseitigungsanordnung für den Pferdestall wußte.

Erkundigungspflicht

S könnte allerdings gem. §§ 259, 260 BGB analog die Pflicht treffen, sich bzgl. der Tatsachen, bzgl. derer der VR berechtigt Auskunft verlangen kann, zu erkundigen. Eine solche Erkundigungspflicht wäre jedoch nur anzunehmen wenn sich aus Sicht des S Anhaltspunkte dafür ergaben, daß das Stallgebäude abge-

---

[15] BGHZ 52, 86; VersR 1970, 631, 732; PRÖLSS/MARTIN, a.a.O. (Fn 2) § 34 Anm. 1.

rissen werden sollte; in diesem Falle hätte er sich über den Stand des Verfahrens erkundigen und V das Ergebnis mitteilen müssen.[16] Solche Anhaltspunkte fehlen jedoch hier.

Ein eigenes Verschulden des S läßt sich auch nicht dadurch konstruieren, daß man statt auf eine schuldhaft unterlassene Aufklärung darauf abstellt, daß S das Schadensformular unterzeichnet und so die Gewähr für Vollständigkeit und Richtigkeit übernommen hat, ohne die Angaben des B im einzelnen zu prüfen. Selbst bei genauer Prüfung hätte S nämlich - angesichts eigener Unkenntnis - nicht erkennen können, daß der objektiv erforderliche Hinweis auf die Abrißverfügung fehlte. *(kursorische Prüfung des Schadensformulars)*

Evtl. muß sich S jedoch das Wissen seines Vaters über die Rechtsfigur des *Wissensvertreters* zurechnen lassen, so daß die Kenntnis von der Abrißverfügung in der Person des S fingiert werden und S aufgrund fiktiver Kenntnis vorsätzlich oder grob fahrlässig gegen die korrespondierende Aufklärungsobliegenheit aus § 13 Abs. 1c AFB 30 verstoßen haben könnte. *(Zurechnung der Kenntnisse des B)*

Wissensvertreter ist, wer vom VN - förmlich oder nach seiner tatsächlichen Stellung - damit betraut ist, Tatsachen, deren Kenntnis rechtserheblich ist, für diesen wahrzunehmen.[17] *(Begriff)*

Eine Wissenszurechnung über die Rechtsfigur des Wissensvertreters beruht auf dem Grundsatz von Treu und Glauben; so wäre es unbillig, auf die Kenntnis eines VN abzustellen, der sich beispielsweise dadurch, daß er die Verantwortung für die versicherte Sache weitgehend delegiert, bewußt der ständigen Möglichkeit der Kenntnisnahme begibt.[18] *(Zurechnung nach Treu und Glauben)*

Dieser Gedanke läßt sich zwar grundsätzlich auf das Verhältnis zwischen S und B übertragen. B hat jedoch nur deswegen einen Wissensvorsprung gegenüber S, weil er, B, früherer Eigentümer der Reitanlage war, nicht etwa, weil S ihn intern als Wissensvertreter mit der Wahrnehmung bestimmter Kenntnisse betraut *(keine Wissensvertretung durch B)*

---

[16] BGH, VersR 1993, 829.
[17] ULRICH KNAPPMANN, Zurechnung des Verhaltens Dritter im Privatversicherungsrecht, NJW 1994, 3149.
[18] RGZ 101, 403.

hätte. Eine Wissenszurechnung über die Rechtsfigur des Wissensvertreters ist daher abzulehnen.

Zurechnung fremden Verschuldens

Fraglich bleibt, ob ein zurechenbares Fremdverschulden des B vorliegt. B könnte vorsätzlich gegen die Aufklärungsobliegenheit des VN aus § 13 Abs. 1c AFB 30 verstoßen haben. Vorsatz i.S.d. BGB - ebenso wie i.S.d. Versicherungsrechts - ist Wissen und Wollen des rechtswidrigen Erfolges.[19] B müßte sich daher einer Obliegenheitsverletzung im Bewußtsein des Vorhandenseins einer entgegengesetzten Verhaltensnorm[20] schuldig gemacht haben.

Verschulden des B

B befürchtete, daß die Erwähnung der Abrißverfügung zu einer Kürzung des Schadensersatzanspruchs führen könnte und hielt seine Kenntnisse aus diesem Grunde „absichtlich" zurück. B wußte also, daß V ein berechtigtes Interesse an einer Auskunft über die Abrißverfügung hatte und daß man diese an und für sich hätte erwähnen müssen. Dennoch hat er sein Wissen für sich behalten. Selbst wenn man also davon ausgeht, daß sich B im Unklaren darüber war, ob den VN in diesem besonderen Falle eine Aufklärungsobliegenheit trifft, hat er doch billigend in Kauf genommen, daß er selbst bzw. S eine solche Obliegenheit verletzt. Damit liegt zumindest bedingter Vorsatz vor.[21]

Zurechnung gem. § 278 BGB ?

Das Verschulden des B könnte S gem. § 278 BGB zuzurechnen sein, falls § 278 BGB im Versicherungsrecht anwendbar ist und falls S sich des B als eines Erfüllungsgehilfen i.S. dieser Norm bedient haben sollte.

Rekurs auf § 278 BGB im Versicherungsrecht?

Die h.M. lehnt die Anwendung des § 278 BGB im Versicherungsrecht jedoch mit der Begründung ab, der Versicherungsschutz werde „in unerträglicher Weise" entwertet, wenn dem VN das Verschulden sämtlicher Personen zuzurechnen wäre, die sich mit seinem Wissen und Wollen in seinem geschäftli-

---

[19] MüKo-HANAU, BGB-Kommentar³, Bd. 2, § 276 Rn 49; PALANDT/HEINRICHS, BGB-Kommentar⁵⁶, § 276 Rn 10.
[20] ÖOGH, VersR 1988, 530 (std. Rspr.).
[21] Vgl. OLG Stuttgart VersR 1951, 137; BRUCK/MÖLLER, VVG⁸ I, § 6 Anm. 28.

chen oder privaten Lebensbereich aufhalten und durch ihr Verhalten das versicherte Risiko beeinflussen können."[22] Diese Rechtsauffassung wird dogmatisch u.a. damit begründet, daß § 278 BGB prinzipiell nur auf Verbindlichkeiten, nicht dagegen auf Obliegenheiten Anwendung finde.[23]

Der Vorsatz des B könnte S jedoch nach der Lehre vom sog. *Wissenserklärungsvertreter* analog § 166 BGB zugerechnet werden. Danach haftet der VN grundsätzlich auch für das Verhalten und Verschulden desjenigen, den er dem VR gegenüber zu seinem Vertreter bestellt, insbesondere für die Angaben derjenigen Personen, die er mit der Erstattung von Auskünften betraut hat. Bei dieser Haftung soll es sich nicht um einen Anwendungsfall der Repräsentantenhaftung, sondern um eine Haftung kraft eigenen Zurechnungsgrundes handeln.[24]

Zurechnung über die Rechtsfigur eines Wissenserklärungsvertreters

Dabei ist Wissenserklärungsvertreter nicht nur, wer vom VN als rechtsgeschäftlicher Vertreter bestellt wurde, sondern auch derjenige, den der VN mit der Erfüllung seiner Obliegenheiten gegenüber dem VR betraut und der Erklärungen anstelle des VN abgegeben hat. Die Haftung für einen solchen Wissenserklärungsvertreter setzt allerdings - soweit Auskünfte oder Mitteilungen in Rede stehen - voraus, daß diese *anstelle des VN* und aus *eigenem Wissen* gegeben werden. Die Haftung entfällt daher u.a., wenn der Dritte dem aus eigener Anschauung nicht unterrichteten VN lediglich als „Wissensquelle" dient.[25]

Begriff des Wissenserklärungsvertreters

Hier könnte B Wissenserklärungsvertreter des S gewesen sein, weil S den B intern beauftragt hat, das Schadensformular für ihn auszufüllen. Dagegen spricht indes, daß eine Zurechnung über die Rechtsfigur des Wissen*erklärungs*vertreters begrifflich voraussetzt, daß der Dritte eine eigene Erklärung abgibt. Dritte, die der VN lediglich intern als Auskunftspersonen heranzieht und auf deren Angaben er sich stützt, geben gegenüber dem VR

B als Wissenserklärungsvertreter des S

---

[22] Ausführlich: HELMUT SCHIRMER, Der Repräsentantenbegriff im Wandel der Rspr., Münsteraner Reihe, Heft 23,6.
[23] SCHIRMER, a.a.O. (Fn 22).
[24] BGH, NJW 1993, 2112.
[25] PRÖLSS/MARTIN, a.a.O. (Fn. 2).

keine eigenen Erklärungen ab. So verhält es sich auch hier: Die Angaben des B werden durch die alleinige Unterschrift seines Sohnes zum unselbständigen Bestandteil einer einheitlichen Wissenserklärung des S. B tritt im Außenverhältnis überhaupt nicht in Erscheinung. Die Rechtsfigur des Wissenserklärungsvertreters ist jedoch in Fällen, in denen der VN vom Dritten formulierte Erklärungen (z.B. Schadensanzeigen) selbst unterschreibt, nicht anwendbar.[26]

Im Ergebnis scheidet der Rückgriff auf die Rechtsfigur des Wissenserklärungsvertreters also mangels eigener Erklärung aus. Eine Zurechnung findet insoweit nicht statt.[27]

Repräsentantendoktrin

S könnte jedoch für die unvollständigen Angaben seines Vaters nach den Grundsätzen der *Repräsentantendoktrin* auf der Grundlage des § 242 BGB haften, denn der VN hat nach st. Rspr. des BGH für das Verhalten seines versicherungsrechtlichen Repräsentanten umfassend wie für eigenes Verhalten einzustehen.[28]

B als Repräsentant des S

Fraglich ist zunächst, ob B als Repräsentant des S zu behandeln ist. Nach früherer st. Rspr. ist „Repräsentant, wer in dem Geschäftsbereich, zu dem das versicherte Risiko gehört, aufgrund eines Vertretungs- oder ähnlichen Verhältnisses an die Stelle des VN getreten ist"[29]. Die bloße Überlassung der Obhut über die versicherte Sache sollte indes nicht ausreichen, um ein Repräsentantenverhältnis anzunehmen. „Repräsentant kann nur sein, wer befugt ist, selbständig in einem gewissen, nicht ganz

---

[26] ULRICH KNAPPMANN, NJW 1994, 3148 unter Berufung auf OLG Hamm r+s 1994, 123.

[27] Eine Zurechnung des Verschuldens analog § 166 BGB ist ohnehin fragwürdig; § 166 BGB beruht auf dem Rechtsgedanken, daß derjenige, der einen anderen mit der Erledigung bestimmter Angelegenheiten in eigener Verantwortung betraut, sich das in diesem Rahmen erlangte Wissen des anderen zurechnen lassen muß, vgl. BGHZ 83, 293, 296. Von einer *Verschuldens*zurechnung ist dagegen keine Rede.

[28] So ausdrücklich: BGH VersR 1981, 822.

[29] BGHZ 107, 229.

unbedeutenden Umfang für den VN zu handeln und dabei auch dessen Rechte und Pflichten als VN wahrzunehmen."[30]

Bisher galten also *Risikoverwaltung*, d.h. tatsächliche Übernahme der notwendigen laufenden Betreuung der versicherten Sache *und Vertragsverwaltung*, d.h. Wahrnehmung der Rechte und Pflichten des VN aus dem VV als konstitutive Merkmale des Repräsentantenbegriffs. Der BGH[31] hat diese Rspr. jedoch inzwischen aufgegeben und verzichtet nunmehr auf die Vertragsverwaltung als notwendigen Bestandteil des Repräsentantenbegriffs. Diese soll allenfalls noch als ein zusätzliches Indiz für eine Repräsentantenstellung zu behandeln sein.

Dieser Wandel in der Rspr. wirkt sich hier wie folgt aus: Die Risikoverwaltung liegt in den Händen des B. B hat das Eigentum an der Reitanlage zwar auf S übertragen. Es ist jedoch nicht auf die formale Eigentumslage, sondern auf den tatsächlichen Umgang mit der versicherten Sache abzustellen. Da S noch nicht einmal einen eigenen Schlüssel zu der Reitanlage besaß und B den Stall nach wie vor allein betrieben hat, hat er die versicherte Sache zugleich laufend - selbständig - betreut und verwaltet.

Risikoverwaltung durch B

Die Vertragsverwaltung lag im Gegensatz dazu in den Händen des S. B hat zwar das Schadensformular anstelle des S ausgefüllt. S hat es jedoch unterzeichnet und abgeschickt. Er hat die Versicherungsbeiträge zudem selbst abgeführt, den VV selbständig abgeschlossen und sich auch im nachhinein selbst mit V auseinandergesetzt. Nach der neueren Rspr. kommt es auf diese Vertragsverwaltung jedoch nicht mehr an. B wäre also allein aufgrund der Risikoverwaltung als Repräsentant des S anzusehen. Verhalten und Verschulden des B wären S also nach den Grundsätzen der Repräsentantendoktrin umfassend zuzurechen. Eine vorsätzliche Obliegenheitsverletzung i.S.v. § 13 Abs. 2 AFB 30 wäre zu bejahen.

Vertragsverwaltung durch S

---

[30] BGH, a.a.O. (Fn 15).
[31] BGH NJW 1993, 829.

Kritik

Gegen die Lösung des BGH - Zurechnung des Fremdverschuldens über die Repräsentantenhaftung - spricht hier insbesondere, daß der BGH einerseits das Erfordernis einer Vertragsverwaltung aufgibt, andererseits jedoch ein Fehlverhalten des Repräsentanten zurechnet, das gerade die „Wahrnehmung von Rechten und Pflichten aus dem VV", also die Vertragsverwaltung betrifft, nämlich die Mißachtung einer Aufklärungsobliegenheit nach Eintritt des Schadensfalls.

Der Kerngedanke der Zurechnung nach der Repräsentantendoktrin bestand ursprünglich darin, daß der VN die versicherte Sache aus der Hand gibt und sich „ihrer Obhut mit der Folge entschlägt, daß der VR für den Schaden einstehen muß, der durch das Verhalten des Sachwalters des VN entsteht". Die Repräsentantendoktrin ist also für die Risikoverwaltung entwickelt worden. Vor diesem Hintergrund ist es zwar hinzunehmen, daß der BGH nunmehr auf das Moment der Vertragsverwaltung verzichtet, jedoch sinnwidrig, wenn er im gleichen Atemzuge eine Repräsentantenhaftung im Rahmen der Vetragsverwaltung bejaht.[32]

Lösung: Rekurs auf § 278 S. 1 BGB im Rahmen der Vertragsverwaltung

Entgegen der Rechtsauffassung des BGH spricht daher - im Bereich der Vertragsverwaltung - alles für eine Zurechnung über § 278 S. 1 BGB analog. So ist die These, § 278 BGB finde auf Obliegenheiten - u.a. also auf vorvertragliche Anzeigepflichten - *prinzipiell* keine Anwendung, angesichts der gesetzlichen Regelung des § 254 Abs. 2 BGB, die unstreitig eine Obliegenheit zur Schadensminderung normiert und dennoch explizit auf § 278 BGB verweist, von vornherein nicht haltbar.

Der Hinweis, der Rückgriff auf § 278 S. 1 BGB führe zu einer Entwertung des Versicherungsschutzes, da der VN auch vor den Folgen der Fehler seiner Erfüllungsgehilfen geschützt werden solle, erfaßt zudem nur Dritte, die im Rahmen der Risikoverwaltung tatsächlich mit der versicherten Sache umgehen.

---

[32] Auch SCHIRMER, a.a.O. (Fn 22), 47, lehnt einen „vertragsverwaltenden Repräsentanten" mit der Begründung ab, die Abgrenzung zum Wissenserklärungsvertreter bleibe offen.

Überträgt der VN im Rahmen der Vertragsverwaltung die Ausfüllung eines Schadensformulars oder die Korrespondenz mit dem VR einem Dritten, so ist sein Haftungsrisiko durchaus überschaubar. Die Gefahr einer ausufernden Haftung besteht nicht.[33] § 278 S. 1 BGB ist somit auf Obliegenheiten im Rahmen der Vertragsverwaltung analog anwendbar.[34]

Nachdem S den B ohne weiteres wie einen Erfüllungsgehilfen im Rahmen des Versicherungsverhältnisses einsetzt, ist eine Verschuldenszurechnung auch bei diesem Lösungsansatz zu bejahen. Leistungsfreiheit über §§ 13 Abs. 2 AFB 30, 6 Abs. 3 S. 1 VVG ist somit in jedem Falle anzunehmen.

3. Ergebniskorrektur durch die Relevanzrechtsprechung

Nach dem Wortlaut der §§ 13 Abs. 2 AFB 30, 6 Abs. 3 S. 2 VVG führt eine vorsätzliche Obliegenheitsverletzung selbst dann zur vollen Verwirkung des Leistungsanspruchs, wenn die Verletzung - wie hier - folgenlos geblieben ist. Die Härte dieser Regelung wird insbesondere damit gerechtfertigt, daß eine Lüge des VN andernfalls immer folgenlos bliebe; entweder die Lüge werde entdeckt und ziehe dann wegen ihrer Folgenlosigkeit keine Sanktion nach sich oder sie werde nicht entdeckt, so daß der VR auch nachteilige Folgen der Lüge nicht geltend machen könne.[35]

Leistungsfreiheit trotz Folgelosigkeit

Die „Relevanzrechtsprechung" bei folgenlosen vorsätzlichen Obliegenheitsverletzungen beruht im Gegensatz dazu auf der Erwägung, daß die völlige Leistungsfreiheit des VR (Alles-oder-Nichts Prinzip) eine zu harte Strafe für den VN ist, weil er - anders als bei grob fahrlässigen Obliegenheitsverletzungen - den gesamten Versicherungsschutz ohne Rücksicht darauf verlieren soll, ob sein Verhalten überhaupt Nachteile für den VR verursacht hat.[36] Der BGH[37] hat das Alles-oder-Nichts Prinzip

Leistungsfreiheit nur im Rahmen des § 242 BGB

---

[33] WEYERS, a.a.O. (Fn 2).
[34] WEYERS, a.a.O. (Fn 2).
[35] Prölss/Martin/Prölss, (Fn 2), § 6 Anm. 3 C a).
[36] Vgl. nur BGH, VersR 1975, 752; BGH, RuS 1991, 392.

daher mit Rücksicht auf die Grundsätze von Treu und Glauben und der Verhältnismäßigkeit sowie die Gebote der materiellen Gerechtigkeit abgemildert und die Leistungsfreiheit des VR wegen vorsätzlicher Verletzung der Aufklärungspflicht nach Eintritt des Versicherungsfalls nur noch als gerechtfertigt angesehen, wenn der Verstoß des VN generell geeignet (*objektiv relevant*) ist, die berechtigten Interesssen des VR in ernsthafter Weise zu gefährden, und den VN ein erhebliches Verschulden (i.S. eines *subjektiv* relevanten Fehlverhaltens) trifft.[37] Der VN muß außerdem über die evtl. Verwirkungsfolge bei folgenloser Verletzung eines Aufklärungsobliegenheit ausdrücklich belehrt worden sein.[39]

objektive Relevanz

Zunächst müßte die Obliegenheitsverletzung des S generell geeignet sein, die Interessen des VR in ernsthafter Weise zu gefährden. Hätte V die Existenz der bestandskräftigen Abrißverfügung nicht zufällig entdeckt, so hätte sie voraussichtlich auf einen vermeintlichen, gegenüber dem wahren Zeitwert des Stalles (vgl. § 55 VVG) weit überhöhten Leistungsanspruch hin bezahlt, S also in Höhe des überschießenden Betrages bereichert. Damit war die Angabe des Zeitwertes mit 150.000 DM bzw. das Verschweigen der Abrißverfügung durchaus geeignet, die Vermögensinteressen der V ernsthaft zu beeinträchtigen.

Relevanz auch bei fehlender *konkreter* Beeinträchtigung

Darauf, daß V zufällig von der Abrißverfügung erfahren hat und eine konkrete Beeinträchtigung ihrer Vermögensinteressen fehlt, kommt es insoweit nicht an, weil das Fehlverhalten nur

---

[37] BGHZ 53, 160, 164; BGH, VersR 1982, 182 m.w.N., BGHZ 84, 84, 87; für die Feuerversicherung: BGH VersR 78, 74.

[38] Diese Rspr. ist nunmher in § 13 Nr. 3 AFB 94 - unverbindliche Empfehlungen des Verbandes der Sachversicherer für die Feuerversicherung - eingearbeitet: „Hatte eine vorsätzliche Obliegenheitsverletzung Einfluß weder auf die Feststellung des Versicherungsfalls noch auf die Feststellung oder den Umfang der Entschädigung, so entfällt die Leistungsfreiheit ..., wenn die Verletzung nicht geeignet war, die Interessen des VR ernsthaft zu beeinträchtigen, und wenn außerdem den VN kein erhebliches Verschulden trifft."

[39] BGH VersR 1983, 884f.; 1985, 129; vgl. auch SCHIMIKOWSKI, a.a.O. (Fn 11), Rn 132; KARL SIEG, Die Relevanzrechtsprechung im Privatversicherungsrecht, BB 1990, 2280.

generell geeignet sein muß, die Interessen des VR zu gefährden; unerheblich ist dagegen, ob es tatsächlich zu einer Interessenbeeinträchtigung gekommen ist. Objektive Erheblichkeit des Fehlverhaltens i.S. der Relevanzrechtsprechung liegt also vor.

Erforderlich ist zudem ein erhebliches Verschulden. Daran fehlt es insbesondere, wenn das Fehlverhalten auch einem ordentlichen, redlichen VN leicht hätte unterlaufen können, so daß ein einsichtiger VR für ein solches Fehlverhalten Verständnis aufbringen muß.

subjektive Relevanz

B hat die bestandskräftige Abrißverfügung aus Berechnung unterschlagen, um zu verhindern, daß der Ersatzanspruch statt des Zeitwertes vor der Abrißverfügung nur noch den Ersatzwert nach dauernder wirtschaftlicher Entwertung erfaßt. Er wollte den VR also durch falsche bzw. unvollständige Angaben im Schadensformular zu einer überhöhten Leistung aus dem VV veranlassen. Für dieses zurechenbare Fehlverhalten muß der VR kein Verständnis haben.

erhebliches Verschulden des B

Die Rspr. macht die Leistungsfreiheit wegen vorsätzlicher folgenloser Verletzung der Auskunftspflicht zudem von einer ausdrücklichen Belehrung - z.B. durch einen auffallenden Vermerk auf dem Anzeigeformular[40] - darüber abhängig, daß Verwirkung auch dann eintritt, wenn die Obliegenheitsverletzung für den VR keine nachteiligen Folgen hat.[41] Der VN soll seinen Anspruch auf Deckungsschutz nicht ohne vorherige Warnung verlieren. Er muß über die rechtlichen Konsequenzen einer für den VR folgenlosen Auskunftspflichtverletzung ausdrücklich und unmißverständlich belehrt worden sein.[42]

Belehrung

Die Belehrung auf dem Schadensformular der V wird diesen Anforderungen erkennbar gerecht.

---

[40] OLG Hamburg, r+s 1990, 362.
[41] BGHZ 48, 7; 49, 130; PRÖLSS/MARTIN, a.a.O. (Fn 2), § 34 Anm. 3C. Nach OLG Hamm, RuS 1992, 41f. entfällt das Belehrungserfordernis, falls der VN arglistig gehandelt hat; darauf kommt es hier jedoch nicht an, weil in jedem Fall ausreichend belehrt worden ist.
[42] BGH, VersR 1969, 214.

Kritik

Ob der Relevanzrechtsprechung des BGH zu folgen ist, ist allerdings fraglich, denn sie stellt zusätzliche Kriterien der Leistungsfreiheit auf, die sich weder in den AFB noch in der Rahmenvorschrift des § 6 Abs. 3 VVG finden. Aus Sicht des VR ist nicht ohne weiteres einzusehen, wieso es gegen Treu und Glauben verstoßen soll, wenn er sich *im Rahmen des § 6 Abs. 3 VVG* auf Leistungsfreiheit beruft. Diese Frage muß hier jedoch nicht entschieden werden, denn selbst wenn man der Relevanzrechtsprechung folgt, also zusätzliche Anforderungen an den Eintritt der Leistungsfreiheit formuliert, wird V von seiner Leistungpflicht frei: Der zurechenbare Verstoß des B war objektiv und subjektiv relevant. Eine Belehrung liegt vor.

4. Rechtsfolge

Berufung auf die Leisungsfreiheit oder Leistungsfreiheit eo ipso?

Der Streit um die Frage, ob sich der VN eigens auf die Leistungsfreiheit berufen muß,[43] oder ob Leistungsfreiheit eo ipso eintritt, sobald die Voraussetzungen der AFB 30 - Bestimmung erfüllt sind, muß ebenfalls nicht entschieden werden; V lehnt jede Leistung aus dem Feuerversicherungsvertrag ab und begründet diese Leistungsverweigerung mit dem Hinweis auf die fehlende Aufklärung über die Abrißverfügung. Dieses Schreiben ist i.S. einer Leistungsverweigerung auszulegen. V wird somit gem. § 13 Abs. 2, Abs. 1c AFB 30 von seiner Leistungspflicht gegenüber S frei.

V. Leistungsfreiheit aus § 16 AFB 30

V wäre zudem gem. § 16 AFB 30 von jeder Entschädigungspflicht freigeworden,[44] falls sich S (bzw. B), bei den Verhandlungen über die Ermittlung des Schadens einer arglistigen Täuschung schuldig gemacht haben sollte.

---

[43] Dafür: BGH NJW 1974, 1241; dagegen: PRÖLSS/MARTIN, a.a.O. (Fn 2) § 6 Anm. 9c; vermittelnd: BRUCK/MÖLLER, a.a.O. (Fn 21) § 6 Anm. 20, 44.

[44] Nach BGH VersR 1978, 77 sind §§ 13 Abs. 2 und 16 AFB nebeneinander anwendbar.

Die Erklärungen auf dem Schadensformular vom 26. März 1997 gehören zeitlich und sachlich ohne weiteres zu den Verhandlungen über die Ermittlung der Entschädigung.

bei den Verhandlungen

Eine arglistige[45] Täuschung liegt vor, wenn der VN oder jemand, für den er haftet, wissentlich falsche Angaben über Tatsachen macht oder Tatsachen geflissentlich in der Absicht verschweigt, den VR zu täuschen, gleichgültig, ob er gefragt worden ist, oder nicht. Es genügt jede objektiv falsche Angabe oder das Verschweigen offenbarungspflichtiger Tatsachen, sofern dadurch die Feststellung des Schadens oder die Entschließung des VR über die Auszahlung der Entschädigung in irgendeiner Weise beeinflußt werden kann.

arglistige Täuschung

Hier hätte B - bzw. S - über die Existenz der bestandskräftigen Abrißverfügung aufklären müssen. B hat diese Abrißverfügung geflissentlich in der Absicht verschwiegen, den VR zu täuschen, denn der VR sollte glauben, daß der Pferdestall nach wie vor einen Zeitwert von 150.000 DM aufwies. Das Verschweigen der offenbarungspflichtigen Tatsache *bestandskräftige Abrißverfügung* ist somit als arglistige Täuschung durch B zu bewerten, die dem VN S über - den im Rahmen der Vertragsverwaltung anzuwendenden - § 278 S. 1 BGB zuzurechnen ist. Die Leistungsfreiheit des VR folgt also auch aus § 16 AFB 30.

VI. Ergebnis

S steht kein Zahlungsanspruch in Höhe von 150.000 DM zu, denn V wird sowohl über § 13 Abs. 2, Abs. 1c AFB 30 als auch über § 16 AFB 30 von seiner Leistungspflicht frei.

---

[45] Der Begriff der Arglist i.S.v. § 16 AFB30 entspricht dem des § 123 BGB (MARTIN, X III 20 (F 4)); Arglist ist also mit Vorsatz gleichzusetzen; einer moralisch besonders verwerflichen Gesinnung bedarf es nicht (MÜKO-KRAMER, a.a.O. (Fn 19), § 123 Rn 6).

Klausur Nr. 8***

Klärchens Ballkleider

**Angelehnt an: BGHZ 103, 228; OLG Bremen
VersR 1987, 662 [Vorinstanz]; BGH VA 1996, 215**

*Neuwertversicherung - Bereicherungsverbot -
Wiederbeschaffungsabsicht*

Klärchen ist begeisterte Tänzerin und besitzt aus diesem Grunde 30 Ballkleider, die sie sich im Laufe der Jahre für die Tanzabende in „Klärchens Ballhaus" zugelegt hat. Insgesamt betrug der Kaufpreis für diese mittlerweile reichlich verschlissenen und aus der Mode gekommenen Ballkleider 10.000 DM.

Ende August 1994 schließt Klärchen nach ordnungsgemäßer Verbraucherinformation (§ 10a VAG) bei dem Versicherer (VR) eine Hausratversicherung ab.

Da Klärchen sich nicht weiter um ihre Versicherung kümmern möchte, ermächtigt sie VR, die jährliche Prämie i.H.v. 160 DM per Lastschriftverfahren von ihrem Konto bei der B-Bank einzuziehen.

Folgende Versicherungsbedingungen für die Hausratversicherung (VHB)[1] liegen dem Vertrag zugrunde:

> *§ 1 Versicherte Sachen*
>
> *(1) Versichert ist der gesamte Hausrat. Dazu gehören alle Sachen, die einem Haushalt zur Einrichtung oder zum Gebrauch oder zum Verbrauch dienen (...).*

---

[1] Die dem VV zugrundegelegten AVB entsprechen den Musterbedingungen für die Allgemeine Hausratversicherung nach der unverbindlichen Empfehlung des Verbandes der Sachversicherer e.V. (Fassung 1994), abgedruckt bei HEINRICH DÖRNER, Allgemeine Versicherungsbedingungen[2], 277.

§ 3 Versicherte Gefahren und Schäden

Entschädigt werden Sachen, die durch (...)

(2) Einbruchdiebstahl, Raub oder den Versuch einer solchen Tat, (...)

zerstört oder beschädigt werden oder infolge eines solchen Ereignisses abhanden kommen.

§ 5 Einbruchdiebstahl; Raub

1. Einbruchdiebstahl liegt vor, wenn der Dieb

a) in einen Raum eines Gebäudes einbricht (...).

§ 18 Entschädigungsberechnung; Versicherungswert

(1) Ersetzt werden

a) bei zerstörten oder abhanden gekommenen Sachen der Versicherungswert zum Zeitpunkt des Versicherungsfalles. (...)

(2) Versicherungswert ist der Wiederbeschaffungspreis von Sachen gleicher Art und Güte in neuwertigem Zustand (Neuwert). Falls Sachen für ihren Zweck im Haushalt des Versicherungsnehmers nicht mehr zu verwenden sind, ist Versicherungswert der für den Versicherungsnehmer erzielbare Verkaufspreis (gemeiner Wert).

Die Prämie i.H.v. 160 DM wird von VR vereinbarungsgemäß abgebucht. Im Juli 1996 wird bei Klärchen eingebrochen. Die ordnungsgemäß verschlossene Wohnungstür wird aufgebrochen. Klärchens gesamte Ballkleider werden gestohlen.

Klärchen, die nach dem Einbruch den Entschluß gefaßt hat, das Tanzen aufzugeben und im Grunde genommen über den Verlust recht froh ist, wendet sich gleich an VR und verlangt für gleichwertige, neue Ballkleider den Wiederbeschaffungspreis i.H.v. 15.000 DM.

VR wendet ein, daß ihre gestohlenen Ballkleider reichlich abgenutzt und schäbig waren. Wie VR zutreffend darlegt, hätte Klärchen die Ballkleider aufgrund ihres katastrophalen Zustandes nur noch für insgesamt 1.000 DM verkaufen können. Der Ankaufspreis für gleichwertige Ballkleider in einem Secondhand-Geschäft hätte 1.500 DM betragen.

Soweit sie sich auf § 18 Nr.2 S.1 VHB berufe, verstoße diese Bedingung gegen das Bereicherungsverbot, zumal Klärchen ja gar nicht beabsichtige, neue Ballkleider zu kaufen.

Kann Klärchen von VR Zahlung von 15.000 DM verlangen?

Lösung

Ein Anspruch der Klärchen gegen VR auf Zahlung der 15.000 DM könnte sich aus §§ 1 Abs.1 S.1, 49 VVG ergeben.

I. Anspruchsvoraussetzungen

Dies setzt voraus, daß ein wirksamer Versicherungsvertrag (VV) zwischen Klärchen und VR geschlossen wurde. Ferner müßte eine versicherte Sache von einem Versicherungsfall zu Lasten versicherter Interessen betroffen sein.[2]

Der VV ist spätestens im Zeitpunkt der Abbuchung der Prämie[3] durch VR sowohl formell, als auch materiell geschlossen worden.

Fraglich könnte sein, ob die 30 Ballkleider vom Versicherungsschutz umfaßt sind.

versicherte Sache
(§ 1 Nr.1 S.1 VHB)

Gem. § 1 Nr.1 S. 1 VHB ist der gesamte Hausrat versichert. Dieser Sachinbegriff (§ 54 VVG) umfaßt gem. Satz 2 alle Sachen, die einem Haushalt zur Einrichtung, zum Gebrauch oder zum Verbrauch dienen. Dazu gehört neben den Einrichtungsgegenständen auch die Bekleidung, soweit sie (wie hier) in der Wohnung verwahrt wird. Dabei kommt es nach dem Wortlaut von § 1 VHB nicht darauf an, ob und wie oft die Kleidung gebraucht wird; es genügt, daß die Ballkleider einem potentiellen Gebrauch dienten.[4] Folglich waren Klärchens Ballkleider Gegenstand des Versicherungsvertrages.

Versicherungsfall
(§§ 3, 5 VHB)

Ferner müßte das Risiko des Einbruchs mitversichert gewesen sein. Dies ist nach § 3 Nr.2 VHB der Fall und setzt gem. § 5 Nr.1 lit.a VHB die gewaltsame Beseitigung eines Hindernisses voraus, welches dem Eintritt in die Wohnung entgegenstand.[5]

---

[2] Zu den allgemeinen Voraussetzungen der Entschädigungspflicht des VR in der Sachversicherung vgl. ANTON MARTIN, Sachversicherungsrecht[3], R II.
[3] Zur Annahme durch Abbuchung der Prämie vgl. BGH VersR 1975, 1090.
[4] Vgl. MARTIN, a.a.O. (Fn 2), H IV 11.
[5] = Einbruch. Vgl. hierzu MARTIN, a.a.O. (Fn 2), D III 1.

Da der Dieb Klärchens ordnungsgemäß verschlossene Wohnungstür aufgebrochen hat, ist ein Versicherungsfall i.S.d. §§ 3, 5 VHB eingetreten.

II. Fortfall des Anspruchs

Etwaige Gründe, aufgrund derer VR leistungsfrei geworden sein könnte, sind nicht ersichtlich. Insbesondere kommt ein Prämienzahlungsverzug i.S.d. §§ 38, 39 VVG nicht in Betracht, denn die geschuldete Prämie konnte zum Fälligkeitstermin von Klärchens Konto abgebucht werden.[6]

III. Höhe der Entschädigung

Fraglich ist, in welcher Höhe Klärchen von VR Entschädigung verlangen kann.

Grundsätzlich bestimmt sich die Entschädigungshöhe gem. § 1 Abs.1 S.1 VVG nach dem eingetretenen *Schaden*. Dies allerdings nach Maßgabe des Vertrages. Insofern kommt es auf den zwischen VR und Klärchen geschlossenen VV an.

§ 18 Nr.1 lit.a VHB legt fest, daß bei abhanden gekommenen Sachen der Versicherungswert zum Zeitpunkt des Versicherungsfalls ausschlaggebend für die Entschädigungshöhe ist. Ob VR den Neuwert oder den gemeinen Wert zu ersetzen hat, richtet sich gem. § 18 Nr.2 VHB danach, ob die Ballkleider für ihren Zweck im Haushalt noch *verwendbar* waren oder nicht.

vertragliche Festlegung der Entschädigungshöhe (§ 18 VHB)

Die Verwendbarkeit könnte sich sowohl an dem *objektiven* Zustand der Ballkleider, als auch an der *subjektiven* Gebrauchsbereitschaft des VN orientieren.

Stellt man allein auf den Zustand der Ballkleider ab, so läßt sich feststellen, daß die Kleider im Juli 1996 jedenfalls objektiv entwertet waren. Klärchen hätte die abgenutzten Ballkleider nur noch für insgesamt 1.000 DM verkaufen können.

---

[6] Zur Fälligkeit der Prämie bei einem Lastschriftverfahren vgl. allgemein BGHZ 69, 361, 366.

Damit liegt der gemeine Wert bei 10 % des Anschaffungspreises und unter 7 % des Neuwertes.

Fraglich ist aber, ob es überhaupt im Rahmen des § 18 Nr.2 VHB auf eine *objektive* Entwertung ankommt. Dagegen spricht, daß § 18 Nr.2 S. 2 VHB danach unterscheidet, ob die Sachen für „ihren Zweck im Haushalt" verwendbar waren oder nicht. Hieraus wird zu Recht der Schluß gezogen, daß es auf eine objektive Entwertung nicht ankommt und allein auf die subjektive Gebrauchsbereitschaft des VN abzustellen ist.[7]

Da Klärchen ihre Ballkleider im Juli 1996 noch verwendete, hat VR gem. § 18 Nr.2 S. 1 VHB den Neuwert zu ersetzen. Dieser bemißt sich nicht nach dem ursprünglichen Ankaufs-, sondern nach dem Wiederbeschaffungspreis, so daß nach den VHB die Entschädigungshöhe bei 15.000 DM liegt.

§ 55 VVG als Leistungsgrenze?

Fraglich ist allerdings, inwieweit sich VR möglicherweise darauf berufen kann, daß der Verkaufspreis der Ballkleider nur noch bei 1.000 DM lag.

Nach § 55 VVG ist der VR nicht verpflichtet, dem VN „mehr als den Betrag des Schadens zu ersetzen". Dem Schaden kommt daher im Rahmen der Schadensversicherung eine leistungsbegrenzende Funktion zu. Es stellt sich die Frage, wie der Begriff „Schaden" i.S.d. § 55 VVG auszulegen ist.

Was der VR aufgrund des Versicherungsfalls zu zahlen hat, richtet sich nach dem VV (§ 1 Abs.1 S.1 VVG). Der von den Parteien vereinbarte Versicherungswert indiziert den Schaden und legt den Geldwert des versicherten Sachinteresses fest.[8] Insofern könnte man unter einem Schaden i.S.d. § 55 VVG den von den Parteien vereinbarten, „negativ gewendeten"[9] Versi-

---

[7] Vgl. PRÖLSS/MARTIN/KNAPPMANN, VVG-Kommentar[25], § 18 VHB 84 Anm. 3; MARTIN, a.a.O. (Fn 2), Q III 18 und 29. Anders jedoch § 4 Nr.1 S.3 VHB 74. Hier kam es allein auf den objektiven Zustand der Sache an.

[8] HANS-LEO WEYERS, Versicherungsvertragsrecht[2], Rn 454.

[9] So ausdrücklich WILHELM BLANCK, Versicherungswert und Bereicherung in der Schadenversicherung, VersR 1972, 900, 901.

cherungswert verstehen. Gem. § 18 Nr.2 S.1 VHB betrüge der vom VR zu ersetzende Schaden 15.000 DM.

Demgegenüber könnte man auch vertreten, daß die Schadenshöhe eine objektiv feststehende Größe ist und der Versicherungswert nicht uneingeschränkt von den Vertragsparteien festgelegt werden kann.[10] In diesem Falle könnte § 18 Nr.2 S.1 VHB unwirksam sein.

Letztlich ist entscheidend, ob und in welchem Maße der Schadensbegriff des § 55 VVG der vertraglichen Disposition unterliegt. Dies ist im einzelnen umstritten.

Nach der Rspr.[11] und Teilen der Lehre[12] ist im Bereich der Schadensversicherung die Dispositionsfreiheit der Vertragsparteien aufgrund des versicherungsrechtlichen *Bereicherungsverbots* eingeschränkt. Während in der Summenversicherung die Leistung des VR in Form einer im voraus fixierten Geldleistung (Versicherungssumme) frei bestimmbar sei, dürfe im Bereich der Schadensversicherung die Entschädigung nicht zu einer Bereicherung des VN führen.[13] Schon aus den §§ 1, 51, 55, 59, 67 VVG ergebe sich, daß der VN *nach* der Leistung des VRs nicht besser stehen dürfe als *vor* dem Versicherungsfall. Aus diesem Grunde sei § 55 VVG nicht abdingbar.

Hiergegen wird mit guten Gründen[14] eingewendet, daß es keine ausdrückliche Norm gebe, derzufolge eine Überentschädigung unzulässig sei. Im Gegenteil lasse das Gesetz in gewissen Fällen

Bereicherungsverbot

---

[10] So z.B. BRUCK/MÖLLER, VVG[8] I, vor §§ 49-80 Anm. 44.
[11] BGHZ 52, 350, 353; BGH VersR 79, 1120, 1121; BGHZ 103, 228, 232.
[12] BRUCK/MÖLLER, a.a.O. (Fn 10), § 1 Anm. 26 und vor §§ 49-80 Anm. 45; PRÖLSS/MARTIN/PRÖLSS, a.a.O. (Fn 7), § 1 Anm. 2 Ab; WEYERS, a.a.O. (Fn 8) Rn 448; WERBER/WINTER, Grundzüge des Versicherungsvertragsrechts, Rn 144.
[13] Vgl. PRÖLSS/MARTIN/PRÖLSS, a.a.O. (Fn 7) § 1 Anm. 2 Ab.
[14] GÄRTNER, Das Bereicherungsverbot, 20 f. Weitere Nachweise bei VOLKER LOOKS, Taxe, Neuwertversicherung und Bereicherungsverbot, VersR 1991, 731, 733 in Fn 38.

(vgl. §§ 57 VVG; 140 I, II, 141 I VVG) eine Bereicherung sogar ausdrücklich zu.[15]

Summenleistung auch in der Sachversicherung zulässig

Ferner könnten die Parteien an Stelle des Schadensersatzprinzips das Summenleistungsprinzip wählen, nach welchem der VR (z.B. in der Neuwertversicherung) nicht Schadensersatz, sondern eine vereinbarte Geldsumme zu leisten habe.[16] Eine solche Summenvereinbarung sei nicht nur in der Personenversicherung, sondern auch in der Sachversicherung zulässig. Aus diesen Gründen sei ein Bereicherungsverbot abzulehnen.

Anreiz, den Versicherungsfall herbeizuführen

Demgegenüber wird von anderer Seite betont, daß der Gesetzgeber das Risiko einer schuldhaften Herbeiführung des Versicherungsfalls vermindern wollte; eine überhöhte Entschädigung verleite den VN aber zu riskantem Verhalten und stelle geradezu einen Anreiz dar, die (zu hoch) versicherten Sachen zu „versilbern".[17] Außerdem widerspreche eine bereichernde Leistung des VR der Funktion der Versicherung, denn die Gefahrengemeinschaft müsse vor wirtschaftlich unbegründeten Entschädigungen geschützt werden.[18]

Stellungnahme

Die Argumente gegen die Zulässigkeit einer Überentschädigung überzeugen nicht.

Der VR kann durch seine AVB selbstverantwortlich den Versicherungswert festlegen sowie Inhalt und Grenzen der Risikoübernahme bestimmen. Legt der VR in seinen Vertragsbedingungen fest, daß der VN eine dem tatsächlichen Wert der versicherten Sache nicht entsprechende, überhöhte Entschädigung bekommen soll, so ist grundsätzlich nicht einzusehen, warum der VR durch ein Bereicherungsverbot vor sich selbst geschützt werden sollte.

Soweit auf den Schutz der anderen VN abgestellt und auf den Gedanken der Gefahrengemeinschaft verwiesen wird, ist zu

---

[15] GÄRTNER, a.a.O. (Fn 14), 20 ff.
[16] So GÄRTNER, a.a.O. (Fn 14), 28 und 80.
[17] BRUCK/MÖLLER/SIEG, a.a.O. (Fn 10).
[18] So PRÖLSS/MARTIN/PRÖLSS, a.a.O. (Fn 7), § 1 Anm. 2 Ab und BERNHARD GROSSFELD, ZHR 73, 84, 85f.

entgegnen, daß aus der versicherungstechnisch bedingten Herstellung eines Kollektivs von Versicherten (Gesetz der großen Zahl) keine rechtserheblichen Folgerungen abgeleitet werden können.[19] Der VR hat insbesondere auf der vertragsrechtlichen Ebene nicht die Pflicht, die „Gemeinschaft" der anderen VN vor wirtschaftlich unbegründeten Entschädigungen zu schützen. Der VV begründet weder eine treuhänderische Bindung des VR, noch ein gesellschaftsähnliches Rechtsverhältnis, vermöge dessen die VN Einfluß auf die Unternehmenspolitik des VR nehmen könnten.

Möglicherweise kann allerdings im vorliegenden Fall offengelassen werden, ob § 55 VVG infolge des Bereicherungsverbotes unabdingbar ist. Problematisch ist vielmehr, ob die zwischen Klärchen und VR vereinbarte Entschädigung zum Neuwert überhaupt gegen das Bereicherungsverbot verstößt.

Selbst diejenigen, die ein Bereicherungsverbot befürworten, sehen in der Neuwertversicherung entweder eine scheinbare[20] oder aber eine gewohnheitsrechtlich zulässige[21] Ausnahme vom Bereicherungsverbot.

Teilweise wurde vertreten, daß der VR einer Neuwertversicherung neben der explizit versicherten (hier: Einbruchs-) Gefahr auch die Abnutzungsgefahr trage, und zwar unter der Voraussetzung, daß sich die erstgenannte Gefahr verwirkliche.[22] Gegen eine solche Konstruktion spricht, daß in Fällen, in denen die versicherte Sache bereits nicht mehr neu war, eine Rückwärtsversicherung (§ 2 VVG) vorläge. Für eine solche fehlt es aber

Neuwertversicherung als „Scheinausnahme" vom Bereicherungsverbot

---

[19] H.-P. SCHWINTOWSKI, Der private Versicherungsvertrag zwischen Recht und Markt, 92-95 und MEINRAD DREHER, Die Versicherung als Rechtsprodukt, 124.
[20] So ausdrücklich BRUCK/MÖLLER/SIEG, a.a.O. (Fn 10), vor §§ 49-80 Anm. 50; WERBER/WINTER, a.a.O. (Fn 12), Rn. 147.
[21] PRÖLSS/MARTIN/KOLLHOSSER, a.a.O. (Fn 7), § 55 Anm. 1 B.
[22] MÖLLER, Die Wiederherstellungsklausel als Vereinbarung einer Obliegenheit, ÖffrechtlV 1932, 34 (zur Feuerversicherung).

an den Voraussetzungen der Versicherung, denn versichert wäre ein gewisses Ereignis.[23]

Von anderer Seite wird die Vereinbarkeit der Neuwertversicherung mit dem Bereicherungsverbot auch damit zu begründen versucht, daß eine solche Versicherung eine Kombination zwischen einer Aktiven- und einer Passivenversicherung darstelle:[24] Neben der Versicherung des Substanzinteresses (Aktivenversicherung) trete eine Versicherung gegen notwendige Aufwendungen, die der VN zur Wiederbeschaffung der Sache machen müsse (Passivenversicherung).

Problematisch erscheint an dieser Meinung, daß hinsichtlich der Passivenversicherung ein Schaden nicht schon bereits durch den Sachverlust gegeben ist, sondern vielmehr erst dadurch, daß der VN Aufwendungen zur Wiederbeschaffung einer neuwertigen Sache macht. § 18 VHB sieht aber keine Wiederherstellungsklausel vor. Auch beabsichtigt Klärchen, da sie das Tanzen aufgegeben hat, nicht, sich neue Ballkleider anzuschaffen. Schon daher führt diese Theorie im vorliegenden Fall nicht weiter.

Neuwertversicherung gewohnheitsrechtlich zulässig

Aufgrund dieser konstruktiven Schwierigkeiten wird in der neueren Rechtsprechung und Literatur zunehmend auf das Gewohnheitsrecht abgestellt.[25]

So hat der BGH am 8. Februar 1988 in einem Fall, in dem es um die Zulässigkeitsvoraussetzungen einer Neuwertversicherung für Yachten ging, ausgeführt, daß „die Neuwertversicherung von Sachen trotz des versicherungsrechtlichen Bereicherungsverbots (vgl. § 55 VVG) gewohnheitsrechtlich zulässig

---

[23] Ebenso GERRIT WINTER, Konkrete und abstrakte Bedarfsdeckung, 105; BRUCK/MÖLLER/SIEG, a.a.O. (Fn 10), § 52 Anm. 28; HEINZ WAHREN, Neuwertversicherung, 43, 44.

[24] OLG Bremen VersR 1987, 662; BRUCK/MÖLLER/SIEG, a.a.O. (Fn 10), vor §§ 49-80 Rn 50 und § 52 Anm. 28.

[25] BGHZ 103, 228; PRÖLSS/MARTIN/KOLLHOSSER, a.a.O. (Fn 7), § 55 Anm. 1B; MARTIN, a.a.O. (Fn 2), Q III 9.

und in einer größeren Zahl von Allgemeinen Versicherungsbedingungen vorgesehen"[26] sei.

Wie ein Vergleich mit zahlreichen AVB zeige, sei eine Entschädigung zum Neuwert jedenfalls dann zulässig, wenn der VN den Betrag zur Wiederherstellung, bzw. Wiederbeschaffung der Sache verwende.[27] Dies sicherzustellen, sei die Funktion von Wiederbeschaffungsklauseln. Dementsprechend wird allgemein vertreten, daß die Neuwertversicherung nur in Verbindung mit einer Wiederherstellungs- oder Wiederbeschaffungsklausel gewohnheitsrechtlich zulässig ist.[28]

1. Voraussetzung: Wiederbeschaffungsklausel

Letztlich wird auch hier die Versicherung zum Neuwert als eine Kombination zwischen Aktiven- und Passivenversicherung verstanden. Indem der VN die gestohlene Sache wiederbeschaffen soll, wird eine Bereicherung verhindert. Dementsprechend erwirbt der VN – so der BGH – den Anspruch auf Entschädigung zum Neuwert erst zu dem Zeitpunkt, zu welchem sichergestellt ist, daß der VN die entsprechenden Aufwendungen tätigt.[29] Hierdurch hat sich der BGH von der Ansicht des Berufungsgerichts distanziert. Dieses war der Meinung, daß die volle Versicherungssumme zunächst stets auszukehren sei und vom VR erst dann zurückgefordert werden könne, wenn die Wiederbeschaffung innerhalb einer vorgesehenen Frist nicht sichergestellt sei.[30]

Von einem Teil der Literatur wird darüber hinaus gefordert, daß der Zeitwert nicht unter 40 % des Neuwerts liegt.[31] Demgegenüber hat der BGH in einem Urteil vom 24. April 1996 die Ansicht vertreten, daß sich aus § 55 VVG keine feste Entwer-

2. Voraussetzung: Entwertungsgrenze nicht überschritten

---

[26] BGHZ 103, 228, 232.
[27] BGHZ 103, 228. So auch BGH VersR 1981, 772, 773.
[28] PRÖLSS/MARTIN/KOLLHOSSER, a.a.O. (Fn 7), § 55 Anm. 1B (m.w.N.).
[29] BGHZ 103, 228, 234.
[30] OLG Bremen VersR 1987, 662, 663.
[31] PRÖLSS/MARTIN/KOLLHOSSER, a.a.O. (Fn 7), § 55 1B; MARTIN, a.a.O. (Fn 2), Q III 12, 33, 34, 54, 55 und R IV 62.

tungsgrenze ergebe, bei deren Unterschreiten der Anspruch auf die vereinbarte Neuwertentschädigung ausgeschlossen sei.[32]

Subsumtion

Überträgt man die genannten Anforderungen auf den vorliegenden Fall, so ist die zwischen Klärchen und VR vereinbarte Neuwertversicherung aus zwei Gründen problematisch. Zum einen hatten die Ballkleider nur noch einen Verkaufspreis (1.000 DM) und Wiederbeschaffungspreis (1.500 DM), der bei bzw. unter 10 % des Neuwertes lag. Zum anderen enthalten die VHB keine Wiederherstellungsklausel.

Ergänzende Vertragsauslegung?

Nach Ansicht des BGH und Teilen der Literatur läßt sich allerdings eine fehlende Wiederherstellungsklausel im Wege der ergänzenden Vertragsauslegung durch eine analoge Anwendung anderer AVB konstruieren.[33] Hiergegen spricht jedoch die Entstehungsgeschichte von § 18 VHB, denn es wurde bewußt auf eine solche Klausel verzichtet.[34]

Aber selbst bei ergänzender Vertragsauslegung wäre ein Anspruch der Klärchen i.H.v. 15.000 DM nicht gegeben, denn Klärchen beabsichtigt überhaupt nicht den Kauf neuer Ballkleider, so daß die Wiederbeschaffung nicht sichergestellt ist.[35]

IV. Zwischenergebnis

nach BGH kein Anspruch i.H.v. 15.000 DM

Folgt man dem BGH, so hätte Klärchen aufgrund der fehlenden Wiederbeschaffungsabsicht keinen Anspruch i.H.v. 15.000 DM.

V. Erneute Stellungnahme

Für die Zulässigkeit von § 18 VHB wird teilweise angeführt, daß § 55 VVG eine gewohnheitsrechtliche Erweiterung der

---

[32] BGH VA 1996, 215, 216 für eine Sache, die nur noch einen Zeitwert iHv 38,95 % des Neuwerts hatte.
[33] BGHZ 103, 228. So auch schon die Vorinstanz OLG Bremen VersR 1987, 662, 663. PRÖLSS/MARTIN/KOLLHOSSER, a.a.O. (Fn 7), § 55 1B.
[34] MARTIN, a.a.O. (Fn 2), Q III 31.
[35] Da VR hierauf hingewiesen hat, bestünde im Prozeß auch keine Aufklärungspflicht des Richters gem. § 139 ZPO.

bisher gebräuchlichen Formen der Neuwertversicherung nicht ausschließe[36] und § 18 VHB seit 1984 angewendet werde. Teilweise wird sogar darauf hingewiesen, daß die unrichtige Gesetzesanwendung ein möglicher Entstehungsgrund für Gewohnheitsrecht sein könne.[37]

Dem ist entgegenzuhalten, daß ein solches Gesetzesverständnis mit dem Bereicherungsverbot nicht mehr in Einklang zu bringen ist. Indem § 18 VHB nur auf eine subjektive Entwertung abstellt, ist eine Neuwertentschädigung auch bei objektiv gänzlich entwerteten Sachen möglich. Zudem ist zu berücksichtigen, daß durch die fehlende Wiederherstellungsklausel einer Bereicherung nicht entgegengewirkt wird.

Letztlich zeigen sich hier deutlich die dogmatischen Unschlüssigkeiten eines Bereicherungsverbotes, dessen Konsequenzen vermieden werden.[38]

Somit muß die vorhin offengelassene Frage (vgl. S. 123) nach der Berechtigung des Bereicherungsverbotes beantwortet werden.

Das Bereicherungsverbot läßt sich möglicherweise mit dem Argument begründen, daß die Schadensversicherung von Spiel und Wette abgegrenzt werden muß.[39]

§ 762 BGB

Ein Entschädigungsanspruch des VN ist nur dann zu bejahen, wenn ein *versicherbares* Interesse vorliegt. Ein solches Interesse besteht nicht, wenn der Vertrag den Spielnormen des BGBs unterstellt werden muß (vgl. 762 Abs.1 BGB). Hieraus ergibt sich, daß die Vertragsparteien in der Schadensversicherung

---

[36] So MARTIN, a.a.O. (Fn 2), Q III 34, R IV 13 für objektiv noch nicht entwertete Sachen und PRÖLSS/MARTIN/KOLLHOSSER, a.a.O. (Fn 7), § 55 1B.

[37] MARTIN, a.a.O. (Fn 2), Q III 34, R IV 13 und PRÖLSS/MARTIN/KOLLHOSSER, a.a.O. (Fn 7), § 55 1B unter Bezugnahme auf BGHZ 37, 222.

[38] GÄRTNER, a.a.O. (Fn 14), 138, betont insofern zu Recht, daß das Bereicherungsverbot praktisch keine Bedeutung habe.

[39] Vgl. BRUCK/MÖLLER/SIEG, a.a.O. (Fn 10), vor §§ 49-80 Anm. 45 a; PRÖLSS/MARTIN/PRÖLSS, a.a.O. (Fn 7), vor § 51 Anm. 2.

keine unbegrenzte Gestaltungsmöglichkeit hinsichtlich des Versicherungswerts haben.[40]

Ob § 18 Nr.2 S.1 VHB unwirksam ist, bestimmt sich insofern danach, ob das durch die Neuwertversicherung versicherte Interesse versicherbar ist oder nicht. Hierzu muß zunächst geklärt werden, welches Interesse durch die Neuwertversicherung abgedeckt werden soll.

Klärchen hat als Eigentümerin natürlich ein Interesse an der Erhaltung des Sachwerts der Ballkleider. Durch die Hausratversicherung soll das Risiko einer durch den Versicherungsfall eintretenden wirtschaftlichen Einbuße kompensiert werden. Diese wirtschaftliche Einbuße kann gerade bei gebrauchten Sachen häufig nicht durch eine Entschädigung zum Zeitwert ausgeglichen werden, denn möglicherweise ist überhaupt kein Gebrauchtwarenmarkt vorhanden oder der Versicherte hat Grund, sich mit dessen Angebot nicht zufriedenzugeben.[41] § 18 Nr.2 S.1 VHB bewirkt demgegenüber, daß der VN nach dem Versicherungsfall wieder in der Lage ist, unabhängig von den Marktgegebenheiten die versicherte Sache für seinen Zweck im Haushalt verwenden zu können. Insofern ist durch die Neuwertversicherung ein Verwendungs- bzw. Nutzungsinteresse versichert.

Fraglich ist, ob dieses Interesse zum Zeitpunkt des Vertragsschlusses *versicherbar* war. Aufgrund von § 762 BGB muß der VV gegenüber Spiel- und Wettgeschäften abgegrenzt werden. Während der VN einen VV abschließt, weil er einen Schaden befürchtet, kommt es dem Spieler darauf an, durch den Zufall einen Zugewinn zu machen. Gem. § 762 BGB muß der VR vor dieser Bereicherungsmöglichkeit geschützt werden.

---

[40] Auch diejenigen, die ein Bereicherungsverbot ablehnen und in der Schadensversicherung eine Summenvereinbarung befürworten, sehen dieses Problem. Vgl. GÄRTNER, a.a.O. (Fn 14), 53.

[41] So auch WEYERS, a.a.O. (Fn 8), Rn 457.

Soweit der VN dagegen ein *wirtschaftliches* Interesse hat, ist dieses auch versicherbar,[42] wobei die bloße *Möglichkeit* eines Vermögensnachteils genügt.

Das Interesse von Klärchen an dem Ersatz der Ballkleider zum Neuwert stellt ein wirtschaftliches dar. Hiergegen kann auch nicht eingewendet werden, daß der Ersatz zum Neuwert eine Gewinnmöglichkeit eröffnet, die bei entsprechender Absicht des VN zu einer verdeckten Wette führt: Da § 18 VHB eine Entschädigung zum Neuwert nur in *den* Fällen zuläßt, in denen eine subjektive Gebrauchsbereitschaft des VN vorliegt, ist hinreichend sichergestellt, daß das Interesse am Neuwertersatz zum Zeitpunkt des Versicherungsfalls noch vorhanden ist: Der VN demonstriert durch die subjektive Gebrauchsbereitschaft sein Interesse an einer Entschädigung zum Neuwert. Bei Vertragsschluß liegt kein Verstoß gegen § 762 BGB vor.

Problematisch ist demgegenüber, daß durch den Versicherungsfall Klärchens Verwendungs- bzw. Nutzungsinteresse an den Ballkleidern möglicherweise nicht beeinträchtigt wird, denn Klärchen hat nach dem Einbruch den Entschluß gefaßt, das Tanzen aufzugeben und ist über den Verlust der Ballkleider froh.

Man könnte insofern von einem subjektiven „Interessenfortfall" sprechen und vertreten, daß § 18 VHB *nach* dem Versicherungsfall eine Gewinnmöglichkeit eröffne.

Hiergegen ist allerdings einzuwenden, daß das wirtschaftliche Interesse am Neuwertersatz nicht schon dadurch wegfallen kann, daß der VN die Möglichkeit hat, mit der Versicherungssumme eine andere als die versicherte, bzw. abhandengekommene Sache zu kaufen, denn ansonsten dürfte es die Geldentschädigung (§ 49 VVG) überhaupt nicht geben, sondern nur Naturalersatz.

---

[42] Vgl. SCHWINTOWSKI, a.a.O. (Fn 19), 46-57; PRÖLSS/MARTIN/KOLLHOSSER, a.a.O. (Fn 7), vor § 51 Anm. 1.

Darüber hinaus ist fraglich, inwieweit eine nachträgliche „Gewinnmöglichkeit" auf den Vertragsschluß dergestalt zurückwirken kann, daß der Tatbestand des § 762 BGB erfüllt ist.

Die h.M., die ein Bereicherungsverbot bejaht, verlangt auch im Schadensfall ein versicherbares Interesse, also einen entschädigungsfähigen Schaden i.S.d. § 55 VVG.[43] Ob ein versicherbares Interesse vorliegt, muß aber ex ante (*vor* Vertragsschluß) beurteilt werden, nicht jedoch nach Eintritt des Versicherungsfalls. Dies übersieht die h.M., die ein versicherbares Interesse auch noch nach dem Schadensfall verlangt.

Daß der VN nach dem Versicherungsfall die Möglichkeit hat, die Entschädigungssumme anderweitig zu verwenden, führt nicht zu einer Unwirksamkeit von § 18 VHB gem. § 762 BGB.

Ergebnis

Folglich hat Klärchen einen Anspruch i.H.v. 15.000 DM.

VI. Hilfsgutachten

Geht man mit dem BGH davon aus, daß Klärchen aufgrund der fehlenden Wiederbeschaffungsabsicht keinen Anspruch i.H.v. 15.000 DM gem. § 18 Nr.2 S.1 VHB hat, so stellt sich die Frage, auf welchen Versicherungswert stattdessen abzustellen ist.

In Betracht kommt eine Anwendung der gesetzlichen Regeln (§§ 52, 86 VVG).

§ 52 VVG

Sofern sich nicht aus den Umständen ein anderes ergibt, ist gem. § 52 VVG im Zweifel der Wert der Sache als Versicherungswert anzusehen. Maßgeblicher Zeitpunkt der Bewertung ist nach § 52 VVG der Wert, der sich aus dem Zustand der Sache zum Zeitpunkt des Versicherungsfalls ergibt (Verkehrswert).[44]

---

[43] Vgl. PRÖLSS/MARTIN/PRÖLSS, a.a.O. (Fn 7), § 1 Anm. 2 Ab.
[44] BRUCK/MÖLLER/SIEG, a.a.O. (Fn 10), § 52 Anm. 27, PRÖLSS/MARTIN/KOLLHOSSER, a.a.O. (Fn 7), § 52 Anm. 3b.
Beachte: Teilweise wird i.R.d. § 52 VVG von dem *gemeinen Wert* gesprochen. Insgesamt aber ist die Terminologie uneinheitlich. Gemeiner Wert i.S.d. § 18 VHB ist der Verkaufspreis. Dagegen kann

Im einzelnen ist umstritten, wie dieser Wert bestimmt werden muß. Grundsätzlich ist mit der hM davon auszugehen, daß die jeweilige Handelsstufe des VN maßgeblich zur Bestimmung des Versicherungswerts ist.[45] Die Berechnung des Versicherungswerts hängt davon ab, ob der VN die Sache veräußern wollte (dann: Verkaufspreis) oder nicht (dann: Wiederbeschaffungspreis, Ankaufspreis). Da der VN einer Hausratversicherung idR die vom Versicherungsfall betroffenen Sachen nicht veräußern will, ist für die Bestimmung des Versicherungswerts der Ballkleider der Wiederbeschaffungspreis maßgeblich.

Gem. § 52 VVG hat VR also den anfallenden Ankaufspreis für Ballkleider gleicher Art und Güte zu ersetzen, also den Preis, den Klärchen in einem Secondhandladen ausgeben müßte. Nach § 52 VVG liegt der zu ersetzende Versicherungswert bei 1.500 DM.

Etwas anderes könnte sich möglicherweise aus § 86 VVG analog ergeben. Da die Feuerversicherung der einzige Versicherungszweig der Sachversicherung ist, für den das VVG ausführliche Regelungen enthält, wird teilweise eine analoge Anwendung dieser Vorschriften auf die Hausratversicherung befürwortet.[46]

§ 86 VVG analog

Gem. § 86 VVG ist bei Gebrauchsgegenständen vom Wiederbeschaffungspreis neuer Sachen auszugehen, wobei ein *Abzug neu für alt* vorgenommen wird. Der Wiederbeschaffungspreis in Form des Neuwertes beträgt 15.000 DM. Fraglich ist, welche Entwertungsgründe bei einem „Abzug neu für alt" berücksichtigt werden dürfen.

Im einzelnen ist umstritten,[47] ob der Abzug i.S.d. § 86 VVG nur solche Entwertungsgründe umfaßt, die auf dem Zustand der

---

der gemeine Wert/Verkehrswert i.S.d. § 52 VVG der Ankaufspreis sein.
[45] BGH VersR 1984, 480.
[46] Vgl. MARTIN, a.a.O. (Fn 2), A IV 43; zum Meinungsstand vgl. BGHZ 108, 82, 85.
[47] Hierzu PRÖLSS/MARTIN/KOLLHOSSER, a.a.O. (Fn 7), § 86 Anm. 3 und MARTIN, a.a.O. (Fn 2), Q III 6.

Sache (Zeitwert) beruhen oder darüber hinaus auch andere Entwertungsgründe berücksichtigt werden müssen (z.B., daß die Ballkleider aus der Mode gekommen sind = Verkehrswert) und damit wie bei § 52 VVG nur der Verkehrswert zu ersetzen ist.[48]

Nach Ansicht des historischen Gesetzgebers soll der „Abzug neu für alt" den Wertverlust umfassen, „den die versicherten Sachen durch die Zeit erfahren haben".[49] Hierunter wurden vor allem Wertminderungen verstanden, die durch die Fortschritte der Technik oder Änderungen der Mode eintreten können.[50] § 86 VVG umfaßt also auch solche Entwertungen, die auf eine Änderung der Mode- bzw. Marktverhältnisse zurückzuführen ist.[51]

Damit entspricht der nach § 86 VVG zu ersetzende Versicherungswert dem Ankaufspreis für die Ballkleider in einem Secondhand-Geschäft.

Ergebnis

Nach den §§ 52, 86 VVG kann Klärchen von VR nur Entschädigung i.H.v. 1.500 DM verlangen.

---

[48] *Beachte:* Gemeiner Wert (Verkehrswert) i.S.d. § 52 VVG und Zeitwert (Neuwert mit Abzug für Alter und Abnutzung) sind keineswegs identische Begriffe. Der Zeitwert kann über dem gemeinen Wert liegen.
[49] MOTIVE, 157.
[50] MOTIVE, 157.
[51] *A.A.:* MARTIN, a.a.O. (Fn 2), Q III 6.

Klausur Nr. 9***

Klärchen läßt abbuchen

Angelehnt an: BVerwGE 61, 59; LG Hamburg VersR 1990, 303

Prämienabbuchung - Prämienanpassungsklauseln - DAS-Urteil - Tagespreisurteil

Klärchen schließt im September 1994 nach ordnungsgemäßer Verbraucherinformation (§ 10a VAG) bei dem Versicherer (VR) eine Hausratversicherung mit einer dreijährigen Laufzeit ab. Die jährliche Prämie beträgt 160 DM.

Klärchen erteilt VR folgende Einzugsermächtigung:

> *„Hiermit ermächtige ich VR widerruflich, die von mir zu entrichtenden Zahlungen bei Fälligkeit von dem angegebenen Girokonto bei der B-Bank durch Lastschrift einzuziehen".*

Dem Vertrag liegt u.a. folgende Versicherungsbedingung für die Hausratversicherung (VHB) zugrunde:

> *§ 16 – Anpassung des Prämiensatzes*
>
> *(...)*
>
> *(2) Anpassung des Prämiensatzes*
>
> *a) Der Versicherer kann die Prämie pro Tausend DM Versicherungssumme für bestehende Versicherungsverträge mit Wirkung von Beginn der nächsten Versicherungsperiode an erhöhen. Dabei darf der geänderte Prämiensatz den im Zeitpunkt der Änderung geltenden Tarifprämiensatz nicht übersteigen.*
>
> *b) Der Versicherungsnehmer kann den Versicherungsvertrag innerhalb eines Monats nach Zugang der Mitteilung des Versicherers über die Prämiensatzerhöhung zum Zeitpunkt des Inkrafttretens der Änderung kündigen. Die Kündigung ist schriftlich zu erklären.*

Klärchen wurde bei Vertragsschluß auf die Versicherungsbedingungen hingewiesen und konnte von ihrem Inhalt in zumutbarer Weise Kenntnis nehmen.

Die Prämie i.H.v. 160 DM wird von VR vereinbarungsgemäß abgebucht.

In den Jahren 1994/1995 entsteht VR ein sehr hoher Verlust aufgrund einer vermehrten Schadenshäufigkeit in dem Bereich Einbruchdiebstähle. Zudem stellt VR fest, daß der Gewinnanteil der Prämien zu gering kalkuliert ist. Daher führt er für neue Verträge einen Prämiensatz i.H.v. 221 DM ein.

Im Juni 1995 teilt VR Klärchen schriftlich mit, daß man aufgrund geänderter Kalkulationsgrundlagen ab September 1995 den Prämiensatz ihrer Versicherung auf 221 DM erhöhen müsse. Klärchen reagiert auf dieses Schreiben nicht und übersieht auch auf ihrem Kontoauszug vom September 1995, daß VR statt 160 DM jetzt 221 DM abgebucht hat. Die eingezogene Prämie wird auf dem Konto des VR gutgeschrieben.

Erst im August 1996 entdeckt Klärchen durch Zufall die erhöhte Abbuchung. Aus bankrechtlichen Gründen ist ein Widerspruch bei der B-Bank gegen die Belastungsbuchung nicht mehr möglich. Daher verlangt Klärchen von VR Rückzahlung von 61 DM für die vergangene Versicherungsperiode. Klärchen weist darauf hin, daß die Klausel nach dem AGBG unwirksam sei. Bei Vertragsschluß sei sie davon ausgegangen, daß sie nicht mehr als 160 DM zahlen müsse. An diese Vereinbarung müsse sich auch VR halten. Zudem sei die Klausel deswegen unwirksam, weil sie vom Wortlaut her zu unbestimmt sei.

VR beruft sich darauf, daß mit der Erhöhung der Prämie lediglich eine Anpassung an den jetzt geltenden Tarifprämiensatz vorgenommen worden sei. Zudem hätte Klärchen kündigen können. Klärchen entgegnet, daß sie an einer Kündigung des Vertrages gar nicht interessiert sei.

Hat Klärchen gegen VR einen Rückzahlungsanspruch i.H.v. 61 DM?

Lösung

I. Anspruch aus c.i.c.

Klärchen könnte gegen VR einen Schadensersatzanspruch i.H.v. 61 DM aus c.i.c. haben.

In Betracht kommt, daß sich VR aufgrund der Verwendung einer unwirksamen AGB (hier: § 16 Nr. 2 VHB) wegen Verschuldens bei Vertragsschluß schadensersatzpflichtig gemacht hat.

Zwischen VR und Klärchen bestand aufgrund der Vertragsanbahnung ein vorvertragliches Schuldverhältnis, aus dem heraus beide Vertragsparteien zur gegenseitigen Rücksichtnahme[1] verpflichtet waren.

[Randnote: vorvertragliches Schuldverhältnis]

VR könnte durch den Gebrauch von § 16 Nr. 2 VHB diese Pflicht verletzt haben.

Sowohl in der Rechtsprechung,[2] als auch in der Literatur[3] ist anerkannt, daß derjenige, der eine unwirksame AGB-Klausel verwendet, die vorvertragliche Pflicht zur Rücksichtnahme gegenüber dem Kunden verletzt. Zur Begründung wird vor allem darauf verwiesen, daß der Verwender durch seine AGB für den Kunden ein Schädigungspotential erzeuge, für dessen Beherrschung er verantwortlich sei.[4] Insbesondere könne eine unwirksame Klausel Scheinbindungen entfalten, die den Vertragspartner zu nachteiligen Vermögensdispositionen veranlasse.

[Randnote: Pflichtverletzung durch Verwendung unwirksamer AGB]

---

[1] Zu dieser Pflicht vgl. PALANDT/HEINRICHS, BGB-Kommentar[56], § 276 Rn 65.

[2] BGH NJW 1988, 197, 198; BGH NJW 1987, 639, 640; BGH NJW 1984, 2816, 2817.

[3] WOLF in WOLF/HORN/LINDACHER, AGB-Gesetz[3], § 9 Rn 165; HANS ERICH BRANDNER, Schadensersatzpflichten als Folge der Verwendung Allgemeiner Geschäftsbedingungen, FS Walter Oppenhoff, 11-24. PRÖLSS/MARTIN/PRÖLSS, VVG-Kommentar[25], Vorbem. I C c cc.

[4] BRANDNER, a.a.O. (Fn 3), 20.

Eine Pflichtverletzung des VR ist demnach zu bejahen, wenn die Prämienanpassungsklausel (im folgenden: PA-Klausel) unwirksam ist. Diese Frage könnte allerdings vorerst offengelassen werden, wenn es schon an der für die c.i.c. erforderlichen Kausalität zwischen vorvertraglicher[5] Pflichtverletzung und Schaden fehlt.

Kausalität zwischen Pflichtverletzung und Schaden

Der geltend gemachte Schaden i.H.v. 61 DM müßte adäquat kausal auf der Verwendung der PA-Klausel beruhen. Ein derartiger Kausalzusammenhang liegt vor, wenn Klärchen davon ausgegangen ist, daß die PA-Klausel eine erhöhte Abbuchung rechtfertigt und deshalb keinen Widerspruch gegen die Kontobelastung eingelegt hat. Klärchen müßte also geglaubt haben, daß § 16 Nr. 2 VHB einen Scheingrund für die erhöhte Prämie darstellt. Da Klärchen erst im August 1996 durch Zufall die erhöhte Abbuchung entdeckt hat und die PA-Klausel für unwirksam hält, entfaltete die Klausel keine Scheinbindungswirkung. Ein Kausalzusammenhang zwischen Pflichtverletzung und Schaden ist nicht gegeben.

Ergebnis

Klärchen hat gegen VR keinen Schadensersatzanspruch aus c.i.c.[6]

II. Anspruch aus pVV

Klärchen könnte gegen VR einen Anspruch aus positiver Vertragsverletzung (pVV) haben.

Schuldverhältnis

Da Klärchen nicht gem. § 16 Nr. 2 lit. b VHB gekündigt hat, liegt ein wirksamer Versicherungsvertrag (VV) vor. Neben dieses Schuldverhältnis tritt die Lasteinzugsabrede, also die Übereinkunft, daß die Erfüllung des Versicherungsvertrages durch die Lastschrift erfolgen soll.

---

[5] *Beachte:* Ein Kausalzusammenhang zwischen erhöhter Abbuchung und Schaden liegt auf jeden Fall vor (vgl. unten II.). Die erhöhte Abbuchung stellt aber eine weitere, *nachvertragliche* Pflichtverletzung dar und ist insofern i.R.d. pVV zu erörtern.

[6] Für den Fall, daß Klärchen zur Befreiung von der Scheinbindung Rechtsberatungs- und verfolgungskosten aufwendet, wären diese nach c.i.c. ersatzfähig (weiterführend: BRANDNER, a.a.O. [Fn 3], 18).

Fraglich ist, ob in der erhöhten Abbuchung eine Pflichtverletzung zu sehen ist.

Pflichtverletzung durch erhöhte Abbuchung

Aus dem VV und der Lasteinzugsabrede ergibt sich für VR die Pflicht, nur hinsichtlich bestehender Forderungen von der Einzugsermächtigung Gebrauch zu machen.

Eine Pflichtverletzung liegt demnach vor, wenn VR gegen Klärchen keinen Anspruch i.H.v. 221 DM für die Versicherungsperiode 1995/96 hatte. Ursprünglich vereinbarten Klärchen und VR eine jährliche Prämie i.H.v. 160 DM.

Möglicherweise wurde die Prämienhöhe aber durch einen Abänderungsvertrag gem. § 305 BGB wirksam geändert.

Abänderungsvertrag (§ 305 BGB)

Das Schreiben von VR vom Juni 1995 könnte als Abänderungsangebot auszulegen sein. Dieses könnte Klärchen durch Weiterzahlung der Prämie bzw. den nicht erfolgten Widerspruch gegen die Lastschrift angenommen haben.

Gegen das Vorliegen eines Abänderungsantrags spricht bereits, daß ein Antrag grundsätzlich als ein annahmebedürftiges Angebot gekennzeichnet sein muß.[7] VR hat Klärchen von der Änderung lediglich in Kenntnis gesetzt. Daher kann die Mitteilung des VR nicht als Angebot interpretiert werden.

Antrag des VR?

Selbst wenn man aber von einem Antrag ausgeht, ist fraglich, ob Klärchen diesen überhaupt angenommen hat.

Nach einer Ansicht in der Literatur soll die Prämienzahlung des VN als konkludentes Einverständnis zu werten sein, wenn sich die Prämie selbst geändert hat.[8] Im vorliegenden Fall ist allerdings zu berücksichtigen, daß die Prämie im Wege des Lastschriftverfahrens eingezogen wurde. In der Einlösung einer

Annahme durch Prämienzahlung?

---

[7] Ebenso PRÖLSS/MARTIN/PRÖLSS, a.a.O. (Fn 3), Vorbem. Anm. I 6 Be.
[8] BACH/ GEIGER, Die Entwicklung der Rechtsprechung bei der Anwendung des AGBG auf AVB, VersR 1993, 659, 664 (mwN). A.A.: PRÖLSS/MARTIN/PRÖLSS, a.a.O. (Fn 3), Vorbem. Anm. I 6Be.

Lastschrift liegt keine Willenserklärung des VN[9]. Insofern stellt die Weiterzahlung der Prämie keine konkludente Annahme eines Abänderungsantrages dar.

Annahme durch nicht erfolgten Widerspruch ?

Klärchen könnte sich aber durch den unterlassenen Widerspruch gegen die Kontobelastung mit der Prämienerhöhung einverstanden erklärt haben. Hiergegen spricht, daß das bloße Nichthandeln grundsätzlich keine Willenserklärung darstellt.[10] Schweigen hat i.d.R. nicht die Bedeutung einer Zustimmung (qui tacet consentire non videtur).[11]

Zwischen VR und Klärchen wurde kein Abänderungsvertrag geschlossen.

Änderungsvorbehalt (§ 16 Nr. 2 VHB)

Die ursprünglich vereinbarte Prämie könnte gem. § 16 Nr. 2 VHB geändert worden sein.

Dies setzt voraus, daß § 16 VHB wirksamer Bestandteil des Versicherungsvertrages ist. Fraglich ist, ob § 16 VHB gegen Einbeziehungs- oder Wirksamkeitsvoraussetzungen des AGBG verstößt.

§ 1 Abs.1 S.1 AGBG

Da § 16 VHB einseitig für eine Vielzahl von Verträgen vorformuliert wurde, ist die PA-Klausel eine Allgemeine Geschäftsbedingung i.S.d. § 1 Abs. 1 S. 1 AGBG.

§ 16 VHB müßte gem. §§ 2, 3 AGBG Bestandteil des Versicherungsvertrages geworden sein.

§ 2 Abs. 1 AGBG

Indem Klärchen bei Vertragsschluß auf die Versicherungsbedingungen hingewiesen wurde und von ihrem Inhalt in zumut-

---

[9] Vgl. hierzu PETER PRÄVE, Änderung von allgemeinen Versicherungsbedingungen in bestehenden Verträgen, ZfV 1992, 221, 224.
[10] BGHZ 1, 355; PALANDT/HEINRICHS, a.a.O. (Fn 1), Einf v. § 116 Rn 7.
[11] *Beachte:* Im Verhältnis B-Bank – Klärchen (Deckungsverhältnis) gilt der unterlassene Widerruf dagegen gem. Nr. 7 Abs. 2 AGB/B 93 (abgedruckt bei SCHWINTOWSKI/SCHÄFER, Bankrecht, § 1 Rn 56) als Genehmigung der Kontobelastung. Hieraus kann jedoch nicht der Schluß gezogen werden, daß diese Genehmigungsfiktion Auswirkungen auf das Valutaverhältnis hat.

barer Weise Kenntnis nehmen konnte, scheitert eine Einbeziehung der PA-Klausel nicht an § 2 Abs. 1 AGBG.

Möglicherweise ist aber § 16 VHB eine sog. „überraschende Klausel" i.S.d. § 3 AGBG und insofern nicht Bestandteil des Vertrages geworden. Dies ist dann der Fall, wenn § 16 VHB so ungewöhnlich ist, daß ein verständiger VN nicht mit ihr rechnen mußte.[12]

§ 3 AGBG

In diesem Zusammenhang ist zu beachten, daß PA-Klauseln in der Versicherungswirtschaft schon seit den 20er Jahren üblich sind.[13] Auch in den derzeitigen Musterbedingungen des Verbandes der Sachversicherer ist für die Hausratversicherung eine PA-Klausel vorgesehen.[14] Die brancheneinheitliche Verwendung von AGB ist indessen nach allgemeiner Ansicht nicht für sich allein geeignet, den Einwand des § 3 AGBG zu entkräften[15]. Allerdings kann die Üblichkeit einer Klausel dazu führen, daß der Überraschungsmoment beim Kunden weniger leicht zu bejahen ist.[16]

Letztlich ist entscheidend, daß der verständige VN mit dem allgemeinen Preisanstieg rechnet.[17] Er muß daher erwarten, daß der VR für die Zukunft eine Erhöhung des Prämiensatzes vornimmt. § 16 VHB fehlt der Überrumpelungs- und Übertölpelungseffekt. § 16 VHB ist Vertragsbestandteil geworden.

§ 16 VHB ist Vertragsbestandteil

Fraglich ist, ob § 16 VHB unwirksam ist. Dann müßte die PA-Klausel zunächst gem. § 8 AGBG kontrollfähig sein. Nach Sinn und Zweck von § 8 AGBG sind vor allem solche Klauseln von

---

[12] So die ständige Rspr. zu § 3 AGBG. Vgl. z.B. BGH NJW 1992, 1234, 1235 (m.w.N.).
[13] ULRICH HÜBNER, Vertragsbindung und Beitragsanpassungsklauseln, FS Concordia-Versicherungen, 57, 62.
[14] HEINRICH DÖRNER, Allgemeine Versicherungsbedingungen², 290.
[15] BRANDNER in BRANDNER/ULMER/HENSEN, AGB-Gesetz⁷, § 3 Rn 14.
[16] BRANDNER, a.a.O. (Fn 15), § 3 Rn 44.
[17] Ebenso ROLAND MICHAEL BECKMANN, Die Zulässigkeit von Preis- und Prämienanpassungsklauseln nach dem AGB-Gesetz, 21.

der richterlichen Inhaltskontrolle ausgenommen, die die gegenseitigen Hauptleistungspflichten zum Inhalt haben.[18]

Da § 16 VHB die Hauptleistung des VN (Prämienzahlungspflicht) betrifft, könnte man vertreten, daß eine Inhaltskontrolle gem. § 8 AGBG ausgeschlossen ist.[19] Hiergegen spricht aber, daß § 16 VHB keine unmittelbare Leistungsbestimmung enthält, sondern nur ein Recht dazu regelt.[20] Auch geht § 11 Nr.1 AGBG gerade von der Überprüfbarkeit derartiger Klauseln aus.[21]

§ 16 VHB ist daher gem. § 8 AGBG kontrollfähig.

§ 11 Nr.1 AGBG

Da VV Dauerschuldverhältnisse sind, kann § 16 VHB nicht anhand von § 11 Nr.1 AGBG überprüft werden.

§ 10 Nr.4 AGBG

§ 16 VHB könnte aber gem. § 10 Nr.4 AGBG unwirksam sein. Hiernach ist eine „Vereinbarung eines Rechts des Verwenders, die versprochene Leistung zu ändern", grundsätzlich unwirksam.

Durch die PA-Klausel hat VR das Recht, die Leistung des VN (Prämienzahlung) zu ändern. Problematisch ist allerdings, wie der Satzteil „die versprochene Leistung" i.S.d. § 10 Nr.4 AGBG auszulegen ist. Versteht man hierunter allein die Leistung des Verwenders, so ist § 10 Nr.4 AGBG nicht einschlägig, denn mit der PA-Klausel soll die Leistung des VN geändert werden können.

Teilweise wird vertreten, daß § 10 Nr. 4 AGBG auch solche Klauseln betrifft, mit denen sich der Verwender vorbehält, die

---

[18] BGHZ 93, 358, 360f.; BGHZ 91, 316, 318.
[19] So für Preisklauseln PETER SCHLOSSER, BGH-Rechtsprechung zur Tagespreisklausel, Jura 1984, 637, 642 und JÜRGEN F. BAUR, Vertragliche Anpassungsregeln, 99.
[20] Vgl. NORBERT HORN, Vertragsbindung unter veränderten Umständen, NJW 1985, 1118, 1121.
[21] Zu diesem Argument vgl. BGH NJW 1985, 853, 854 (= BGHZ 93, 252); BERND-ARTHUR PAULUSCH, Vorformulierte Leistungsbestimmungsrechte des Verwenders, in: Zehn Jahre AGB-Gesetz, 55, 63 f.

Leistungspflicht des Vertragspartners zu ändern."[22] Gegen eine direkte Anwendung von § 10 Nr. 4 AGBG spricht aber, daß der Gesetzgeber nur von Änderungen der *Verwender*leistung ausging.[23] Daher sind nach überwiegender Ansicht Änderungsvorbehalte hinsichtlich der Gegenleistung des Vertragspartners allein nach § 9 AGBG zu kontrollieren.[24]

Da sich die PA-Klausel auf die Leistung des VN bezieht, kommt ein Verstoß gegen § 10 Nr. 4 AGBG nicht in Betracht.[25]

§ 16 Nr.2 VHB könnte gem. § 9 Abs. 2 Nr.1 AGBG unwirksam sein. Dann müßte § 16 VHB im Widerspruch zu den wesentlichen Grundgedanken einer gesetzlichen Regelung stehen.

§ 9 Abs.2 Nr.1 AGBG

Zwingende Rechtsvorschriften, die PA-Klauseln verbieten, existieren nicht. Zu den gesetzlichen Regelungen i.S.d. § 9 Abs. 2 Nr. 1 AGBG zählen aber auch die Rechtssätze, die durch Auslegung, Analogie und Rechtsfortbildung aus den gesetzlichen Vorschriften abgeleitet werden können.[26]

§ 16 VHB könnte gegen den (ungeschriebenen) Rechtsgrundsatz „pacta sunt servanda" verstoßen.[27] Andererseits ist zu berücksichtigen, daß die Vertragsfreiheit (§ 305 BGB) die Möglichkeit umfaßt, Leistungsänderungsrechte zu vereinbaren. Dies kommt insbesondere in § 315 BGB sowie in § 31 VVG zum Ausdruck. Auch die Grundsätze zum Wegfall der Geschäfts-

---

[22] WOLF in Wolf/HORN/LINDACHER, a.a.O. (Fn 3), § 10 Nr.4 Rn 7; STAUDINGER/SCHLOSSER, Kommentar zum Bürgerlichen Gesetzbuch[13], § 10 Nr.4 AGBG Rn. 3.
[23] Vgl. die in BT Drucks. 7/3919 S.25 aufgezählten Beispiele.
[24] SOERGEL/STEIN, Bürgerliches Gesetzbuch[12], § 9 AGBG Rn 91 und § 10 Rn 38 (m.w.N.).
[25] *Beachte:* Bei analoger Anwendung von § 10 Nr. 4 AGBG müßte der Verwender die Beweislast für die Zumutbarkeit des Änderungsvorbehaltes tragen. Zum gleichen Ergebnis kommt man aber auch bei Anwendung des § 9 AGBG, sofern man davon ausgeht, daß die formularmäßige Einräumung eines Leistungsänderungsrechts gem. § 9 AGBG grundsätzlich unwirksam ist (so z.B. WOLF in WOLF/HORN/LINDACHER, a.a.O. [Fn 3], § 9 L 119).
[26] BRANDNER in ULMER/BRANDNER/HENSEN, a.a.O. (Fn 15), § 9 Rn 99.
[27] Zu diesem Rechtsgrundsatz siehe HANS HATTENHAUER, Grundbegriffe des Bürgerlichen Rechts, 55, 80 ff.

grundlage zeigen, daß Rechtsgeschäfte an veränderte Umstände angepaßt werden können.[28]

Daß § 16 VHB im Widerspruch zu den wesentlichen Grundgedanken einer gesetzlichen Regelung steht (§ 9 Abs. 2 Nr.1 AGBG), kann somit nicht festgestellt werden.

§ 9 Abs. 1 AGBG

Die PA-Klausel könnte gem. § 9 Abs. 1 AGBG unwirksam sein. Fraglich ist, ob § 16 VHB eine entgegen den Geboten von Treu und Glauben unangemessene Benachteiligung enthält. Dies kann nur unter Berücksichtigung der Parteiinteressen festgestellt werden, wobei u.a. auf die konkrete Vertragsart sowie die *typischen* Interessen der beteiligten Kreise abzustellen ist.[29]

pacta sunt servanda

Auf der einen Seite ist Klärchen daran interessiert, daß die vereinbarte Prämie eingehalten wird. Dieses Interesse ist aufgrund des Grundsatzes „pacta sunt servanda" schutzwürdig.

berechtigtes Interesse des VR

Auf der anderen Seite ist zu berücksichtigen, daß VR ein berechtigtes Interesse an einer Anpassung des Prämiensatzes haben könnte. Klärchen und VR haben eine Mindestlaufzeit von drei Jahren vereinbart. Gerade im Hinblick auf die Langfristigkeit dieses Vertrages kann eine Veränderung der für die Prämienkalkulation maßgeblichen Umstände erhebliche Auswirkungen auf das Verhältnis zwischen Leistung und Gegenleistung haben. Insofern ist VR daran interessiert, nachträgliche Äquivalenzverschiebungen mit Hilfe von PA-Klauseln zu korrigieren.

Sowohl von der Rechtsprechung,[30] als auch von der Literatur[31] wird das Interesse des VR an einer Anpassung des Prämiensatzes grundsätzlich anerkannt. Zur Begründung verwies das BVerwG in einer Entscheidung vom 14. Oktober 1980 (sog. „DAS-Urteil") darauf, daß der VR nur die Gefahr übernehme,

---

[28] Vgl. hierzu PALANDT/HEINRICHS, a.a.O. (Fn 1), § 242 Rn 110 ff.
[29] Vgl. BRANDNER in ULMER/BRANDNER/HENSEN, a.a.O. (Fn 15), § 9 Rn 13.
[30] BVerwGE 61, 59 = VersR 1981, 221; BGH NJW 1997, 1849, 1850; NJW 1992, 2356, 2357. Für die Hausratversicherung vgl. LG Hamburg VersR 1990, 303.
[31] H.-P. SCHWINTOWSKI, Der private Versicherungsvertrag zwischen Recht und Markt, 212 ff.; HÜBNER, a.a.O. (Fn 23), 63.

die Gegenstand seines Leistungsversprechens sei.³² Darüberhinaus trage der VR nicht „auch noch das Risiko einer nicht durch den Eintritt gerade der vertraglich übernommenen spezifischen Gefahren bewirkten, sondern auf sonstige Umstände zurückzuführenden grundlegenden Äquivalenzstörung".³³

VR hat somit ein berechtigtes Interesse an der PA-Klausel.

Gegen die Wirksamkeit der PA-Klausel könnte aber sprechen, daß § 16 VHB in seiner konkreten Ausgestaltung zu *unbestimmt* ist. Die PA-Klausel legt die Voraussetzungen, unter denen das Prämienänderungsrecht entstehen soll, nicht fest. Eine solche Ausgestaltung könnte gegen das sog. *Konkretisierungs- bzw. Bestimmtheitsgebot*³⁴ verstoßen.

Verstoß gegen das Bestimmtheitsgebot?

Nach diesem Gebot hat der Verwender die Obliegenheit, durch eine möglichst konkrete und differenzierte tatbestandliche Ausformung seiner AGB-Bestimmungen das Risiko einer unangemessenen Belastung des Vertragspartners weitgehend auszuschließen.³⁵ Dieses Risiko kann insbesondere bei einseitigen Änderungsvorbehalten hervorgerufen werden: Die mangelnde Konkretisierung hat zur Folge, daß dem Verwender hinsichtlich der Ausübung des Änderungsrechts Ermessensspielräume er-

Gefahren unbestimmter Änderungsvorbehalte

---

³² BVerwGE 61, 59 = VersR 1981, 221. Zu der Frage, inwieweit Entscheidungen des BVerwG zum aufsichtsrechtlichen Genehmigungsverfahren (§§ 13, 5, 8 VAG a.F.) auf eine Beurteilung nach dem AGBG ausstrahlen, vgl. HÜBNER, a.a.O. (Fn 13), 61.

³³ BVerwGE 61, 67.

³⁴ *Beachte:* Um Mißverständnisse auszuschließen, wird der Begriff „Transparenzgebot" nicht benutzt. Nach den in den letzten Jahren entwickelten „neuen" Grundsätzen des BGH zum Transparenzgebot (vgl. BGHZ 106, 42; BGHZ 106, 259 sowie NJW 1996, 455 und 1407, 1408) muß eine intransparente Klausel nicht die Gefahr einer inhaltlichen Benachteiligung begründen. Hierin unterscheidet sich das „neue" Transparenzgebot von der Rechtsprechung zu Änderungsvorbehalten. Unbestimmte Änderungsvorbehalte rufen immer die Gefahr einer inhaltlichen Benachteiligung hervor. Weiterführend: HEINRICHS, Die Entwicklung des Rechts der Allgemeinen Geschäftsbedingungen im Jahre 1996, NJW 1997, 1407, 1413 (m.w.N.).

³⁵ WOLF in WOLF/HORN/LINDACHER, a.a.O. (Fn 3), § 9 Rn 150 (m.w.N.).

öffnet werden. Ermessensspielräume haben aber zur Folge, daß der Kunde *vor* Bestimmung der Leistung in einen Zustand der Unsicherheit versetzt wird, den dieser auch nicht durch Einholung fachmännischen Rats beheben kann.[36] *Nach* der Ausübung des Änderungsrechts kann der Vertragspartner von der Durchsetzung seiner Rechte abgehalten werden, denn aufgrund der Ermessensspielräume ist eine Überprüfung der Rechtmäßigkeit der Leistungsbestimmung nicht möglich.[37]

Anforderungen des BGH an Preisänderungsklauseln

Dementsprechend hat der 8. Senat des BGH im sog. „ersten Zeitschriftenabonnement-Urteil" strenge Anforderungen an die Bestimmtheit von Preisänderungsklauseln gestellt. Entscheidend sei, „daß der Käufer bereits bei Vertragsschluß aus der Formulierung der Klausel erkennen kann, in welchem Umfang Preiserhöhungen auf ihn zukommen können, und daß er in der Lage ist, die Berechtigung vorgenommener Preiserhöhungen an der Ermächtigungsklausel zu messen".[38]

Diese Ausführungen sind in der Literatur größtenteils auf Zustimmung gestoßen.[39] Nach überwiegender Ansicht setzt die wirksame Einräumung eines Änderungsrechts voraus, daß die Klausel Voraussetzungen und Umfang des Änderungsrechts tatbestandlich konkretisiert.

Anforderungen an PA-Klauseln

Für PA-Klauseln könnte dies bedeuten, daß der VR die einer möglichen Prämienerhöhung zugrundeliegenden *Zahlen* und *Daten* in die Klausel aufzunehmen hat. Dagegen spricht, daß eine solche Klausel für den durchschnittlichen VN zu kompliziert und insofern unverständlich wäre.[40] Das Konkretisierungsgebot muß aber dort seine Grenze finden, wo es dem AGB-Verwender nicht mehr möglich ist, eine für den Durchschnittskunden verständliche Klauselformulierung zu wählen.[41] Zudem

---

[36] MÜKO-KÖTZ, BGB-Kommentar³, Bd.1, § 9 AGBG Rn 11 b.
[37] BRANDNER in ULMER/BRANDNER/HENSEN, a.a.O. (Fn 15), § 9 Rn 97.
[38] BGH NJW 1980, 2518, 2519; BGHZ 97, 212, 217.
[39] BECKMANN, a.a.O. (Fn 17), 65 f. (m.w.N.).
[40] Ebenso LG Hamburg VersR 1990, 303, 304.
[41] BGH NJW 1982, 331, 332 (= BGHZ 82, 21, 26); BACH/GEIGER, a.a.O. (Fn 8), 671.

ist zu berücksichtigen, daß eine absolute Festlegung der Zahlen und Daten gerade in langfristigen Verträgen unmöglich ist.[42]

Aus diesen Gründen wird überwiegend davon ausgegangen, daß das Bestimmtheitsgebot bei PA-Klauseln schon dann gewahrt ist, wenn Art und Weise der Zuschlagsberechnung und die dabei zu beachtenden Kostenfaktoren in der Klausel allgemein festgelegt sind.[43]

§ 16 VHB gibt weder den Anpassungsfaktor, noch die Berechnungs*grundsätze* an. Die Klausel gibt VR bis zur Höhe der zum Zeitpunkt der Änderung geltenden Tarife ein uneingeschränktes Recht zur Prämienerhöhung. Da Klärchen aus § 16 VHB noch nicht einmal die die Prämienanpassung auslösenden Kostenfaktoren erkennen kann, verstößt § 16 Nr. 2 VHB gegen das Bestimmtheitsgebot.[44]

Zwischenergebnis (1)

Für die Wirksamkeit der PA-Klausel könnte allerdings sprechen, daß VR bei der Prämienerhöhung den zur Zeit der Änderung geltenden Tarifprämiensatz nicht überschreiten darf (§ 16 Nr.2 lit.a S.2 VHB). Da der geltende Tarifprämiensatz durch die Wettbewerbsbedingungen beeinflußt wird, könnte das Risiko einer unangemessenen Benachteiligung weitestgehend ausgeschlossen sein. Teilweise wird vertreten, daß der Wettbewerbspreis als geeigneter Maßstab für Preisanpassungsrechte anzuerkennen sei.[45] Auch der BGH hat in einigen Fällen im Marktpreis ein ausreichendes Korrektiv für Preis- bzw. Zinsanpassungsklauseln gesehen und insofern relativ unbestimmte Klauseln zugelassen.[46]

Prämienwettbewerb als Korrektiv für unbestimmte PA-Klauseln?

Gegen eine solche Betrachtungsweise spricht indessen, daß VR gem. § 16 Nr. 2 VHB auch dann den Prämiensatz erhöhen

Gewinnmaximierungsverbot

---

[42] BECKMANN, a.a.O. (Fn 17), 70.
[43] MÜKO-BASEDOW, BGB-Kommentar³, Bd.1, § 23 AGBG Rn 76.
[44] Ebenso: PETER PRÄVE, Das Dritte Durchführungsgesetz/EWG zum VAG, ZfV 1994, 168, 234 (zu § 16 Nr. 2 VHB 92).
[45] In diesem Sinne BAUR, a.a.O. (Fn 19), 80 ff., 100 ff. und HORN, a.a.O. (Fn 20), 1122.
[46] BGH NJW 1985, 426; NJW-RR 1986, 211, 213; BGH NJW 1986, 1803 (=BGHZ 97, 212).

kann, wenn überhaupt keine Kostensteigerung eingetreten ist. VR möchte durch die Prämienänderung auch den Gewinnanteil erhöhen.

In der Rechtsprechung wird aber eine rein gewinnorientierte Prämienanpassung für unzulässig erachtet (sog. Gewinnmaximierungsverbot). So hat beispielsweise das LG Hamburg in einer Entscheidung zur Hausratversicherung ausgeführt, daß PA-Klauseln gem. § 9 AGBG unwirksam sind, wenn sie dem VR die Möglichkeit eröffnen, sich einen zusätzlichen Gewinn zu sichern.[47] Nach Ansicht des BVerwG (sog. „DAS-Urteil") erfordert eine Prämienerhöhung sogar eine *risikospezifische* Ermittlung der Veränderung des Schadensaufwandes.[48]

Zulässiger Veränderungsfaktor einer Prämienerhöhung kann also nur die Änderung des Schadensaufwandes sein.[49] Diese Referenzgröße muß – um Ermessensspielräume des VR zu vermeiden – in den Vertragsbedingungen festgeschrieben werden.

Zwischenergebnis (2) — Somit ist der Verweis in § 16 Nr.2 lit.a S.2 VHB auf den geltenden Tarifprämiensatz nicht geeignet, das Risiko einer unangemessenen Benachteiligung auszuschließen.

Kündigungsmöglichkeit — Eine unangemessene Benachteiligung i.S.d. § 9 Abs. 1 AGBG könnte allerdings aufgrund der Kündigungsmöglichkeit (§ 16 Nr. 2 VHB) ausgeschlossen sein.

Ansicht des BGH (Tagespreisurteil) — Teilweise wird vertreten, daß eine Änderungsklausel nur zusammen mit einer unlösbaren Vertragsbindung zur Unwirksamkeit führt. So hat der BGH im sog. „ersten Tagespreisurteil" ausgeführt, daß der Verkäufer in der Lage sei, die Unangemessenheit eines „allgemein formulierten Preisänderungsvorbehalts

---

[47] LG Hamburg VersR 1990, 303.
[48] BVerwGE 61, 59, 69. Demgegenüber hielt das BVerwG eine bruttobezogene Prämienerhöhung, bei der nicht nur der Schadenskostenanteil, sondern auch der Gewinnanteil erhöht wird, für zulässig (74, 75).
[49] Ausführlich: ROLAND MICHAEL BECKMANN, Auswirkungen des § 31 VVG auf die Zulässigkeitsvoraussetzungen von Prämienanpassungsklauseln in Versicherungsverträgen, VersR 1996, 540, 541.

dadurch zu beseitigen, daß er dem Käufer unter bestimmten Voraussetzungen eine Lösungsmöglichkeit vom Vertrag" einräume.[50] Auch das LG Hamburg ging in dem schon erwähnten Urteil davon aus, daß „die Einräumung einer jederzeitigen Kündigungsmöglichkeit im Fall einer Prämienänderung (...) als denkbarer Ausgleich für eine sonst unangemessene Regelung in Betracht gezogen werden" könne.[51] Dies deutet darauf hin, daß das Kündigungsrecht nach Teilen der Rechtsprechung eine Heilungsfunktion haben kann.

Demgegenüber sieht das BVerwG („DAS-Urteil")[52] und mit ihm ein Großteil der Literatur[53] im Kündigungsrecht nur eine notwendige, nicht aber eine hinreichende Bedingung für die Wirksamkeit nach § 9 AGBG.

Ansicht des BVerwG und der Literatur

Zu Recht wird darauf hingewiesen, daß PA-Klauseln ohne Kündigungsmöglichkeit wettbewerbsbeschränkend wirken: Indem der VR eine Erhöhung des Prämiensatzes vornehmen kann, ohne mit dem VN neu verhandeln zu müssen, wird der Wettbewerb für die Dauer der Laufzeit des Vertrages ausgeschaltet[54]. Insofern ist das Kündigungsrecht *notwendige* Bedingung. Der Gesetzgeber hat daher in § 31 VVG dem VN ein gesetzliches Kündigungsrecht eingeräumt.[55]

Kündigungsrecht ist notwendige Bedingung

Dies bedeutet jedoch nicht, daß ein Kündigungsrecht *per se* eine unangemessene Benachteiligung des VN verhindert. Hiergegen spricht vor allem die Tatsache, daß der VN durch die Prämienerhöhung zur Kündigung gedrängt wird. Grundsätzlich muß aber das Vertrauen des VN auf den Fortbestand des Ver-

Kündigungsrecht ist nicht hinreichende Bedingung

---

[50] BGH NJW 1982, 331, 332 (= BGHZ 82, 21).
[51] LG Hamburg VersR 1990, 303, 304.
[52] BVerwGE 61, 59=VersR 1981, 221.
[53] PRÖLSS/MARTIN/PRÖLSS, a.a.O. (Fn 3), § 31 Anm.4, für den allerdings das Kündigungsrecht noch nicht einmal notwendige Bedingung ist; PAULUSCH (a.a.O. Fn 21) S. 78; PRÄVE, a.a.O. (Fn 44), 234.
[54] SCHWINTOWSKI, a.a.O. (Fn 31), 215.
[55] Vgl. die Begründung zu § 31 VVG in BT Drcks. 12/6959 S. 101.

trages geschützt werden.[56] Klärchen vereinbarte mit VR eine Mindestversicherungsdauer von drei Jahren. VR hätte also eine Prämienerhöhung für die Versicherungsperiode 1995/96 auch nicht im Wege einer Änderungskündigung durchsetzen können. Da Klärchen davon ausgehen konnte, bei VR bis Ende August 1997 versichert zu sein, ist die Kündigungsmöglichkeit nicht geeignet, eine unangemessene Benachteiligung auszuschließen.

Zwischenergebnis (3) § 16 VHB verstößt gegen § 9 Abs. 1 AGBG.

§ 6 Abs. 2 AGBG Gem. § 6 Abs. 2 AGBG tritt an die Stelle von § 16 VHB dispositives Gesetzesrecht. Gesetzliche Vorschriften, nach denen der VR ohne vertragliche Vereinbarung zur Prämienanpassung berechtigt wäre, existieren jedenfalls für die Hausratversicherung[57] nicht.[58]

Ergebnis: Pflichtverletzung liegt vor

Da § 16 Nr. 2 VHB unwirksam ist, konnte die ursprünglich vereinbarte Prämienhöhe (160 DM) nicht von VR geändert werden. Somit hat VR seine aus dem VV und der Lasteinzugsabrede folgenden Pflichten verletzt.

Vertretenmüssen (§ 276 BGB)

Fraglich ist, ob VR die Pflichtverletzung gem. § 276 BGB zu vertreten hat. Dies ist dann der Fall, wenn VR die Unwirksamkeit der PA-Klausel hätte erkennen können.

Dagegen könnte sprechen, daß ein Teil der Rechtsprechung Änderungsklauseln für zulässig erachtet, soweit sich nur der Vertragspartner durch ein Kündigungsrecht jederzeit vom Vertrag lösen kann. Andererseits ist zu berücksichtigen, daß der Verwender bei widersprüchlicher Rechtslage grundsätzlich nicht auf die Wirksamkeit seiner Vertragsbedingungen vertrauen kann. VR mußte insofern mit der Unwirksamkeit der PA-

---

[56] MANFRED WOLF, Preisänderungsklauseln in Allgemeinen Geschäftsbedingungen unter Kaufleuten, ZIP 1987, 341, 349.
[57] Vgl. aber §§ 172 Abs. 1, 178g VVG für die Lebens- bzw. Krankenversicherung.
[58] *Beachte:* Der BGH hat dagegen in BGHZ 90, 69 (= NJW 1984, 1177) vertreten, daß eine unwirksame Tagespreisklausel im Wege der ergänzenden Vertragsauslegung durch eine wirksame Änderungsklausel zu ersetzen ist. Zum Streitstand siehe LINDACHER in WOLF/HORN/LINDACHER, a.a.O. (Fn 3), § 6 Rn 22.

Klausel rechnen und hat daher die Pflichtverletzung zu vertreten.

VR hat gem. § 249 S.1 BGB den aus der Pflichtverletzung entstandenen Schaden i.H.v. 61 DM zu ersetzen.   *Gesamtergebnis*

III. Anspruch aus § 812 Abs. 1 S.1 1.Alt. BGB

Klärchen könnte gegen VR einen Anspruch auf Zahlung i.H.v. 61 DM gem. § 812 Abs. 1 S.1 1.Alt. BGB haben.

Die im Wege des Lastschriftverfahrens eingezogene Prämie wurde auf dem Konto des VR gutgeschrieben. VR hat damit einen Anspruch gegen seine Bank i.H.v. 221 DM erlangt.   „etwas erlangt"

Fraglich ist, ob Klärchen an VR *geleistet* hat. Dies ist dann der Fall, wenn in der Zuwendung der B-Bank an VR nach den Zweckvorstellungen der Parteien bzw. dem Empfängerhorizont[59] eine Leistung des Klärchen zu sehen ist. Klärchen hat VR eine Einzugsermächtigung erteilt. Grundsätzlich bewirkt die dem Gläubiger (hier: VR) erteilte Einzugsermächtigung, daß die Zuwendung der Zahlstelle (hier: B-Bank) rechtlich als Leistung des Schuldners (hier: Klärchen) aufzufassen ist.[60]   „durch Leistung"

Problematisch ist allerdings, daß sich die Einzugsermächtigung nur auf die nach dem VV zu entrichtenden Zahlungen (160 DM) bezog. VR hätte erkennen können, daß er hinsichtlich der 61 DM nicht zur Einlösung der Lastschrift berechtigt war. Damit konnte die Zuwendung der B-Bank i.H.v. 61 DM auch nicht von VR als *Leistung* des Klärchens aufgefaßt werden.[61]

---

[59] Vgl. BGHZ 122, 46.
[60] Umstritten ist allerdings die dogmatische Herleitung dieses Ergebnisses. Zur Ermächtigungs- und Genehmigungstheorie siehe SCHWINTOWSKI/SCHÄFER, a.a.O. (Fn 11), § 4 Rn 209 ff.
[61] *Beachte:* Für die Ermächtigungtheorie ist dieses Ergebnis unproblematisch. Nach ihr sind Einzugsermächtigungen generell auf den Einzug bestehender/durchsetzbarer Forderungen aus dem Valutaverhältnis begrenzt (vgl. z.B. REUTER/MARTINEK, Ungerechtfertigte Bereicherung², 447). Aber auch nach der Genehmigungstheorie dürfte eine Leistung des Schuldners ausscheiden. Kann der Gläubi-

Ergebnis	Klärchen hat keinen Anspruch gegen VR aus § 812 Abs.1 S.1 1. Alt. BGB.
	IV. Anspruch gem. § 812 Abs. 1 S.1 2.Alt. BGB
	Klärchen könnte aber gegen VR einen Anspruch auf Zahlung der 61 DM gem. § 812 Abs.1 S.1 2.Alt. BGB haben.
„in sonstiger Weise"	VR müßte die 61 DM in sonstiger Weise, also auch nicht durch Leistung der B-Bank, erlangt haben.
	Die B-Bank wollte mit der Einlösung der Lastschrift lediglich ihre Verbindlichkeit aus dem Girovertrag (§§ 675, 665 BGB) gegenüber Klärchen erfüllen (Deckungsverhältnis). Insofern liegt keine Leistung an VR vor. VR hat die 61 DM „in sonstiger Weise" erlangt.
„auf dessen Kosten"	Dies geschah auf Kosten der Klärchen, denn die (wirksame) Abbuchung der Geldsumme griff in den Zuweisungsgehalt ihres Eigentums ein.[62]
„ohne Rechtsgrund"	Da eine Prämienerhöhung nicht eingetreten ist, besteht hinsichtlich der 61 DM kein Rechtsgrund.
Ergebnis	Klärchen hat gegen VR gem. § 812 Abs.1 S.1 2.Alt. BGB einen Anspruch i.H.v. 61 DM.
	V. Gesamtergebnis
	Klärchen hat gegen VR sowohl aus pVV, als auch aus § 812 Abs.1 S.1 2.Alt. BGB eienen Anspruch i.H.v. 61 DM.
	Anspüche aus c.i.c. oder § 812 Abs.1 1.Alt. BGB bestehen dagegen nicht.

---

ger erkennen, daß die Ausübung der Einzugsermächtigung rechtsmißbräuchlich ist, so kann auch die Genehmigung des Schuldners nach Nr. 7 Abs. 2 AGB/B 97 von ihm nicht als Leistung verstanden werden.

[62] Zur Zuweisungstheorie vgl. BGHZ 20, 345, 355 und KOPPENSTEINER-KRAMER, Ungerechtfertigte Bereicherung[2] , 84, 85.

Klausur Nr. 10***

Der Sicherungsschein

Angelehnt an: OLG Hamm NJW-RR 1988, 864

Versicherung für fremde Rechnung - Leistungsfreiheit wegen Nichtzahlung der Erstprämie - Sicherungsschein für kreditgebende Bank - Kfz-Kaskoversicherung

K ist Sicherungseigentümer eines Porsche 911, dessen Halter P am 26. März 1995 bei dem Versicherer VR den Abschluß einer Vollkaskoversicherung beantragt hatte. Am 18. April 1995 erhielt P den Versicherungsschein und die Aufforderung die erste Prämie zu zahlen. Einen Tag später erteilte VR dem K auf Antrag des P einen Sicherungsschein. Im formularmäßigen Text des Antrages heißt es:

> *1. Die Versicherung gilt in Höhe des geschuldeten Betrages für Rechnung des Kreditgebers ... .*
>
> *15. Ersatzansprüche des Versicherungsnehmers, die nach § 67 VVG auf den Versicherer übergegangen sind, können gegen den berechtigten Fahrer und andere in der Haftpflichtversicherung mitversicherte Personen sowie gegen Mieter oder Entleiher nur geltend gemacht werden, wenn von ihnen der Versicherungsfall vorsätzlich oder grob fahrlässig herbeigeführt wurde.*

Im formularmäßigen Text des Sicherungsscheins heißt es:

> *P hat bei uns eine Vollkaskoversicherung im vorgenannten Umfang abgeschlossen; wir haben P Deckung erteilt.*
>
> *1. Wir werden im Versicherungsfall eine Entschädigung (...) an Sie zahlen, höchstens jedoch bis zu dem Betrag, den der Versicherungsnehmer Ihnen noch schuldet.*

2. Wir werden Ihnen sofort Kenntnis geben, wenn

a) der Versicherungsnehmer die Erstprämie nicht rechtzeitig gezahlt und den Versicherungsschein nicht eingelöst hat (§ 38 VVG)

b) der Versicherungsnehmer eine Zahlungsfrist nach § 39 VVG gestellt worden und der angemahnte Betrag nicht spätestens eine Woche nach Abgang des Mahnschreibens eingegangen ist

c) der Versicherungsvertrag als ganzes oder teilweise gekündigt oder vorzeitig beendet wird.

3. Wenn Sie es innerhalb von zwei Wochen nach Zugang unserer Mitteilung gemäß Nr. 2 beantragen, gewähren wir für das Fahrzeug Deckung im oben dargelegten Umfang. Die Deckung gilt rückwirkend ab dem Zeitpunkt, in dem unsere Eintrittspflicht gegenüber dem Versicherungsnehmer erloschen ist und dauert höchstens drei Monate (...).

4. Der Kreditgeber ist allein berechtigt, über die Rechte aus dem VV zu verfügen, insbesondere die Entschädigung anzunehmen und dieser Rechte neben dem Versicherungsnehmer gerichtlich geltend zu machen, und zwar auch dann, wenn sie sich nicht im Besitz des Versicherungsscheins befinden.

Am 3. Juni 1995 mahnte VR bei P, der im Besitz des Versicherungsscheines ist, Zahlung der Erstprämie an. Mit Schreiben vom 12. Juni 1995 teilte VR dem K mit, daß der Versicherungsschein in Höhe von 1.517 DM noch nicht eingelöst worden sei.

Am 23. August 1995 verursachte P mit dem Porsche leicht fahrlässig einen Unfall. Der noch offene Kaufpreis und der Kaskoschaden am Porsche betragen jeweils 110.000 DM. VR weigert sich, den Kaskoschaden zu regulieren.

Frage 1: Kann K von VR Ersatz des Kaskoschadens verlangen?

Frage 2: Welche Ansprüche stehen VR gegen P zu, wenn K von VR Ersatz des Kaskoschadens verlangen kann?

Lösung

Frage 1: Ansprüche des K gegen den VR

I. Anspruch aus §§ 1 Abs.1 S.1, 49, 75 Abs.1 S.1 VVG

K könnte gegen VR einen Anspruch auf Zahlung von 110.000 DM gem. §§ 1 Abs.1 S.1, 49, 75 Abs.1 S.1 VVG haben.

Das ist der Fall, wenn VR hinsichtlich eines Anspruches aus einem wirksamen Versicherungsvertrag (VV) aktivlegitimiert und der Versicherungsfall eingetreten ist.

1. Aktivlegitimation des K

Übergang des Versicherungsverhältnisses gem. § 69 Abs.1 VVG

K wäre aktivlegitimiert, wenn das Versicherungsverhältnis auf ihn gem. § 69 Abs.1 VVG übergegangen wäre. Danach tritt bei einer Veräußerung der versicherten Sache der Erwerber in die sich aus dem VV ergebenden Rechte und Pflichten des Veräußerers ein. Dann muß die Sicherungsübereigung Veräußerung i.S.d. § 69 Abs.1 VVG sein.

formaler Veräußerungsbegriff

Die h.M.[1] setzt Veräußerung nach § 69 Abs.1 VVG mit der nach dem BGB gleich. Demzufolge ist auch die Sicherungsübereignung als Veräußerung nach §§ 929 S.1, 930 BGB Veräußerung i.S.d. § 69 Abs.1 VVG. Der Sicherungsschein könnte aber ergänzend dahin auszulegen sein (§ 157 BGB), daß die Rechtswirkungen des § 69 Abs.1 VVG wieder aufgehoben werden.[2] Das setzt eine Lücke im Vertrag voraus. Da im Sicherungsschein keine Regelung in Hinblick auf § 69 VVG getroffen wurde, liegt eine Lücke vor. Jedoch geht dispositives Recht, hier § 69 Abs.1 VVG, einer ergänzenden Vertragsauslegung grundsätzlich vor. Ausnahmsweise ist das nicht der Fall, wenn das dispositive Recht der Interessenlage der Parteien widerspricht. Wirtschaftlicher Zweck des Sicherungsscheines ist, das Kreditinstitut vor ersatzlosem Untergang des Pkw zu bewahren.

---

[1] BGH VersR 1965, 425; BGHZ 10, 376; RGZ 144, 395, 397.
[2] BRUCK/MÖLLER/JOHANNSEN, VVG⁸ V/2, Anm.J 164 m.w.N.

Dagegen soll nicht das Insolvenzrisiko aus dem VV auf das Kreditinstitut verschoben werden; insbesondere soll das Kreditinstitut nicht das Risiko der Prämienzahlung mittragen (§ 69 Abs.2 VVG). Da § 69 Abs.1 VVG den Übergang sämtlicher Rechte und Pflichten aus dem VV normiert, entspricht das dispositive Recht nicht der Interessenlage der Parteien. Daher steht § 69 Abs.1 VVG einer ergänzenden Vertragsauslegung nicht entgegen. Für die Lückenfüllung ist maßgeblich, was die Parteien vereinbart hätten, wenn ihnen die Lücke bewußt gewesen wäre. Dann hätten die Parteien § 69 Abs.1 VVG abbedungen. Daher kommt nach dieser Ansicht § 69 Abs.1 VVG nicht zur Anwendung.

Nach a.A. ist der Bergriff der Veräußerung im BGB von dem des VVG zu unterscheiden. Im Versicherungsrecht steht das versicherte Interesse im Vordergrund, das primär wirtschaftlichen Gehalt hat. Maßgeblich ist die Beziehung der Sache zu dem Vermögen des Versicherungsnehmers, nicht die formale Eigentümerstellung.[3] Da bei der Sicherungsübereignung regelmäßig Besitz und Nutzungsrecht beim Sicherungsgeber bleiben, ist wirtschaftlich das Sicherungsgut diesem zugeordnet. Ebenso wie das Sicherungsgut in die Bilanz des Sicherungsgebers aufzunehmen ist (§ 246 Abs. 1 S. 2 HGB), liegt wirtschaftlich gesehen keine Veräußerung vor. Auch nach dieser Ansicht sind die Voraussetzungen von § 69 Abs. 1 VVG nicht gegeben.

wirtschaftlicher Veräußerungsbegriff

Eine Aktivlegitmation des K könnte sich aus einer Abtretung gem. § 398 S.1 BGB ergeben.[4] Da VR nicht im fremden Namen auftrat, handelte er nicht als Stellvertreter des P. Im eigenen Namen konnte VR den Anspruch aus dem VV nur mit Einwilligung des P abtreten, § 185 Abs.1 BGB. Eine Einwilligung enthält aber weder der Antrag auf Erteilung des Sicherungsscheins noch der Sicherungsschein selbst. Vielmehr gilt nach Nr. 1 des Antrags auf Erteilung des Sicherungsscheins die Versicherung für Rechnung des Kreditgebers. Die Verwendung der Termino-

Abtretung

---

[3] OLG Düsseldorf VersR 1982, 644.
[4] So LG Hannover VersR 1956, 341; WERNER WUSSOW, Sicherungsschein und Regreßverzichtabkommen, VersR 1958, 207.

156 Der Sicherungsschein

logie über die Versicherung für fremde Rechnung gem. §§ 74 ff VVG schließt eine Auslegung als Abtretung aus.

Umwandlung in Versicherung für fremde Rechnung gem. §§ 74 ff VVG

K wäre aktivlegitimiert, wenn der VV durch Vertragsänderung in einen VV für fremde Rechnung gem. § 74 Abs.1 VVG umgewandelt worden wäre.[5] Indem P Ausstellung des Sicherungsscheins beantragte, gab er das Angebot auf Änderung des VV ab. In Höhe des Betrages, den P dem K noch schuldet, soll der VV für eigene Rechnung nunmehr VV für fremde Rechnung (des K) sein. Dieses Angebot nahm VR konkludent an, indem er den Sicherungsschein K übersandte. P mußte die Annahmeerklärung nach § 151 BGB nicht zugehen.[6] Daher ist K insoweit aktivlegitimiert, wie P dem K noch Zahlung aus dem Kaufvertrag schuldet.[7]

§§ 75 Abs.2, 76 VVG abbedungen

Der Aktivlegitimation des K könnte noch entgegenstehen, daß nach § 75 Abs.2, 76 VVG der Versicherte die Rechte aus dem VV ohne Zustimmung des P nur geltend machen kann, wenn er, und nicht wie hier P, im Besitz des Versicherungsscheins ist. Da aber K nach Nr. 4 des Sicherungsscheins allein berechtigt ist, die Rechte aus dem VV geltend zu machen, sind die dispositiven[x] §§ 75 Abs.2, 76 VVG wirksam abbedungen worden.

Zwischenergebnis

K ist aktivlegitimiert. Er kann nach § 75 Abs.1 VVG insoweit Rechte aus dem VV geltend machen, wie sie P hätte geltend machen können. P kann Rechte aus dem VV geltend machen, wenn der Anspruch auf Entschädigung aufgrund eines wirksamen VV entstanden und nicht erloschen ist.

---

[5] BGHZ 40, 297; OLG Saarbrücken VersR 1989, 38; OLG Bamberg VersR 1981, 1049; OLG Köln VersR 1958, 638.

[6] BGHZ 40, 297, 303.

[7] BGHZ 40, 297, 301; KG VersR 1959, 703; OLG Köln VersR 1958, 638; STIEFEL/WUSSOW, AKB[15], § 3 Anm.23; KARL SIEG, Rechtsverhältnisse bei erteiltem Sicherungsschein in der KfZ-Versicherung, VersR 1953, 219.

[x] BRUCK/MÖLLER/JOHANNSEN, a.a.O. (Fn 2), Anm.J 162.

2. Wirksamer Versicherungsvertrag

Ein wirksamer VV zwischen VR und P setzt zwei korrespondierende Willenserklärungen in Form von Angebot und Annahme gem. §§ 145 ff BGB voraus. P gab das Angebot am 26. März 1995 ab. Indem VR den Versicherungsschein P zusandte, nahm er das Angebot konkludent an. Mit Zugang des Versicherungsscheins bei P (§ 130 Abs.1 S.1 BGB) kam ein wirksamer VV zustande.

wirksamer VV

3. Einwendungen aus dem Deckungsverhältnis

Dem Anspruch des K gegen VR könnten Einwendungen aus dem Deckungsverhältnis entgegenstehen (§ 75 Abs.1 VVG). Das Recht des Versicherten gem. § 75 Abs.1 VVG beruht ausschließlich auf dem VV zwischen VR und P, dem Deckungsverhältnis. Daher stehen dem Versicherten auch nur die dem P tatsächlich eingeräumten Rechte zu. Einen Rückgriff auf den ohnehin nur klarstellenden § 334 BGB bedarf es daher nicht.[9]

§ 75 Abs.1 VVG

Allerdings könnte § 75 Abs.1 VVG durch den Sicherungsschein konkludent abbedungen sein.[10] Da jedoch § 75 Abs.1 VVG anders als § 334 BGB zwingendes Recht darstellt, ist er nicht abdingbar.[11]

§ 75 Abs.1 VVG abbedungen

Der Anspruch aus dem VV könnte jedoch erloschen sein, wenn VR den VV außerordentlich gekündigt hätte. Das könnte der Fall sein, indem er sich weigerte, den Schaden zu regulieren. Dann muß VR wegen Nichtzahlung der Erstprämie ein außerordentliches Kündigungsrecht zustehen. Der VV ist wie jedes Dauerschuldverhältnis grundsätzlich analog §§ 626, 723 Abs.1 S.2 BGB, 24 Abs.1 S.1 VVG außerordentlich kündbar, wenn dem einen Vertragsteil die Fortsetzung des Vertrages nicht zuzumuten ist. Ausnahmsweise ist das nicht der Fall, wenn eine speziellere Regelung das außerordentliche Kündigungsrecht

außerordentliche Kündigung des VV

---

[9] A.A. BGH VersR 1979, 176, 178; VersR 1967, 343, 344 ohne Angabe von Gründen.
[10] BGHZ 93, 275 zu § 334 BGB.
[11] PRÖLSS/MARTIN/KNAPPMANN, VVG-Kommentar[25], § 75 Anm.6).

verdrängt. Da § 38 VVG die Nichtzahlung der Erstprämie regelt, ist für eine außerordentliche Kündigung kein Raum.

Rücktritt gem. § 38 Abs.1 S.1 VVG

VR könnte gem. § 38 Abs.1 S.1 VVG vom VV zurückgetreten sein. Hierzu muß VR dem P den Rücktritt erklärt haben (vgl. § 20 Abs.2 S.1 VVG). Das könnte der Fall sein, indem VR sich weigerte, den Schaden zu regulieren. Dagegen spricht die Regelung in § 38 Abs.2 VVG. Während nach § 38 Abs.1 S.1 VVG der Rücktritt zur endgültigen Rückabwicklung führt, kann VR nach § 38 Abs.2 VVG unter Aufrechterhaltung des VV im übrigen zur Leistung frei werden. Daher kann in der bloßen Weigerung des VR, den Schaden zu regulieren, noch kein konkludent erklärter Rücktritt begründet liegen. Mangels Rücktrittserklärung kommt § 38 Abs.1 S.1 VVG nicht zur Anwendung.

Rücktritt gem. § 38 Abs.1 S.2 VVG

Nach § 38 Abs.1 S.2 VVG gilt es als Rücktritt, wenn der Anspruch auf die Prämie nicht innerhalb von drei Monaten ab Fälligkeit gerichtlich geltend gemacht wird. Die Prämie ist nach § 35 S.1 VVG mit Abschluß des Vertrages fällig, hier also am 18. April 1995 mit Zugang des Versicherungsscheins bei P (§ 130 Abs.1 S.1 BGB). Daher war die Frist am 18. Juli 1995 abgelaufen, §§ 186 ff BGB. Da vor Fristablauf keine Klage auf Prämienzahlung erhoben wurde, ist der VV durch Rücktritt beendet worden.

Leistungsfreiheit gem. § 38 Abs.2 VVG

Nach § 38 Abs.2 VVG ist VR von der Leistungsverpflichtung frei, wenn P zum Zeitpunkt des Versicherungsfalls die Erstprämie noch nicht gezahlt hat. Dann muß § 38 Abs.2 VVG noch anwendbar sein. Dem könnte entgegenstehen, daß der VV durch den Rücktritt gem. § 38 Abs.1 S.2 VVG in ein Rückabwicklungsverhältnis umgewandelt worden ist. Eine primäre Vertragspflicht, von der VR befreit werden könnte, besteht folglich nicht mehr. § 38 Abs.2 VVG ist daher unanwendbar.

§ 38 VVG abbedungen

§ 38 Abs.1 und Abs.2 VVG könnten durch den Sicherungsschein konkludent abbedungen worden sein. Das setzt voraus, daß § 38 Abs.1 und Abs.2 VVG dispositiv sind. Nach § 42 VVG kann sich der Versicherer auf Vereinbarungen, durch die von § 38 VVG zum Nachteil des Versicherungsnehmers abgewichen wird, nicht berufen (halbzwingende Vorschrift). Ist § 38 VVG abbedungen, verschiebt sich das Insolvenzrisiko des P von K auf VR. Für P hingegen ist es ohne Bedeutung, ob er an K oder VR leisten muß. Ein Nachteil für P besteht nicht. § 38 VVG ist daher abdingbar. Vorliegend könnte aber einer konkludenten Abbedingung Nr. 2a des Sicherungsscheins entgegenstehen. Danach soll § 38 VVG nicht abbedungen, sondern lediglich eine Mitteilungspflicht des VR an K begründet werden. Nr. 2a des Sicherungsscheins setzt also voraus, daß § 38 VVG nicht abbedungen ist.

4. Ergebnis

K hat gegen VR keinen Anspruch aus §§ 1 Abs.1 S.1, 49, 75 Abs.1 S.1 VVG.

Ergebnis

II. Abstraktes Schuldversprechen gem. § 780 BGB

K könnte gegen VR einen Anspruch auf Zahlung von 110.000 DM aus einem abstraktem Schuldversprechen gem. § 780 BGB haben.

abstraktes Schuldversprechen gem. § 780 BGB

Ein abstraktes Schuldversprechen gem. § 780 BGB ist ein einseitig verpflichtender Vertrag, durch den der Schuldner dem Gläubiger unabhängig vom Rechtsgrund eine Leistung verspricht. Hier wollte sich VR gegenüber K nur insoweit verpflichten, wie er aus dem VV dem K gegenüber verpflichtet ist. Dem entspricht Nr. 2 des Sicherungsscheins, wonach der Einwand aus dem VV gem. §§ 38, 39 VVG unberührt bleibt. Eine darüber hinausgehende Verpflichtung konnte K nur gegen eine besondere Vergütung erwarten. Da die Leistung aus dem Sicherungsschein demnach nicht vom Rechtsgrund (VV) gelöst ist, liegt kein abstraktes Schuldversprechen vor.

III. Garantievertrag gem. §§ 305, 241 BGB

K könnte gegen VR einen Anspruch auf Schadensersatz in Höhe von 110.000 DM aus einem Garantievertrag haben.

Garantievertrag

Das setzt einen wirksamen Garantievertrag voraus. Durch den (selbständigen) Garantievertrag verpflichtet sich der Garant, den Gläubiger im Garantiefall so zu stellen, als ob der ins Auge gefaßte Erfolg eingetreten oder der Schaden nicht entstanden wäre.[12] Dabei ist der Anspruch aus dem Garantievertrag wie der aus dem abstrakten Schuldversprechen gem. § 780 BGB in Entstehung und Fortbestand unabhängig von dem Anspruch der gesicherten Schuld. Daß das vorliegend nicht der Fall ist, wurde bereits beim abstrakten Schuldversprechen festgestellt. K kann demzufolge keinen Anspruch aus einem Garantievertrag herleiten.

IV. PVV eines Auskunftsvertrages

K könnte gegen VR einen Anspruch auf Schadensersatz in Höhe von 110.000 DM aus pVV eines Auskunftsvertrages haben. Dann muß durch den Sicherungsschein ein Auskunftsvertrag zustande gekommen sein.

Abgrenzung Auskunft von unverbindlicher Gefälligkeit

Nach § 676 BGB begründen Rat oder Empfehlung regelmäßig keine Verpflichtung zum Schadensersatz. Daher kommt ein Auskunftsvertrag nur zustande, wenn besondere Umstände vorliegen. Besondere Umstände liegen vor, wenn die Parteien nach dem objektiven Inhalt der Erklärung die Auskunft zum Gegenstand vertraglicher Rechte und Pflichten gemacht haben.[13] Das ist der Fall, wenn die Auskunft für den Empfänger erkennbar von erheblicher Bedeutung ist und er sie zur Grundlage wesentlicher Entschlüsse machen will, insbesondere wenn der Auskunftsgeber für die Erteilung der Auskunft besonders sachkundig oder selbst wirtschaftlich interessiert ist. Hier ist die Auskunft in dem Sicherungsschein für K von wesentlicher Bedeutung, da er bei bestehendem Versicherungsschutz nicht Gefahr läuft, den Pkw im Fall eines Unfalls ersatzlos zu verlieren. Dies war auch für VR erkennbar. Zudem hat VR ein eigenes wirtschaftliches Interesse an der Erteilung des Sicherungs-

---

[12] BGHZ 82, 401.
[13] BGH NJW 1991, 32.

scheins, da andernfalls der Kaufvertrag über den Pkw und damit auch der VV für den Pkw nicht zustande gekommen wäre. Daher liegen die Voraussetzungen für einen Auskunftsvertrag vor.

Ferner muß VR eine objektive Pflichtverletzung begangen haben. VR hat nach dem Sicherungsschein P Deckung erteilt. Da die Einlösungsprämie noch nicht bezahlt worden war (§ 38 Abs.2 VVG) und für eine vorläufige Deckungszusage jede Anhaltspunkte fehlen, war die Mitteilung im Sicherungsschein unzutreffend. *objektive Pflichtverletzung*

VR könnte die unrichtige Mitteilung durch das Schreiben vom 12. Juni 1995 gem. § 119 Abs.1 BGB angefochten haben. Dann muß es sich bei der Mitteilung in dem Sicherungsschein um eine Willenserklärung handeln. Dagegen spricht, daß VR sich in der Mitteilung des Sicherungsscheines nur deklaratorisch äußerte. Ein Willenselement enthält die Mitteilung nicht, so daß keine Willenserklärung, sondern eine der Anfechtung gem. § 119 Abs.1 BGB nicht unterliegende Wissenserklärung vorliegt. *Anfechtung*

Allerdings könnte VR die unrichtige Mitteilung in dem Sicherungsschein berichtigt haben. Indem VR dem K mit Schreiben vom 12. Juni 1995 mitteilte, daß der Versicherungsschein noch nicht eingelöst worden ist, hat er seine unrichtige Mitteilung im Sicherungsschein berichtigt. Hierzu war, anders als bei der Anfechtung gem. §§ 119 Abs.1, 121 BGB, eine besondere Frist nicht einzuhalten. *Berichtigung*

Rechtsfolge ist, daß K mit Wirkung ex nunc VR die unrichtige Mitteilung nicht entgegenhalten kann.

K hat gegen VR keinen Anspruch aus pVV eines Auskunftsvertrages auf Zahlung von 100.000 DM. *Ergebnis*

V. Rechtsscheinhaftung

K könnte gegen K einen Anspruch auf Zahlung von 110.000 DM kraft zurechenbar veranlaßten Rechtsscheins haben.

Rechtsscheinbasis — Das setzt zunächst voraus, daß der Sicherungsschein einen Rechtsscheintatbestand begründet. Nach dem Sicherungsschein hat VR dem P Deckung erteilt. Da die Einlösungsprämie noch nicht bezahlt worden war (§ 38 Abs.2 VVG) und für eine vorläufige Deckungszusage jede Anhaltspunkte fehlen, war die Mitteilung im Sicherungsschein unzutreffend.

Zurechnung — Der Rechtsschein muß VR zurechenbar sein. Das ist hier der Fall, da VR die unzutreffende Mitteilung im Sicherungsschein selbst gesetzt hat.

Gutgläubigkeit — Weiter muß K auf den Rechtsschein des Sicherungsscheins vertrauen dürfen, d.h. gutgläubig sein. Daran könnte es fehlen, da VR dem K mit Schreiben vom 12. Juni 1995 mitteilte, daß bisher der Versicherungsschein noch nicht eingelöst worden sei. Mit dieser Mitteilung ist VR seiner Verpflichtung gem. Nr. 2 a des Sicherungsscheins nachgekommen, K Kenntnis zu geben, wenn die Erstprämie nicht rechtzeitig gezahlt und der Versicherungsschein nicht eingelöst worden ist. Aus der Sicht des K war daher bei verständiger Würdigung erkennbar, daß die Deckung aus der Kaskoversicherung zumindest gefährdet war. K war daher nicht gutgläubig.

Ergebnis — K hat gegen VR keinen Anspruch auf Zahlung von 110.000 DM kraft zurechenbar veranlaßtem Rechtsschein.

Frage 2: Ansprüche VR gegen P

Kann VR von K auf Ersatz des Kaskoschadens in Anspruch genommen werden, fragt es sich, ob ihm Ansprüche gegen P zustehen.

I. Anspruch aus pVV bzw. § 823 Abs.1 BGB i.V.m. § 67 Abs.1 S.1 VVG

VR könnte gegen P einen im Wege der Legalzession gem. § 67 Abs.1 S.1 VVG übergegangenen Anspruch des K gegen P aus pVV bzw. § 823 Abs.1 BGB auf Zahlung von 110.000 DM haben.

§ 67 VVG, der nach der systematischen Stellung für Schadens- nicht für Summenversicherungen gilt, ist anwendbar, da die zwischen VR und P abgeschlossene Kaskoversicherung zu den Schadensversicherungen zählt.

Anwendbarkeit

Fraglich ist, ob K gegen P einen Anspruch auf Zahlung von 110.000 DM aus pVV zusteht. Das erforderliche Schuldverhältnis liegt in der zwischen K und P bestehenden Sicherungsabrede begründet. Indem P durch den Unfall das Eigentum am Porsche des K verletzte, hat er eine dem K gegenüber bestehende Schutzpflicht schuldhaft verletzt. Rechtsfolge ist, daß K gegen P ein Anspruch aus pVV auf Ersatz des durch die Pflichtverletzung entstandenen Schadens zusteht (§ 249 S.1 BGB)

pVV

Ferner könnte ein Anspruch des K gegen P auf Zahlung von 110.000 DM aus § 823 Abs. 1 BGB vorliegen. P hat das Eigentum des K am Porsche verletzt, indem er adäquat kausal den Unfall verursachte. Er handelte rechtswidrig und, da leicht fahrlässig, schuldhaft. Daher hat P dem K den entstandenen Schaden zu ersetzen (§ 249 S. 1 BGB).

Anspruch K gegen P aus § 823 Abs. 1 BGB

K muß Versicherungsnehmer i.S.d. § 67 Abs. 1 S.1 VVG sein. Zwar wurde K durch den Sicherungsschein Versicherter, nicht Versicherungsnehmer. § 67 Abs. 1 S. 1 VVG geht aber vom Normalfall der Versicherung für eigene Rechnung aus. Liegt, wie hier, eine Versicherung für fremde Rechnung vor, tritt im Rahmen des § 67 Abs. 1 S.1 VVG anstelle des Versicherungsnehmers der Versicherte.[14]

K als Versicherungsnehmer i.S.d. § 67 Abs. 1 VVG

---

[14] BGH VersR 1989, 251; BGHZ 30, 40, 42; 26, 133, 138.

164 Der Sicherungsschein

P als Dritter i.S.d. § 67 Abs. 1 VVG

Fraglich ist, ob P Dritter i.S.d. § 67 Abs. 1 VVG ist. Dritter ist bei der Versicherung für eigene Rechnung derjenige, der weder Versicherungsnehmer noch Versicherter ist.[15] Dritter ist bei der Versicherung für eigene Rechnung derjenige, der weder Versicherungsnehmer noch Versicherter ist. Bei der Versicherung für fremde Rechnung ist der Versicherungsnehmer Dritter i.S.d. § 67 Abs. 1 S.1 VVG, wenn nach dem VV das Sachersatzinteresse des Versicherungsnehmers nicht mitversichert ist.[16] Das ist hier in Höhe des von P dem K geschuldeten Betrages der Fall.

Zwischenergebnis

Da § 67 Abs. 2 VVG, der den Übergang der Schadenersatzansprüche ausschließt, nicht eingreift, ist der Anspruch auf VR übergegangen.

Regreßausschluß

Einen Regreß des VR gegen P könnte Nr. 15 des VV entgegenstehen. Danach kann der Versicherer Schadensersatzansprüche des Versicherungsnehmers, die nach § 67 Abs. 1 S. 1 VVG übergegangen sind, nur geltend machen, wenn der Versicherungsfall vorsätzlich oder grob fahrlässig herbeigeführt worden ist. Schadensersatzansprüche des Versicherungsnehmers sind vorliegend, wie bei § 67 Abs. 1 S.1 VVG, die des Versicherten auf VR übergegangenen Ansprüche des K gegen P. Da P den Unfall und damit den Versicherungsfall leicht fahrlässig herbeigeführt hat, ist ein Regreß des VR gegen P ausgeschlossen.

Ausnahme

Ausnahmsweise steht Nr. 15 des VV einem Regreß nicht entgegen, wenn der Versicherer nach der Vertragsgestaltung dem Versicherten in weiterem Umfang haftet, als dem Versicherungsnehmer.[17] Das ist hier der Fall, da VR gegenüber P nach

---

[15] BGH VersR 1989, 251; BGHZ 30, 40, 42.

[16] BGH VersR 1972, 194, 195; BGHZ 33, 97, 100; OLG Hamm VersR 1989, 36, 37; BRUCK/MÖLLER/SIEG, a.a.O. (Fn 2), Bd. VII, Anm. 130.

[17] OLG Stuttgart VersR 1965, 873, 874; BRUCK/MÖLLER/SIEG, a.a.O. (Fn 2) Bd. VII, § 67 VVG Anm. 127; a.A. HELMUT SCHIRMER, Zur Versicherbarkeit des Sachersatzinteresses in der Sachversicherung, ZVersWiss 1981, 673; PETER KOCH, Rechtsgeschäftliche Versicherungspflichten bei der Miete beweglicher Sachen und ihr Einfluß auf die gesetzliche Haftung, VersR 1967, 306, 309.

§ 38 Abs. 1 S. 2 VVG leistungsfrei ist, nicht aber aufgrund des Sicherungsscheins gegenüber K.[18]

Rechtsfolge ist, daß der Anspruch des K gegen P auf VR übergegangen ist. VR hat gegen P einen Anspruch auf Zahlung von 110.000 DM gem. § 823 Abs.1 BGB i.V.m. § 67 Abs.1 VVG.

Ergebnis

II. Anspruch aus § 426 Abs.1 BGB

Dann müssen VR und P Gesamtschuldner sein. Das setzt zunächst Gleichstufigkeit der verschiedenen Verbindlichkeiten voraus[19]. VR und P müssen so nebeneinanderstehen, daß wenigstens grundsätzlich jeder von ihnen einen Teil der Leistung zu erbringen hat. Dagegen liegt keine Gleichstufigkeit vor, wenn letztlich einer der Schuldner typischerweise die ganze Leistung erbringen soll und der andere Schuldner nur den Gläubiger absichern soll. Das ist insbesondere bei einer zwingenden Anordnung der cessio legis für den Regreß des leistenden Schuldners gegen den nichtleistenden Schuldner der Fall. Da im vorliegenden Fall § 67 Abs.1 S.2 VVG eine cessio legis anordnet, fehlt es an der Gleichstufigkeit und damit an der Gesamtschuldnerschaft. VR hat gegen K keinen Anspruch aus § 426 Abs.1 VVG.

§ 426 Abs.1 BGB

III. Anspruch aus §§ 255, 823 Abs.1 BGB

VR könnte gegen K nach § 255 BGB einen Anspruch auf Abtretung des dem K gegen P zustehenden Anspruchs aus § 823 Abs.1 BGB haben. Jedoch ist § 67 Abs.1 VVG lex specialis zu § 255 BGB[20]. Daher kommt § 255 BGB nicht zur Anwendung.

§ 255 BGB

---

[18] BGHZ 24, 378, 385; OLG Stuttgart VersR 1965, 873 f.
[19] BGHZ 108, 183.
[20] PALANDT/HEINRICHS, BGB-Kommentar[56], § 255 Rn 3.

IV. Anspruch aus § 812 BGB

§ 812 BGB

Ein Anspruch des VR gegen P auf Zahlung von 110.000 DM aus ungerechtfertigter Bereicherung gem. § 812 BGB wird durch die speziellere Regelung des § 67 Abs.1 VVG jedenfalls dann verdrängt, wenn wie hier die Tatbestandsvoraussetzungen von § 67 Abs.1 VVG vorliegen[21]. VR hat demzufolge keinen Anspruch aus ungerechtfertigter Bereicherung.

V. Ergebnis

VR hat gegen P einen Zahlungsanspruch i.H.v. 110.000 DM aus pVV, bzw. § 823 Abs.1 BGB i.V.m. § 67 Abs.1 VVG.

---

[21] BGH NJW 1964, 101.

Klausur Nr. 11***
Auge- und Ohr-Doktrin

**Angelehnt an: OLG München VersR 1985, 177;
BGHZ 102, 194; 107, 322; 116, 387**

*Zurechnung des Wissens des Agenten - Abgrenzung zur
Sachwalterhaftung - vorvertragliche Anzeigepflichten -
Wissenszurechnung im Konzern*

A schloß mit dem Versicherer V am 10. August 1994 einen Lebensversicherungsvertrag auf den Todes- und Erlebensfall (KLV). Die im Versicherungsfall zu zahlende Versicherungssumme betrug 100.000 DM. Der für V, aber auch für 25 weitere Versicherer tätige B, der sich A gegenüber als Makler bezeichnete, hatte den A am 2. August 1994 aufgesucht und ihm die Lebensversicherung angeboten.

Die im Antrag gestellten, von B vorgelesenen und erläuterten Fragen:

1. Leiden Sie an chronischen oder akuten Erkrankungen der inneren Organe?

2. Bestehen Vorerkrankungen, die nicht vollständig ausgeheilt sind?

3. Bestehen sonstige Krankheiten, Störungen oder Beschwerden?

beantwortete A wahrheitsgemäß. B füllte unter Hinweis, daß das der übliche Weg sei, den Antrag für A aus. A informierte B auch über eine bestehende Magen- und Lebererkrankung. Diese Erkrankung wurde von B nicht in den Antrag aufgenommen. Er meinte, daß diese Erkrankung zwar ärgerlich für den Betroffenen, aber wegen der mangelnden Schwere für den Versicherer V nicht erheblich sei. Damit bezweckte B die schnelle Bearbeitung des Antrags und die problemlose Annahme des Vertragsangebotes durch V, um rasch die Abschlußprovision ausgezahlt zu bekommen. Im Anschluß an das Beratungsgespräch unterzeichnete A den Antrag. Dieser enthielt folgenden schriftlichen Hinweis:

Für die Richtigkeit der Angaben bin ich selbst verantwortlich, auch wenn ich den Antrag nicht selbst ausgefüllt habe.

Der Vermittler darf über die Erheblichkeit von Antragsfragen oder Erkrankungen keine verbindlichen Erklärungen abgeben.

Am 23. August 1994 ging A der Versicherungsschein zu. Beigefügt wurden die Allgemeinen Bedingungen für die KLV und die Verbraucherinformationen. Auf eine nur unbedeutende Abweichung in der Prämienhöhe wurde im Versicherungsschein deutlich erkennbar hingewiesen. A überwies die verlangte Prämie unverzüglich.

Am 10. April 1995 starb A. Sein Erbe (E) verlangte am 14. Mai 1995 die Zahlung der vereinbarten Versicherungssumme i.H.v. 100.000 DM von V. Dieser verweigerte am 20. Mai 1995 die Leistung und trat vom Vertrag zurück. Nach dem Tod des A habe eine Nachforschung über den Gesundheitszustand des A, am 22. April 1995 ergeben, daß dieser bereits bei Antragstellung am 2. August 1994 an einer Magen- und Lebererkrankung gelitten habe. Daran sei A letzlich auch verstorben.

Die Ehefrau des A, die während des Besuches des Versicherungsagenten B zugegen war, erklärte, daß A über die Erkrankung wahrheitsgemäß Auskunft gegeben und B dieses nicht für relevant gehalten habe. V meint, darauf komme es nicht an, da A für die Angaben im Antrag durch seine Unterschrift unter dem Antragsformular selbst verantwortlich sei. Im übrigen sei B als Makler nicht für V, sondern für A als Sachwalter tätig geworden.

Hat E Anspruch auf Zahlung der Versicherungssumme i.H.v. 100.000 DM ?

Lösung

E könnte gegen V einen Anspruch auf Zahlung der Versicherungssumme i.H.v. 100.000 DM gem. §§ 1 Abs. 1, S. 2, 159 Abs. 1 VVG i.V.m. §§ 1922, 1937, 2247 BGB haben.

E müßte Inhaber des Anspruchs aus dem Lebensversicherungsvertrag sein. Das setzt voraus, daß E Erbe des A ist und ein Lebensversicherungsvertrag wirksam geschlossen und bestehen geblieben ist.

I. Anspruchsberechtigung des E

E könnte als Erbe anspruchsberechtigt sein. Erbe ist, wer vom Erblasser durch einseitige Verfügung von Todes wegen (Testament oder letztwillige Verfügung) als solcher eingesetzt ist. Im vorliegenden Fall hat A als Erblasser den E testamentarisch als Alleinerben (§ 1937 BGB, gewillkürte Erbfolge) eingesetzt. Die Ehefrau des A als gesetzliche Erbin (§ 1931 BGB), wird durch die positive Erbenbestimmung verdrängt.[1]

testamentarischer Alleinerbe

Der Erbe ist gem. § 1922 BGB Gesamtrechtsnachfolger des Erblassers, d.h. die Person auf die der Nachlaß als ganzes übergeht. Der Anspruch auf 100.000 DM müßte folglich in den Nachlaß fallen.

Es erscheint fraglich, ob der Erbe einen möglichen Anspruch des VN auf die Versicherungssumme erben kann, da der Anspruch auf die Versicherungssumme erst im Zeitpunkt des Todes des VN entsteht. In den Nachlaß fallen aber nur zum Zeitpunkt des Todes bereits bestehende Forderungen.

Anspruch auf Versicherungssumme zum Nachlaß

So wird vertreten, daß auch in den Fällen, in denen wie hier kein Bezugsrecht (§ 166 VVG) für E eingeräumt wurde, kein eigenes Forderungsrecht des VN geschaffen werde, sondern ein durch den Tod des VN bedingtes Forderungsrecht Dritter.[2] Als diese Forderungsberechtigten seien zwar die Erben anzusehen,

durch VNs Tod bedingtes Forderungsrecht Dritter

---

[1] MÜKO-LEIPOLD, BGB-Kommentar², Bd. 6, § 1937 Rn 34.
[2] RGZ 1, 378; BRUCK/MÖLLER/WINTER, VVG⁸ V/2, Anm. H 25 m.w.N.

sie könnten aber nicht in ihrer Erbeneigenschaft eine Forderung erhalten, die der VN als Erblasser niemals gehabt hätte oder hätte bekommen können.

aufschiebend bedingter Anspruch, § 158 BGB

Der grundlegende Irrtum, der zu dieser Auffassung geführt hat, ist die Annahme, daß der VN bei Versicherungen auf den eigenen Tod niemals einen Anspruch auf die Versicherungsleistung haben könne, da der Anpruch auf die Versicherungsleistung eben vom Tode des VN abhängig sei. Dabei wird das Recht auf die Versicherungsleistung, das sich beispielsweise in der Möglichkeit des Rückkaufs (§ 176 VVG) zeigt, mit dem fälligen Anspruch im Zeitpunkt des Versicherungsfalls gleichgesetzt. Das Recht auf die Versicherungsleistung steht dem VN aber bereits vor Eintritt des Versicherungsfalles zu, der Anspruch ist nur noch nicht fällig.[3] Es handelt sich um einen aufschiebend bedingten Anspruch, i.S.v. § 158 Abs. 1 BGB.[4] Die aufschiebende Bedingung ist der Tod des VN.

Anwartschaft

Aufschiebend bedingte Ansprüche entfalten zwar ihre volle Wirksamkeit erst mit Eintritt der Bedingung; der Begünstigte, hier der VN, hat aber bereits vor Bedingungseintritt eine Anwartschaft.[5] Diese rechtliche Position gehört zum Vermögen des VN. Sie fällt in den Nachlaß und erstarkt dort im Zeitpunkt des Todes des Erblassers zum Vollrecht. Der Erbe, hier der E, kann demnach sehr wohl den Anspruch des VN auf die Versicherungssumme erben, da dieser Anspruch seinem Grunde nach bereits im Vermögen des VN bestanden hat. E ist somit berechtigt, 100.000 DM von V zu verlangen, sofern der Lebensversicherungsvertrag wirksam geschlossen und geblieben ist.

II. Wirksamer Lebensversicherungsvertrag

Angebot

Ein Angebot des A gegenüber dem Versicherungsagenten B liegt vor. Dieser ist gem. § 43 Nr. 1 VVG zur Entgegennahme

---

[3] BRUCK/MÖLLER/WINTER, a.a.O. (Fn 2), Anm. H 25.
[4] BGHZ 32, 47.
[5] MüKo-WESTERMANN, BGB-Kommentar³, Bd. 1, § 158 Rn 40; KARL LARENZ, BGB-Allgemeiner Teil⁷, 505.

des Angebots bevollmächtigt. Das Angebot wird nicht dadurch unwirksam, daß VR die Verbraucherinformationen nicht vor dessen Abgabe erteilt hat (§ 5a VVG).

Dieses Angebot müßte der VR angenommen haben. Die Annahme des Angebots könnte -wie üblich- durch Zusendung des Versicherungsscheins erfolgt sein.[6] In der Zusendung des Versicherungsscheins liegt jedoch im vorliegenden Fall ausnahmsweise keine Annahme des Vertragsangebots, da der Inhalt des Versicherungsscheins vom Inhalt des Angebots abweicht. Dies stellt gem. § 150 Abs. 2 BGB die Ablehnung des ursprünglichen Angebots verbunden mit einem neuen Antrag dar. Diese Regelung wird durch § 5 VVG für den Versicherungsvertrag (VV) modifiziert. Gem. § 5 Abs. 3 VVG ist die Änderung im Versicherungsschein unerheblich und der Vertrag kommt gemäß dem Inhalt des ursprünglichen Angebots zustande, wenn der VR nicht gem. § 5 Abs. 2 VVG auf die Abweichung hinweist. Der Hinweis ist vorliegend im Versicherungsschein erfolgt. Demzufolge richtet sich das Zustandekommen des Vertrags nach § 5 Abs. 1 VVG. Widerspricht der VN nicht innerhalb eines Monats, genehmigt er die Abweichung und der Vertrag kommt mit dem abgeänderten Inhalt zustande. Vorliegend hat A nicht widersprochen, sondern die erste Prämie gezahlt. Der Vertrag ist demzufolge mit dem Inhalt des Versicherungsscheins mit Zahlung der ersten Prämie durch A geschlossen worden.

Annahme durch Zusenden des Versicherungsscheins

III. Rücktritt des Versicherers

V könnte von seiner Pflicht zur Leistung durch Rücktritt vom Vertrag nach § 16 Abs. 2 VVG freigeworden sein.

Gem. § 163 S. 1 VVG ist der Rücktritt des VR allerdings bei einer Anzeigepflichtverletzung des VN ausgeschlossen, wenn seit Abschluß des Vertrages mehr als zehn Jahre vergangen

§ 163 VVG als Einschränkung der Rücktrittsmöglichkeit

---

[6] BGH VersR 1975, 1090; HANS-LEO WEYERS, Versicherungsvertragsrecht[2], Rn 172; EDGAR HOFMANN, Privatversicherungsrecht[3], § 6 Rn 3.

sind. Vorliegend ist aber seit Vertragsschluß weniger als ein Jahr vergangen. § 163 S. 1 VVG steht dem Rücktritt folglich nicht entgegen.

Rücktritt fristgerecht erklärt

V hat den Rücktritt auch am 20. Mai 1995 ausdrücklich erklärt und zwar innerhalb der einmonatigen Rücktrittsfrist nach Kenntniserlangung von der Pflichtverletzung (§ 20 VVG).

Rücktrittsgrund

Desweiteren müßte dem VR ein Rücktrittsgrund zugestanden haben. Dieser könnte sich aus § 16 Abs. 2 VVG ergeben. Gem. § 16 Abs. 1 VVG ist der VN verpflichtet, dem VR alle ihm bekannten Umstände, die für die Übernahme der Gefahr erheblich sind, anzuzeigen.

erhebliche Gefahrumstände

Gem. § 16 Abs. 1 S. 2 VVG sind Gefahrumstände dann erheblich, wenn sie auf den Entschluß des VR, den Vertrag überhaupt oder zu dem vereinbarten Inhalt anzunehmen, Einfluß nehmen können. Im Sachverhalt ist über die Schwere der Erkrankung keine Angabe enthalten. Als erheblich gelten aber bereits alle Gefahrumstände, nach denen der VR ausdrücklich fragt (§ 16 Abs. 1 S. 3 VVG). Im Antragsformular wird in Nr. 1-3 nach Umständen gefragt, die allesamt einen Umstand wie die Magen- und Lebererkrankung zum Gegenstand haben können. Damit ist die Magen- und Lebererkrankung ein erheblicher Umstand gem. § 16 Abs. 1 S. 3 VVG. Dieser Umstand war A auch bekannt.

Verletzung der Anzeigepflicht

Möglicherweise hat A diese Erkrankung gegenüber V verschwiegen und damit seine Anzeigepflicht verletzt. Die Anzeige muß dem VR gegenüber erstattet werden,[7] d.h. sie muß ihm zugegangen sein. Dem VR gegenüber hat A keine mündliche Anzeige gemacht, auch eine schriftliche Anzeige ist nicht erfolgt, da das Antragsformular insoweit unvollständig war.

Erfüllung der Anzeigepflicht gegenüber dem Agenten

Möglicherweise hat A, indem er B mündlich über die Magen- und Lebererkrankung informierte, seiner Anzeigepflicht genügt. Dafür wäre erforderlich, daß B zur Entgegennahme dieser Erklärungen bevollmächtigt gewesen ist.

---

[7] HOFMANN, a.a.O. (Fn 6), § 8 Rn 11.

Dem könnte zunächst entgegenstehen, daß B nicht als Vermittlungsagent von V, sondern als Makler von A tätig gewesen ist. Dann wäre B treuhänderischer Sachwalter[8] des A. Als Folge davon hätte er die vorvertragliche Anzeige nicht als Bevollmächtigter des VR, sondern allenfalls als Bote zur Übermittlung an den VR entgegengenommen.[9] Fraglich ist demnach, ob B Versicherungsagent oder -makler war.

Vermittlungsagent/ Versicherungsmakler

Die hieraus resultierenden Fragen sind erstmals vom OLG Nürnberg am 27. Januar 1994[10] aufgeworfen worden. Das vielbeachtete Urteil ist für die Praxis von großer Bedeutung, weil die Zahl der als Makler firmierenden Versicherungsagenten in Deutschland in den letzten Jahren stark gestiegen ist (1993: ca. 50 Makler, 1996: ca. 4000 Makler). Erklärungen, die ein VN gegenüber einem Makler abgibt, betreffen seine eigene Sphäre, weil der Makler für ihn Sachwalter ist.[11] Demgegenüber ist die Rechtsstellung des VN deutlich besser, wenn er Erklärungen gegenüber einem Vermittlungsagenten abgibt, weil dieser im Lager des Versicherers steht.

Ob diese Differenzierung aus der Sicht des VN überzeugend ist, erscheint zumindest fraglich. Die VN können in der Regel nicht erkennen, ob ihnen ein Makler oder ein Versicherungsagent gegenübersitzt. Vor allem aber können sie die Gefahr, die sich für sie aus der Differenzierung dieses Status ergibt, nicht einschätzen. Den sich hier andeutenden Schutzlücken für die VN ist das OLG Nürnberg[12] wie folgt begegnet:

Sachwalter oder Vermittler

Nach § 93 Abs. 1 HGB ist ein Versicherungsmakler ein Unternehmer, der gewerbsmäßig für andere Personen Versicherungen vermittelt, ohne von diesen aufgrund eines Vertragsverhältnis-

Maklerbegriff i.S.d. § 93 Abs.1 HGB

---

[8] BGHZ 94, 356.
[9] RAINER BÜSKEN, Die passive Vertretungsmacht des Vermittlungsagenten bei Antragsstellung, VersR 1992, 272.
[10] OLG Nürnberg, NJW-RR 1995, 227; dazu ANNEMARIE MATUSCHE-BECKMANN, Probleme bei der Abgrenzung des Versicherungsagenten vom Versicherungsmakler VersR 1995, 1391.
[11] A.a.O. (Fn 8).
[12] OLG Nürnberg, NJW-RR 1995, 227.

ses selbständig damit betraut zu sein. Der Makler wird nur von Fall zu Fall von einem anderen Unternehmen beauftragt, für dieses Verträge zu vermitteln.[13] Demgegenüber ist der Versicherungsagent von einem Versicherer ständig mit der Vermittlung von Versicherungsverträgen für diesen betraut.[14] Er steht deshalb in einem Vertragsverhältnis zum VR und ist demgemäß verpflichtet für diesen dauernd -und nicht nur von Fall zu Fall- tätig zu werden.[15] Die rechtliche Einordnung richtet sich dabei nicht nach der gewählten Bezeichnung, sondern nach der vom Vermittler tatsächlich ausgeübten Tätigkeit.[16]

Tätigkeitsmerkmale sprechen für Vermittler

Im vorliegenden Fall stand B in einem ständigen Vertragsverhältnis zu V. Insbesondere verfügte er über Antragsformulare des V. Außerdem führte B die gesamte Antragsverhandlung für V, indem er die Gesundheitsfragen laut vorlas, erläuterte und schließlich darüber entschied, ob und welche Gefahrumstände in das Antragsformular aufgenommen wurden. Hinzu kommt, daß B den Antrag von Anfang an für V vermittelte, anders als ein Makler also nicht versuchte, unter mehreren Versicherern den für A passendsten zu finden. Unerheblich ist, daß B nicht nur für V, sondern auch für 25 weitere Versicherer laufend Versicherungsverträge vermittelt. Der Handelsvertreter ist nämlich nicht begriffsnotwendig Ein-Firmen-Vertreter.[17] Er kann vielmehr, wenn -wie hier- der einzelne Versicherer damit einverstanden ist, auch von anderen Unternehmen mit ständiger Vermittlung entsprechender Verträge betraut sein.[18] Damit gehört B in die Gruppe der Mehr-Firmen-Vertreter.

Empfangsvertreter i.S.d. § 166 BGB

Selbst dann aber, wenn B nicht generell von V mit der ständigen Vermittlung von Verträgen betraut gewesen sein sollte, ändert dies im Ergebnis nichts.[19] Der Versicherungsmakler ist

---

[13] KARSTEN SCHMIDT, Handelsrecht⁴, § 25 I e.
[14] A.a.O. (Fn 8).
[15] BGH NJW 1973, 94; NJW-RR 19986, 709.
[16] BGH BB 1982, 1877.
[17] HOPT, HGB-Kommentar²⁹, § 84 HGB Rn 30; § 86 HGB Rn 24.
[18] BGH NJW 1972, 251; NJW-RR 1986, 709.
[19] OLG Nürnberg NJW-RR 1995, 230; ähnlich OLG Hamm VersR 1996, 697.

zwar im allgemeinen nicht bevollmächtigt, für den VR Erklärungen entgegenzunehmen,[20] das schließt jedoch nicht aus, daß er vom VR im Einzelfall hierzu ermächtigt wird und deshalb als dessen Empfangsvertreter gem. § 166 Abs. 1 BGB zu gelten hat.[21] Eine derartige Bevollmächtigung läge hier darin, daß B offenkundig mit Wissen und mit Billigung von V selbständig die Antragsverhandlungen führte, die Antragsaufnahme vornahm und über die Erheblichkeit einzelner angezeigter Gefahrumstände selbständig entschied. Damit war A zugleich als bevollmächtigt anzusehen, für V sowohl Anträge als auch mündlich erteilte Auskünfte entgegenzunehmen. Zumindest war ihm von V eine Stellung eingeräumt, die ihn als Wissensvertreter kennzeichnet, was wenigstens die analoge Anwendung des § 166 Abs. 1 BGB rechtfertigt.[22]

Damit stellt sich die Frage, ob B jedenfalls als Versicherungsagent zur Entgegennahme der vorvertraglichen Anzeigen bevollmächtigt ist. Nach dem Wortlaut des § 43 Nr. 1 und 2 VVG liegt keine Bevollmächtigung zur Entgegennahme der vorvertraglichen Anzeigen vor, denn § 43 Nr. 2 VVG beschränkt die Vollmacht zur Entgegennahme von Erklärungen auf die „während" des Vertrages zu erklärenden Umstände und § 43 Abs. 1 VVG auf die Entgegennahme von Vertragsangeboten. Diese am Wortlaut des Gesetzes orientierte Sichtweise hätte zur Folge, daß der VN der vorvertragliche Anzeigen direkt gegenüber dem VR nachkommen müßte. Der Vermittlungsagent wäre Bote, für den VN würde das Risiko bestehen, daß die Botschaft auch ankommt.[23] Für die Praxis wäre eine solche, am Wortlaut der Norm orientierte Sichtweise außeror-

Bevollmächtigung gem. § 43 Nr. 1 VVG für vorvertragliche Anzeigen

---

[20] BGH NJW 1988, 61.
[21] A.a.O. (Fn 20).
[22] BGHZ 117, 104.
[23] RAINER BÜSKEN, a.a.O. (Fn 9), 272.

dentlich unpraktikabel, würde sie doch den Vorteil der Einschaltung des Agenten aufheben.

Aus diesem Grunde wendet die Rechtsprechung (seit BGHZ 102, 195) § 43 Nr. 1 VVG unter Zugrundelegung des Willens des historischen Gesetzgebers an, wonach die Empfangsvollmacht für die auf den Vertragsschluß gerichtete Erklärung zugleich diejenige zum Empfang der Risikoanzeigen mitumfaßt.[24] Die Entgegennahme des Antrags und die Kenntnisnahme der vom Antragsteller bei dieser Gelegenheit abgegebenen mündlichen Erklärungen stellten einen einheitlichen Lebensvorgang dar, der keine juristische Aufspaltung erlaubt.[25] Danach gilt der Vermittlungsagent bildlich gesprochen als Auge und Ohr des VR. Alles was dem Vermittlungsagenten in dieser Eigenschaft mitgeteilt wurde, gilt als dem VR mitgeteilt.

Keine Kenntnis gem. § 44 VVG

Dem könnte § 44 VVG, wonach die Kenntnis eines nur mit der Vermittlung betrauten Agenten der Kenntnis des VR nicht gleichsteht, entgegenstehen. Aus dem Sinn und Zweck und der historischen Auslegung des § 44 VVG ergibt sich allerdings, daß sich diese Norm nur auf Kenntnisse des Agenten bezieht, die dieser ohne Anzeige oder Erklärung (i.S.d. § 43 VVG) erlangt hat,[26] also außerhalb seiner Agententätigkeit und ohne Zusammenhang mit dem betreffenden VV. Die Kenntniszurechnung ist demnach nicht gem. § 44 VVG ausgeschlossen. Anderenfalls hätte § 44 VVG für einen Teilbereich der rechtsgeschäftlichen Stellvertretung von Versicherern den in § 166 Abs. 1 BGB allgemein für das Zivilrecht normierten Grundsatz der Kenntniszurechnung außer Kraft gesetzt. Eine solche Ausnahme von der Kenntniszurechnung ließe sich nur schwer mit dem Umstand vereinbaren, daß im Gesetzgebungsverfahren gerade die Schutzbedürftigkeit derjenigen VN gesehen wurde, denen die VR für einen beabsichtigten Vertragsschluß, als allein in Betracht kommende Kontaktperson, einen zur passiven Stell-

---

[24] MOTIVE, 116.
[25] BGHZ 102, 197; 107, 322; 116, 387.
[26] BGHZ 102, 198.

vertretung bevollmächtigten Stellvertreter gegenüber stellen.[27] Das Wissen dieses Vertreters schließt es aus, daß sich der rechtsgeschäftlich vertretene VR, unter Berufung auf seine Unkenntnis, entlasten kann.[28]

Hiernach scheint B zur Entgegennahme der Gefahranzeige des A bevollmächtigt gewesen zu sein, mit der Folge, daß V in Kenntnis der mitgeteilten Umstände den VV geschlossen hätte.

Zwischenergebnis

Möglicherweise war aber die Empfangsvollmacht des B durch die Klausel im Antragsformular:

Einschränkung der Vollmacht gem. § 47 VVG

> „*Für die Richtigkeit der Angaben bin ich selbst verantwortlich, auch wenn ich den Antrag nicht selbst ausgefüllt habe. Der Vermittler darf über die Erheblichkeit von Antragsfragen oder Erkrankungen keine verbindlichen Erklärungen abgeben.*"

beschränkt. Solche Beschränkungen sind gem. § 47 VVG auch Dritten gegenüber grundsätzlich zulässig.

Erteilt der VR dem Vermittlungsagenten im Innenverhältnis keine Vollmacht zum Empfang von Willenserklärungen oder schließt er sie nachträglich aus, so bleibt es dem VR unbenommen, sich auch im Außenverhältnis von dem gem. § 43 Nr. 1 VVG weiterwirkenden Rechtsschein einer Vollmacht zu befreien. Ist dies geschehen, ist auch die Kenntniszurechnung ausgeschlossen.

Eine Beschränkung der gesetzlichen Vertretungsmacht des Vermittlungsagenten gem. § 47 VVG als Ausprägung des Grundsatzes der Vertragsfreiheit kommt in Betracht, soweit der Vertragspartner (VN) bei der Vornahme des Geschäfts oder der Rechtshandlung diese Beschränkung kannte oder grob fahrlässig nicht kannte.

---

[27] Verhandlungen des Reichstages, XII. Legislaturperiode, I. Session, Bd. 242, Anlagen zu den stenographischen Berichten, 2016; BGH a.a.O. (Fn 26).
[28] BGH a.a.O. (Fn 26).

§ 47 VVG stellt auf die Vornahme des Geschäfts oder der Rechtshandlung ab. Die für A maßgebliche Rechtshandlung war die Beantwortung der Fragen über etwaige Vorerkrankungen. In diesem Augenblick hatte A aber, weil B für ihn das Antragsformular ausfüllte, keine Kenntnis. Erst im Augenblick der Unterzeichnung, nach Vornahme der maßgeblichen Rechtshandlung, hatte A also die Möglichkeit der Kenntnisnahme. Zum Teil wird aufgrund dieser Tatsache die Unwirksamkeit der Vollmachtsbeschränkung mangels Kenntnis angenommen.[29] Diese Sicht der Dinge erscheint allerdings sehr formal. Sie läßt den Ausgangspunkt der BGH-Rechtsprechung[30] außer Acht, die von einem einheitlichen, nicht aufspaltbaren Lebensvorgang ausgeht. Danach scheitert die wirksame Beschränkung der Vollmacht daran, daß die Entgegennahme des Antrags und die Kenntnisnahme von Erkrankungen, die dem Agenten aufgrund der Fragen im Antragsformular vom VN mitgeteilt wurden, einen einheitlichen Lebensvorgang darstellen und keine juristische Aufspaltung erlauben.[31] Eine wirksame Einschränkung der Vollmacht i.S.v. § 47 VVG liegt demnach nicht vor.

Darüberhinaus ist fraglich, ob die Klausel einer AGBG-rechtlichen Prüfung standhält.

Anwendbarkeit des AGBG.

Für eine wirksame formularmäßige Beschränkung der Empfangsvollmacht müssen die Einbeziehungsvoraussetzungen des AGBG erfüllt sein. Dafür muß die Vollmachtsbeschränkungsklausel materiell eine allgemeine Geschäftsbedingung gem. § 1 AGBG darstellen. Zum Teil wird angenommen, daß es sich nicht um AGB i.S.d. § 1 AGBG handelt, da es sich bei der Beschränkung der Befugnisse von Vertretern um einseitige Willenserklärungen des Geschäftsherrn handelt. Der AGB-Definition unterfielen nur Vertragsbedingungen, d.h. Regelungen, deren Wirksamkeit von einer konsensualen Willensbildung

---

[29] OLG Frankfurt VersR 1990, 1103; CHRISITIAN SCHWENKER, Die Vollmacht des Vermittlungsagenten bei Abschluß von Versicherungsverträgen, NJW 1992, 346.
[30] BGHZ 102, 197; 107, 322; 116, 387.
[31] BGHZ a.a.O. (Fn 30).

beider Parteien abhängt sowie einseitige Erklärungen, die der Verwender der anderen Partei aufoktroyiert.[32] Der BGH[33] und die h.L.[34] unterstellen die Vollmachtsbeschränkungsklausel allerdings der AGB-Kontrolle, da Vertragsbedingungen alle Regelungen seien, die Inhalt und Zustandekommen des zwischen dem Verwender und seinem Vertragspartner zu schließenden Rechtsgeschäfts betreffen.

Die Klausel ist folglich allgemeine Geschäftsbedingung i.S.d. § 1 AGBG.

Sie wurde durch Unterschrift unter den Antrag in den später zustandekommenden Vertrag i.S.v. § 2 AGBG auch wirksam einbezogen.

Einbeziehung gem. § 2 AGBG

Die Klausel könnte gem. § 3 AGBG nicht Vertragsbestandteil geworden sein, wenn es sich um eine überraschende Klausel handelt. Eine solche ist gegeben, wenn zwischen dem Inhalt der zu beurteilenden Klausel und den begründeten Erwartungen des Vertragspartners des Verwenders eine deutliche Diskrepanz besteht.[35] VR und Vermittlungsagent stellen sich aus der Sicht des VN als Einheit dar, der gegenüber der künftige VN sein Angebot erklärt. Eine Beschränkung der Vollmacht auf das bloße Entgegennehmen des Angebots ist für den VN zwar überraschend, jedoch wirkt der VR diesem Überraschungsmoment durch das drucktechnische Hervorheben der Klausel entgegen. Die Beschränkung der Vollmacht ist folglich nicht aufgrund mangelnder Einbeziehung in den Vertrag gem. § 3 AGBG unwirksam.

überraschende Klausel gem. § 3 AGBG

Die Klausel könnte gegen § 11 Nr. 16 AGBG verstoßen, wonach Klauseln, in denen für Erklärungen, die dem Vertragspartner gegenüber abzugeben sind, ein besonderes Zugangserfor-

Unwirksamkeit gem. § 11 Nr. 16 AGBG

---

[32] MICHAEL WEIGEL, Die Vertreterklausel in Antragsformularen, MDR 1992, 729; MARTIN FRICKE, Die Empfangsvollmacht des Vermittlungsagenten bei der Antragsaufnahme und die vergessene Risikoanzeige, VersR 1993, 402.
[33] BGHZ 116, 391.
[34] WOLF/HORN/LINDACHER, AGBG-Kommentar[4], § 1 Rn 6.
[35] WOLF/HORN/LINDACHER, a.a.O. (Fn 34), § 3 Rn 18.

dernis geschaffen wird, unwirksam sind. Nach der Auge-und-Ohr-Doktrin darf der VN gegenüber dem Vermittlungsagenten Erklärungen über Erkrankungen abgeben und genügt damit seiner Anzeigeobliegenheit. Nach der betreffenden Klausel soll die Empfangszuständigkeit des Agenten für solche Erklärungen beseitigt werden. Der VN müßte diese dann direkt dem VR übermitteln. Damit würde ein besonderes Zugangserfordernis geschaffen.[36] Folglich liegt ein Verstoß gegen § 11 Nr. 16 AGBG vor.

Unwirksamkeit gem. § 11 Nr. 7 AGBG

Desweiteren kommt die Unwirksamkeit der Klausel nach § 11 Nr. 7 AGBG in Betracht, da dadurch nicht nur die Vollmacht des Vermittlungsagenten beschränkt werden, sondern auch eine Freizeichnung des VR für unrichtige Auskünfte und Raterteilungen seines Agenten im Zusammenhang mit der Ausfüllung des Formulars bewirkt werden soll. Die Haftung soll sogar ohne Rücksicht auf den Grad des Verschuldens ausgeschlossen werden. Damit verstößt dieser Passus der Klausel gegen § 11 Nr. 7 AGBG. Da die beiden Teile der Klausel untrennbar zusammengehören, folgt aus der Unwirksamkeit des eines Teiles die Unwirksamkeit der gesamten Klausel (§ 6 Abs. 2 AGBG).

Unwirksamkeit gem. § 9 AGBG

In Betracht kommt ebenfalls ein Verstoß gegen § 9 Abs. 1 AGBG. Dieser ist gegeben, wenn von wesentlichen Gedanken einer gesetzlichen Regelung abgewichen wird. Darunter sind auch Rechtssätze zu verstehen, die die Rechtsprechung durch Rechtsfortbildung oder Auslegung erarbeitet hat.[37] Dazu gehört auch die Auge-und-Ohr-Doktrin,[38] die der BGH zur ständigen Rechtsprechung ausgeweitet hat.[39] Eine Reduzierung des Vermittlungsagenten auf eine bloße Botenfunktion wider-

---

[36] MARTIN FRICKE, a.a.O. (Fn 32), 404; ROLAND M. BECKMANN, Auswirkungen der Auge-und-Ohr-Rechtsprechung auf die Beuerteilung von Vollmachtsbeschränkungen, NJW 1996, 1380.

[37] BGHZ 100, 163; WOLF/HORN/LINDACHER, a.a.O. (Fn 34), § 9 Rn 66.

[38] BGHZ 102, 195.

[39] BGHZ 102, 322; 116, 387.

spricht dem Grundgedanken dieser Regelung. Ein Verstoß gegen § 9 Abs. 1 AGBG ist demnach gegeben.

Hiernach ist die Empfangsvollmacht des B auch durch die Antragsklausel nicht beschränkt worden. A hat somit seine Anzeigeobliegenheit gegenüber V ordnungsgemäß erfüllt. Dies ist zwischen den Beteiligten nach dem Sachverhalt unstreitig. Deshalb besteht hier kein Anlaß zu Beweisfragen Stellung zu nehmen. Der BGH geht jedenfalls von der Beweislast des VR für eine Anzeigeobliegenheitsverletzung des VN bei Schließung des Vertrages aus, wenn es der Agent übernommen hat, das Antragsformular auszufüllen, und der VN substantiiert behauptet, er habe den Agenten mündlich zutreffend unterrichtet.[40] Dieser Beweis wird regelmäßig nur durch eine Aussage des Agenten zu führen sein, mit der er zur Überzeugung des Tatrichters darzutun vermag, daß er alle Fragen, die er schriftlich im Formular beantwortet hat, dem Antragsteller tatsächlich vorgelesen und dabei von ihm nur das zur Antwort erhalten hat, was er im Formular jeweils vermerkt hat.

Beweislast des VR bzgl. der Anzeigeobliegenheitsverletzung des VN

Aus der Bevollmächtigung des B zur Entgegennahme der Erklärungen des A folgt, daß es bzgl. der Kenntnis oder des Kennenmüssens nicht auf die Person des Vertretenen, sondern auf die Person des Vertreters ankommt (§ 166 Abs. 1 BGB). Die Kenntnis des B ist gem. § 43 Nr. 1 VVG i.V.m. der historischen Auslegung dieser Vorschrift (Auge-und-Ohr-Doktrin) dem VR also wie eigene (§ 166 Abs. 1 BGB) zuzurechnen. A hat somit seine Anzeigepflicht nicht verletzt, der VR hat keinen Rücktrittsgrund gem. § 16 Abs. 2 S. 1 VVG. Die Leistungspflicht ist nicht entfallen.

Keine Anzeigepflichtverletzung

IV. Ergebnis

E hat einen Anspruch auf Zahlung gegen V i.H.v. 100.000 DM gem. §§ 1 Abs. 1, S. 2, 159 Abs. 1 VVG i.V.m. §§ 1922, 1937, 2247 BGB.

---

[40] BGHZ 107, 322.

Fallabwandlung
Angelehnt an BGH NJW 1993, 2807

Die Fragen 2 und 3 kreuzte B mit „ja" an und verwies in der zur Erläuterung dieser Frage dienenden Zeile auf die bei der C-Versicherung (C) am 1. Februar 1994 abgeschlossene Krankenversicherung. In diesem Antrag wurde auf die bestehende Magen- und Lebererkrankung hingewiesen.

Die mit C im Konzern verbundene V kann auf die Daten mit Hilfe ihrer EDV-Anlage zugreifen.

Sowohl in dem Antragsformular der C als auch der V ist die vorgedruckte Erklärung enthalten:

> *Ich willige in die Führung gemeinsamer Datensammlungen der V-Versicherung und der C-Versicherung sowie darin ein, daß Daten aus den Antragsunterlagen an andere Versicherer übermittelt werden.*

Dem A wurde der Versicherungsschein zugesandt. Er bezahlte die erste Prämie unverzüglich und auch die weiteren Prämien rechtzeitig.

V verweigert die Zahlung der Versicherungssumme mit der Begründung, A hätte seine Anzeigenobliegenheit nicht ordnungsgemäß erfüllt. Ein Datenverbund mit C bestehe nicht, allerdings könne der Sachbearbeiter der V auf seinem Bildschirm die Nummern anderer VN verbundener Unternehmen sichtbar machen.

Hat E Anspruch auf Zahlung der Versicherungssumme i.H.v. 100.000 DM?

Lösung

I. Anspruch des E auf Zahlung der Versicherungssumme

E könnte ebenso wie im Grundfall Anspruch auf Zahlung der Versicherungssumme gem. §§ 1 Abs. 1 S. 2, 159 Abs. 1 VVG, §§ 1922, 1937, 2247 BGB haben, sofern V nicht wegen Rücktritts von der Verpflichtung zur Leistung frei ist. V könnte ein Rücktrittsrecht gem. § 16 Abs. 2 VVG haben, wenn A seine Anzeigepflicht verletzt hat.

Eine Anzeigepflichtverletzung liegt nicht vor, wenn der Verweis auf die C und das Einverständnis in die gemeinsame Datensammlung zur Erfüllung der Anzeigepflicht ausreichen.

Verletzung der Anzeigepflicht

Fraglich ist, ob die bloße Möglichkeit des konzerninternen Zugriffs auf Daten der C- Versicherung ausreicht, um eine Kenntnis von V i.S.v. § 166 Abs. 1 BGB anzunehmen.

Kenntnis durch die Möglichkeit des konzerninternen Zugriffs

Bei einer gemeinsamer Datensammlung müssen die unterschiedlichen Datenerhebungsstellen gleichermaßen Zugriff auf alle Daten haben, da sonst die gemeinsame Datensammlung keinen Sinn haben würde. Der Zugriff einer Stelle auf die von einer anderen Stelle erhobenen Daten stellt eine Übermittlung der Daten dar, unabhängig davon, wie der Zugriff auf die Daten technisch funktioniert.

V müßte die Möglichkeit des Datenzugriffs gehabt haben. Die Übermittlung müßte rechtmäßig sein. Gem. § 29 Abs. 2 Nr. 2 BDSG ist die Übermittlung von personenbezogenen Daten von einer nicht-öffentlichen Stelle an eine andere nicht-öffentliche Stelle zulässig, wenn kein Grund zu der Annahme besteht, daß der Betroffene ein schutzwürdiges Interesse an dem Ausschluß der Übermittlung hat. Grundsätzlich kann nicht von dem Fehlen eines schutzwürdigen Interesse ausgegangen werden. Im vorliegenden Fall hat A aber in die Übermittlung der Daten von C an V, als auch von V an C eingewilligt. Die Datenübermittlung war der C demnach möglich. Damit hatte die V die Möglichkeit, auf die relevanten Daten zuzugreifen.

Zulässigkeit gem. § 29 Abs. 2 Nr. 2 BDSG

Kenntnis durch Vorhandensein der Daten im Konzernverbund

Fraglich ist, ob die Möglichkeit des Zugriffs ausreicht, um von der Kenntnis des V auszugehen. Für die routinemäßige Abfrage im Konzernverbund wird die Kenntnis angenommen.[41] Ebenfalls bejaht wurde die Kenntniszurechnung innerhalb der Betriebsabteilungen eines Versicherers.[42]

Fraglich ist, ob diese Grundsätze auch dann gelten, wenn wie hier Daten nicht routinemäßig abgefragt werden, die technische und aufgrund des Einverständnisses auch die rechtliche Möglichkeit besteht. Die Kenntnis der juristischen Person ergibt sich daraus, daß sie Aktenwissen besitzt und nicht in ihrem Belieben steht, ob sie tatsächlich Kenntnis nimmt oder nicht.[43] Sie unterliegt normativen Verkehrsschutzanforderungen; die Verantwortung für einmal erlangtes Wissen schließt die Verpflichtung ein, dessen Verfügbarkeit zu organisieren.

Gleichstellung von juristischen und natürlichen Personen

Begründet wird diese Kenntnis der juristischen Person mit dem aus dem Verkehrsschutz hergeleitetem Gleichstellungsargument:

Vertragspartner einer juristischen Person sollen nicht schlechter und auch nicht besser gestellt sein, als Vertragspartner einer natürlichen Person.[44] Maßgeblicher Grund für die Zurechnung von Wissen ist eine Pflicht zur ordnungsgemäßen Kommunikation. Eine am Rechtsverkehr teilnehmende Organisation müsse (auch und gerade nach den berechtigten Erwartungen des Rechtsverkehrs) so organisiert sein, daß Informationen, deren Relevanz innerhalb der konkret Wissenden erkennbar ist, tatsächlich an jene Personen weitergegeben werden; umgekehrt müsse sichergestellt werden, daß ggf. nach erkennbar innerhalb der Organisation vorhandenen und für den eigenen Bereich wesentlichen Informationen nachgefragt werde.

---

[41] BGH VersR 1990, 258.
[42] BGHZ 117, 104; BGH BB 1996, 924.
[43] A.a.O. (Fn 42).
[44] DIETER MEDICUS, Probleme der Wissenszurechnung, in: Karlsruher Forum 1994, 4 ff, 11 ff.

Kommt sie dieser Verpflichtung nicht nach, muß sie sich materiell-rechtlich so behandeln lassen, als habe sie von den Informationen Kenntnis.

Entscheidend für die Kenntniszurechnung ist, ob ein Informationsaustausch möglich und naheliegend ist. Das ist vorliegend der Fall, da die tatsächliche Möglichkeit des Zugriffs der Mitarbeiter der einen Tochtergesellschaft auf die Daten der anderen Gesellschaft bestand und die rechtliche Zulässigkeit wegen der Einwilligung des VN gegeben war. Der Zugriff war auch naheliegend wegen des Hinweises im Antragsformular auf die bestehende Versicherung bei der verbundenen Gesellschaft.

Möglichkeit des Informationsaustausches

Allerdings muß das Gleichstellungsargument auch zu einer zeitlichen und persönlichen Begrenzung führen, damit der Vertragspartner einer juristischen Person nicht besser gestellt wird als derjenige einer natürlichen Person: Das als Wissen Zuzurechnende darf nicht zu einer Fiktion entarten, die juristische Personen oder andere am Rechtsverkehr teilnehmende Organisationen weit über jede menschliche Fähigkeit hinaus belaste. Vielmehr muß für denjenigen Menschen, für den die Zurechnung gelten soll, wenigstens eine reale Möglichkeit, aber auch ein Anlaß bestehen, sich das Wissen aus dem eigenen Gedächtnis, aus Speichern oder von anderen Menschen zu beschaffen.[45]

Selbst wenn man zu dem Ergebnis gelangen sollte, daß keine Wissenszurechnung allein aufgrund der Tatsache der konzernrechtlichen Verbundenheit gegeben ist, könnte eine Kenntniszurechnung dadurch in Betracht kommen, daß VR sich vom VN die Einwilligungserklärung hat geben lassen. V könnte dadurch Kenntnis erlangt haben, daß A die vorgedruckte Einwilligungserklärung im Formular unterschrieben hat. Möglicherweise nimmt der VR, der sich vom potentiellen VN eine solche Einwilligungserklärung unterschreiben läßt, dem VN die tatsächliche Auskunfterteilung ab.

Kenntnis durch Erteilung der Einwilligungserklärung

---

[45] Zu allem ausführlich BGH BB 1996, 924 ff.

186 Auge- und Ohr-Doktrin

Verantwortungs-bereich des VR

Für den VN stellt sich eine solche Einwilligungserklärung dergestalt dar, daß der VR mit der Auskunftseinholung bei dem mit ihm verbundenen Unternehmen alle erforderlichen Informationen erhält. Eine weitere Unterrichtung seinerseits erweist sich als überflüssig. Der VN genügt seiner Anzeigeverpflichtung durch die Einwilligung.

Der Versicherer hat Zugriff auf die Daten und muß sie nur noch zur Kenntnis nehmen. Tut er dies nicht, fällt es in seinen Verantwortungsbereich.

Soweit Kenntnisse im zivilrechtlichen Leistungssystem eine Rolle spielen, ist anerkannt, daß eine solche Kenntnis bereits vorliegt, wenn sie in zumutbarer Weise ohne Mühe erlangt werden kann.[46] Für V war es zumutbar auf die Daten der C-Versicherung zurückzugreifen.

Vergleichbar ist der Fall, in dem der VR sich eine Erklärung des VN geben läßt, womit er seinen behandelnden Arzt von der ärztlichen Schweigepflicht entbindet und der VR die Erkundigungen, die ihm möglich wären, nicht einholt. In einem solchen Fall kann der VR nicht vom VV zurücktreten mit der Begründung, der VN hätte seiner Anzeigegeobliegenheit nicht genügt.

kein Rücktrittsgrund

A hat seine Anzeigenobliegenheit nicht verletzt und V hat keinen Rücktrittsgrund. Der Vertrag ist nicht erloschen.

II. Ergebnis

E hat einen Anspruch auf Zahlung gegen V i.H.v. 100.000 DM gem. §§ 1 Abs. 1, S. 2, 159 Abs. 1 VVG i.V.m. §§ 1922, 1937, 2247 BGB.

---

[46] BGH VersR 1963, 161; BGH NJW 1973, 1496.

Klausur Nr. 12***

Ihr Kinderlein kommet

Angelehnt an: BGH NJW 1996, 715 und BGH VersR 1990, 625

Gesetzlicher Forderungsübergang nach § 67 Abs. 2 VVG - Haftungsreduktion oder Haftungsausschluß durch anteilige Prämienzahlung

Familie M wollte am 24. Dezember 1996 in ihrer vom Eigentümer E erst kürzlich für 130.000 DM renovierten Mietwohnung Heiligabend feiern. Dazu stellten sie in einiger Entfernung von den Fenstern einen mit echten Kerzen bestückten Weihnachtsbaum auf. Sicherheitshalber stellten sich noch einen Eimer mit Sand und einen mit Wasser auf. Die Mutter hatte bereits alle Kerzen entzündet und verließ das Bescherungszimmer kurzzeitig, um mit den Kindern zu singen und „auf das Christkind zu warten". Als sie die Tür schloß entstand ein starker Luftzug. Der Christbaum, der nicht gleichmäßig gewachsen war, neigte sich dadurch in Richtung Fenster. Die Gardinen fingen Feuer. Bald darauf brannte das Wohnzimmer. Vor Eintreffen der Feuerwehr hatte der Brand bereits die anderen Zimmer erfaßt. Die Wohnung brannte völlig aus.

Der Eigentümer und Vermieter (E) wendete 130.000 DM zur Instandsetzung der Wohnung auf. Diese Kosten wurden ihm vom Feuerversicherer (VR) ersetzt.

Nun verlangt der VR von der Mutter und Mieterin (M) der Wohnung die Erstattung dieser 130.000 DM.

M weigert sich den Betrag zu erstatten unter Hinweis auf den zwischen ihr und dem E geschlossenen Mietvertrag in dem es unter anderem heißt:

> *§ 2 Mietzins*
>
> *(4) Die Betriebskosten i.S.d. § 27 zweite Berechnunungsverordnung (...) werden umgelegt. (...) Sie sind monatlich im Voraus zu entrichten. (...)*

Für Sach- und Haftpflichtversicherungen beträgt der Anteil 1,47 DM.

§ 5 Allgemeine Vertragsbestimmungen

(...) Der Mieter haftet für Schäden, die durch schuldhafte Verletzung der ihm obliegenden Anzeige- und Sorgfaltspflichten verursacht werden.

Hat der VR einen Anspruch gegen M auf Erstattung der 130.000 DM?

Lösung

I. Anspruch des VR gegen M auf Erstattung der 130.000 DM

1. Anspruch aus § 67 Abs. 1 VVG

Der VR könnte gegen die M einen Anspruch auf Zahlung i.H.v. 130.000 DM aus § 67 Abs.1 VVG haben.

Diese Norm gewährt einen gesetzlichen Forderungsübergang (cessio legis) soweit der VR den VN einen Schaden ersetzt, für den dem VN ein Schadensersatzanspruch gegen einen Dritten zusteht.

Sinn und Zweck des § 67 Abs.2 VVG

Zu prüfen ist also, ob der VN (E) wegen des Brandschadens am Heiligabend gegen die M einen Anspruch auf Schadensersatz hat. Dies wäre dann nicht der Fall, wenn nicht nur E, sondern auch M selbst VN im rechtstechnischen Sinne gewesen wäre. Dafür könnte sprechen, daß die M nach § 2 Nr. 3 des Mietvertrages monatlich einen Anteil für „Sach- und Haftpflichtversicherungen" in Höhe von 1,47 DM zu zahlen hatte. Es wäre also möglich, daß der von E geschlossene Gebäudefeuerversicherungsvertrag zugleich die M mitbegünstigte.

Anspruch auf Schadensersatz VN gegen einen Dritten

In einem solchen Fall handelt es sich um eine „Versicherung für fremde Rechnung", die nach § 74 Abs. 1 VVG im eigenen Namen für einen anderen, mit oder ohne Benennung der Person des Versicherten, genommen werden kann. Die Formulierung in § 74 Abs.1 VVG zeigt aber bereits, daß bei der Versicherung für fremde Rechnung derjenige, der den Vertrag mit dem VR schließt, VN wird, während die begünstigte Person (hier wäre das M) die Rechte aus dem VV geltend machen dürfte (§ 75 Abs. 1 VVG). Dabei stellt § 75 Abs. 1 S.2 VVG klar, daß nur der VN die Aushändigung eines Versicherungsscheins verlangen und der Versicherte seine Ansprüche nur geltend machen kann, wenn er im Besitz des Versicherungsscheins ist.

Versicherung für fremde Rechnung

Aufgrund dieser strikten Trennung zwischen der Stellung des VN (hier E) und derjenigen des Versicherten (hier M) hatte sich die Rechtsprechung immer wieder mit der Frage zu befassen, inwieweit bei der Versicherung für fremde Rechnung der VN den Versicherten gegenüber einmal aus besonderen Gründen gehalten sein könnte, diesen zur Realisierung des ihm materiell zugeordneten Anspruchs (§ 75 Abs. 1 S.1 VVG) zu verhelfen.

berechtigte GoA - Treuhandlösung

Der BGH hat früher mit einer berechtigten GoA[1] gearbeitet, diese aber später zugunsten einer Treuhandlösung aufgegeben.[2] Die Literatur nimmt überwiegend an, daß für etwaige Ansprüche des Versicherten gegen den VN die Vereinbarungen im bürgerlich rechtlichen Innenverhältnis entscheidend seien.[3] Der BGH hat inzwischen angedeutet, daß es sich eher um sich ergänzende und nicht um sich ausschließende Begründungswege handeln dürfte.[4] Letztlich können Fragen dieser Art hier aber dahingestellt bleiben, da feststeht, daß M auch dann nicht VNin im Sinne von § 67 Abs. 1 VVG geworden ist, wenn man von einer sie begünstigenden Versicherung für fremde Rechnung ausginge. Denn auch in diesem Falle würde ein Anspruch des VN (hier E) jedenfalls dann auf den VR übergehen, wenn ein solcher Anspruch bestünde.

2. Schadensersatzanspruch für E gegen M

Anspruch aus pVV des Mietvertrages

In Betracht kommt, in Ermangelung spezialgesetzlicher Regelungen bei Miete, ein Anspruch des E gegen M aus positiver Vertragsverletzung (pVV) des Mietvertrags. M war für das Aufstellen und Absichern des Weihnachtsbaums verantwortlich. Zwar traf sie Sicherheitsmaßnahmen für den Fall eines Feuers, indem sie einen Eimer mit Sand und einen mit Wasser aufstellte. Sie hatte aber keinerlei Maßnahmen ergriffen, um die Standfestigkeit des nicht gleichmäßig gewachsenen Baumes zu

---

[1] BGHZ 32, 44, 51 f.
[2] BGHZ 64, 260, 263 f.
[3] Vgl. die Nachweise bei PRÖLSS/MARTIN/PRÖLSS, VVG Kommentar[25], § 67 Anm. 1 A.
[4] BGH VersR 1991, 299 f.

gewährleisten. Sie mußte also bei Beachtung der im Rechtsverkehr erforderlichen Sorgfalt (§ 276 BGB) damit rechnen, daß der Baum beim Türöffnen durch den dadurch entstehenden starken Luftzug bereits umfallen und ein Feuer entfachen würde. Indem M diese Zusammenhänge in der Hektik der bevorstehenden Bescherung mißachtete, verursachte sie fahrlässig den Wohnungsbrand und verletzte damit zugleich ihre Pflichten aus dem mit E geschlossenen Mietvertrag. Hiernach scheint alles für einen vertraglichen Schadensersatzanspruch des E gegen M zu sprechen.

Ob dies wirklich der Fall ist oder möglicherweise eine Haftungsreduktion zugunsten von M in Betracht kommt[5], könnte jedenfalls dann dahingestellt bleiben, wenn M nicht „Dritter" im Sinne von § 67 Abs. 1 VVG wäre. Der Forderungsübergang nach § 67 Abs. 1 VVG setzt nämlich voraus, daß ein Anspruch des VN gegen einen Dritten besteht. Haftungsreduktion

Gemeint sind damit im Grundsatz alle Personen, die nicht VN oder Versicherte sind.[6] Im vorliegenden Fall wurde oben zwar bereits geklärt, daß M nicht VNin geworden ist. Es wurde aber bereits angedeutet, daß die von E abgeschlossene Gebäudefeuerversicherung möglicherweise zu ihren Gunsten wirkte und sie deshalb „Versicherte" gewesen ist. Dies würde einen Rückgriff nach § 67 Abs. 1 S.1 VVG gegen M ausschließen. „Dritter" i.S.d. § 67 Abs.1 VVG

Damit ist die seit längerem streitige Frage gestellt, ob die Sachversicherung (hier die Gebäudefeuerversicherung) auch den Schutz von Haftpflichtinteressen (hier von M) mitumfassen kann.[7] Der BGH hat, nach zunächst schwankender Rechtsprechung[8] mit einer Entscheidung vom 13. Dezember 1995 Klarheit geschaffen.[9] Danach deckt die Gebäudefeuerversicherung - Umfang der Sachversicherung

---

[5] BGH NJW 1996,715 = VersR 1996,320.
[6] BGH 33, 40; BGH VersR 1964, 479; BGH VersR 1989, 251.
[7] Grundlegend: CHRISTIAN ARMBRÜSTER, Der Schutz von Haftpflichtinteressen in der Sachversicherung, 1994.
[8] BGH VersR 1990, 620, 625.
[9] BGH NJW 1996, 715 =VersR 1996, 320.

wie die Leitungswasserversicherung[10] und die Fahrzeugversicherung[11] - als reine Sachversicherung regelmäßig nur das Interesse des Eigentümers an der Erhaltung der Sache, hingegen nicht das in dem Haftpflichtrisiko bestehende Sachersatzinteresse des Mieters, weil die Gebäudeversicherung sonst in eine Haftpflichtversicherung umfunktioniert würde.[12] In der Literatur wird diese Sichtweise mit dem Argument unterstützt, das Versicherungsverhältnis beruhe auf der Spartentrennung und deren gesonderter, auf das jeweilige Risiko bezogene Ausgestaltung.[13] Diesen Überlegungen ist zuzustimmen. Soweit keine ausdrückliche Regelung vorliegt, bezieht die Gebäudeversicherung des Eigentümers nicht das Haftpflichtrisiko des Mieters ein.[14] Dieser kann sich nämlich durch Abschluß einer eigenen (ausreichenden) Haftpflichtversicherung Deckungsschutz auch für Gebäudeschäden besorgen.

Sinn und Zweck der Brandkassen

Der BGH hatte allerdings in einem früheren Fall[15] die Frage aufgeworfen, ob nicht in der Feuerversicherung, mit Rücksicht auf die mit der Errichtung öffentlicher Brandkassen verfolgten Zwecke die Bevölkerung vor den wirtschaftlichen Folgen von Brandschäden zu schützen, Mieter allgemein als in den Versicherungsschutz einbezogen angesehen werden müssen. Das Gericht hatte sich dabei auf Gründe gestützt, die Honsell[16] entwickelt hatte. Der BGH meinte, es sei nicht einzusehen, warum die Mieter gegen die wirtschaftlichen Folgen von Brandschäden weniger geschützt werden sollten, als die Hauseigentümer. Vor allem wäre der VR im Falle einer Vermietung besser gestellt, also im Falle einer Nutzung des Hauses durch den Eigentümer selbst. Dafür fehle es jedoch an einem rechtfertigenden Grund,

---

[10] BGH VersR 1991, 462.
[11] BGHZ 22, 109, 114; BGH VersR 1994, 85.
[12] BGH NJW 1996, 715 = VersR 1996, 320.
[13] BGH VersR 1992, 311 mit Besprechung EGON LORENZ.
[14] PETER SCHIMIKOWSKI, Übungen im Versicherungsvertragsrecht², 181; HELMUT SCHIRMER, Rechtsprechung des Bundesgerichtshofes zum allgemeinen Versicherungsvertragsrecht, ZVersWiss 1992, 381, 403.
[15] BGH VersR 1990, 625.
[16] BGH VersR 1995, 301.

da das Brandrisiko in der Regel durch die Vermietung nicht erhöht werde.[17] Diese Argumente, die der BGH - zu Recht - in seiner Entscheidung vom 13. Dezember 1995[18] nicht aufgegriffen hat, überzeugen nicht.

Der Umfang des Deckungsschutzes wird in der privaten Gebäudefeuerversicherung privatautonom vereinbart. Es kommt nicht darauf an, welche öffentlichen Interessen an der Einbeziehung bestimmter Personengruppen möglicherweise bestehen. Solche öffentlichen Interessen müßten wenn dies denn wirklich sinnvoll wäre, der Staat im Wege einer Zwangsmonopolversicherung durchsetzen. Richtig ist, daß der VR bei Vermietung des Hauses möglicherweise besser gestellt ist, als im Falle einer Nutzung des Hauses durch den Eigentümer selbst. Denn für Fälle dieser Art sieht § 67 Abs. 1 VVG im Grundsatz den Rückgriff gegen den Mieter vor. In Wirklichkeit wird damit aber nicht der VR besser gestellt, vielmehr sorgt die Rechtsordnung dafür, daß keine zufällige Schadensentlastung stattfindet, daß ein Schädiger also nicht davon profitiert, daß der Geschädigte sich versichert hat. Die scheinbare Besserstellung des VR ist also gar keine.

Aber auch versicherungstechnisch ist das Argument des BGH nicht überzeugend. VR, die in einem gewissen Maße Rückgriff nach § 67 VVG nehmen können, haben damit die Möglichkeit, die Sachversicherungsprämie niedriger zu gestalten. Im Ergebnis zahlen die Gebäudeeigentümer als Folge des in die Prämienkalkulation eingegangenen Rückgriffs nach § 67 VVG eine etwas geringere Prämie, als sie sie zahlen müßten, wenn sie das Gebäude als Eigentümer selbst nutzten.

Es bleibt somit dabei, daß die Gebäudeversicherung des Eigentümers nicht das Haftpflichtrisiko des Mieters abdeckt. Der Mieter ist also Dritter im Sinne von § 67 VVG und damit im Grundsatz Rückgriffsansprüchen des jeweiligen Versicherers ausgesetzt.

Zwischenergebnis

---

[17] So auch OLG Hamm, VersR 1987, 300.
[18] BGH NJW 1996, 715 = VersR 1996, 320.

3. Haftungsreduktion im Einzelfall

ausdrückliche mietvertragliche Haftungsreduktion

Dies schließt aber nicht aus, über die Frage nachzudenken, ob die Haftung der M für den hier verursachten Brandschaden nicht möglicherweise mietvertraglich ausgeschlossen war. Dafür enthält allerdings der Vertrag keine Anhaltspunkte. Im Gegenteil, es heißt dort im § 5: „Der Mieter haftet für Schäden, die durch schuldhafte Verletzung der ihm obliegenden Anzeige- und Sorgfaltspflichten verursacht werden". Gerade darum geht es bei der Haftung der M aus pVV des Mietvertrages.

stillschweigende mietvertragliche Haftungsreduktion

Möglicherweise ergibt sich aber aus weiteren Vereinbarungen des Mietvertrages eine stillschweigende Beschränkung der Haftung der M für die Verursachung von Brandschäden. Nach § 2 Abs. 4 des Mietvertrages werden die „Betriebskosten" im Sinne des § 27 der zweiten Berechnungsverordung umgelegt. Hierauf sind monatliche Vorauszahlungen zu leisten, darunter gem. § 2 Abs. 4 Nr.3 des Mietvertrages 1,47 DM für „Sach- und Haftpflichtversicherung". Dazu gehören, nach Nr. 13 der Anlage 3 zu § 27 Abs.1 der zweiten Berechnungsverordnung, die „Kosten der Versicherung des Gebäudes gegen Feuerschäden". Aus dieser Verpflichtung der M zur Zahlung der (anteiligen) Kosten der Feuerversicherung ergibt sich, so der BGH, im Wege ergänzender Vertragsauslegung eine stillschweigende Beschränkung der Haftung für die Verursachung von Brandschäden auf Vorsatz und grobe Fahrlässigkeit.[19]

Haftungsbeschränkung auf Vorsatz und grobe Fahrlässigkeit

Damit knüpft der BGH an seine Rechtsprechung an, wonach bei der Vermietung eines Kraftfahrzeugs der Mieter, der die Zahlung der Kaskoprämie übernommen hat, dem Vermieter bei Beschädigung des Kfz nur in dem Umfang haftet, indem er für den Schaden auch dann einzustehen hätte, wenn er selbst eine Kaskoversicherung für den ihm gehörenden Wagen abgeschlossen hätte.[20] In diesem Fall haftet er nach § 61 VVG nur für Vorsatz und grobe Fahrlässigkeit.

---

[19] BGH NJW 1996, 715 = VersR 1996, 320
[20] BGHZ 22, 109, 113.

Es ist deshalb folgerichtig, daß diese Grundsätze auch auf einen Mieter angewandt werden, der sich mietvertraglich zur Zahlung der (anteiligen) Kosten der Gebäudefeuerversicherung verpflichtet hat.[21] Auch das Reichsgericht hatte in der Verpflichtung eines gewerblichen Pächters zur Zahlung der Feuerversicherungsprämie eine konkludente Haftungsbeschränkung auf Vorsatz und grobe Fahrlässigkeit gesehen.[22] In Fällen, in denen der Mieter die Kosten der Gebäudefeuerversicherung jedenfalls anteilig zahlt, kann er auch nicht auf den Abschluß einer eigenen Haftpflichtversicherung verwiesen werden. Dadurch würden ihm, so der BGH, zusätzliche Kosten entstehen, obwohl er bereits die Kosten der Versicherung des Vermieters übernommen habe.

Auch aus § 67 Abs.1 S.3 VVG wonach der VR dann, wenn der VN seinen Anspruch gegen einen Dritten aufgibt, von seiner Ersatzpflicht insoweit frei wird, als er aus dem Anspruch hätte Ersatz erlangen können, ergibt sich nichts anderes.[23] Diese Vorschrift betrifft den Verzicht des Versicherungsnehmers auf bereits entstandene Ansprüche und regelt daher nicht unmittelbar den - hier vorliegenden - Fall, daß in Folge eines zwischen dem VN und dem Dritten (konkludent) vereinbarten Haftungsausschlusses, Ansprüche von vornherein gar nicht entstehen können. Soweit aufgrund einer solchen Abrede die Haftung des Dritten in dem verkehrsüblichen Umfang, also in der Regel für Zufall und leichte Fahrlässigkeit, entfällt, kann sich der VN also nicht darauf berufen, der VN habe zum Schaden des VR ein Recht aufgegeben.[24]

§ 67 Abs. 1 S.3 VVG

---

[21] Ähnlich bereits BGH VersR 1990, 625, wo sich der Vermieter vertraglich zum Abschluß der Gebäudefeuerversicherung verpflichtet hatte.
[22] RGZ 122, 292 f.
[23] BGH NJW 1996, 715 = VersR 1996, 320.
[24] BGHZ 22, 109, 119.

Genauso liegen die Dinge hier. Die Haftungsbeschränkung gegenüber E geht nicht über den verkehrsüblichen Umfang hinaus, da die Haftung der M für Vorsatz und grobe Fahrlässigkeit unberührt bleibt.

Im Ergebnis heißt das, daß die Haftung der M gegenüber E wegen fahrlässig verursachter Gebäudebeschädigungen bereits im Zeitpunkt der Schadensverursachung reduziert war, so daß ein übergangsfähiger Anspruch erst gar nicht entstanden.

II. Ergebnis

VR kann von M keine Zahlung verlangen.

Klausur Nr. 13***

Mord durch Bezugsberechtigten

Angelehnt an: BGH NJW-RR 1989, 1183 [BerGer OLG Hamm NJW-RR 1987, 1170]; RG PV JR 1942, 1514

Bezugsberechtigung - Anfechtung des Lebensversicherungsvertrags - schriftliche Einwilligung der versicherten Person - vorvertragliche Anzeigepflichten

Auf Betreiben des M ging am 20. Dezember 1994 ein mit Namen seiner Ehefrau F unterzeichneter Antrag auf Abschluß eines Risikolebensversicherungsvertrages bei dem Versicherer VR ein. Dem Antrag zufolge werden die Prämien von einem Konto des M eingezogen. Die im Versicherungsfall zu zahlende Versicherungssumme beträgt 400.000 DM. F ist VN, Bezugsberechtigter für den Fall ihres Todes ist ihr Ehemann M. VR nahm diesen Antrag am 20. Januar 1995 an. Die Verbraucherinformationen nach § 10a VAG wurden erteilt.

Da M, ein selbständiger Speditionskaufmann, in erheblichen wirtschaftlichen Schwierigkeiten war, tötete er entsprechend seines im November 1994 gefaßten Plans in der Nacht vom 14. zum 15. Januar 1995 seine Ehefrau F, um die Lebensversicherungssumme einzuziehen. Am 12. Juli 1995 wurde M unter dem Beifall des VR rechtskräftig wegen Mordes zu lebenslanger Freiheitsstrafe verurteilt.

M verlangte zunächst von VR die Auszahlung der Versicherungssumme an sich. Das lehnte VR mit der Begründung ab, die Unterschrift unter dem Versicherungsantrag sei gefälscht. Ferner focht VR den Versicherungsvertrag (VV) am 23. August 1996 an, da er sich über die Bonität der vermögenslosen F geirrt habe und M seine Absicht, F zu ermorden, bei Vertragsschluß verschwiegen habe.

M trat daraufhin seine Rechte in notarieller Form an den aus der Ehe mit F hervorgegangenen Sohn K ab.

Hat K gegen VR einen Anspruch auf Zahlung der Lebensversicherungssumme in Höhe von 400.000 DM, wenn M den Versicherungsantrag der F unterbreitete und diese den Vertrag unterschrieb?

Lösung

K könnte gegen VR einen Anspruch auf Zahlung von 400.000 DM gem. §§ 1 Abs. 1 S. 2, 170 Abs. 2 VVG i.V.m. §§ 1922, 1924 Abs. 1, 2033 Abs. 1 BGB haben.

Voraussetzung hierfür ist, daß K hinsichtlich eines Anspruches aus einem wirksamen VV aktivlegitimiert ist und der Versicherungsfall eingetreten ist.

I. Aktivlegitimation des K

K könnte als Erbe der F gem. §§ 1922 Abs. 1, 1924 Abs. 1 BGB und als Zessionar gem. § 2033 Abs. 1 BGB aktivlegitimiert sein. Das setzt in beiden Fällen voraus, daß der Anspruch auf die Versicherungsleistung in den Nachlaß der F gefallen ist.

Das ist nicht der Fall, wenn M Bezugsberechtigter ist, da dieser den Anspruch auf die Versicherungsleistung unmittelbar und originär in eigener Person erwirbt. Da ein Durchgang durch das Vermögen des VN nicht stattfindet, kann der Anspruch auch nicht in dessen Nachlaß fallen.[1] M wurde im VV als Bezugsberechtigter bezeichnet, § 166 Abs. 1 S. 1 VVG.

Bezugsberechtigung des M

Allerdings gilt die Bezeichnung gem. § 170 Abs. 2 VVG als nicht erfolgt, wenn ein anderer durch eine widerrechtliche Handlung vorsätzlich den Tod desjenigen herbeiführt, auf dessen Person die Versicherung genommen wurde (Gefahrenumstandsausschluß). M hat den Tod der F, auf die die Versicherung gem. § 159 Abs. 1 VVG genommen wurde, herbeigeführt. Er handelte widerrechtlich, da keine Rechtfertigungsgründe ersichtlich sind. Fraglich ist, ob M vorsätzlich handelte. Das könnte bereits der Fall sein, weil Mord, zu dem M verurteilt worden ist, Vorsatz voraussetzt. Dem steht jedoch entgegen, daß das Strafurteil für das Zivilurteil keine bindende Kraft hat, § 14 Abs. 2 Nr. 1 EGZPO. Für § 170 Abs. 2 VVG ist

§ 170 Abs. 2 VVG

---

[1] Nahezu unstr., vgl. nur BGH NJW 1995, 3113; BGHZ 32, 44, 47; 13, 226, 232.

vielmehr der vom strafrechtlichen Vorsatzbegriff zu unterscheidende zivilrechtliche Vorsatzbegriff maßgeblich. Danach ist Vorsatz Wissen und Wollen des rechtswidrigen Erfolges im Bewußtsein der Rechtswidrigkeit. M handelte in Kenntnis der Umstände und wollte den Tod der F herbeiführen, da er nur so die Auszahlung der Lebensversicherungssumme an sich erreichen konnte. An das Bewußtsein der Rechtswidrigkeit sind keine zu hohen Anforderungen zu stellen. Handelt - wie hier - M gegen eine elementare Verhaltenspflichten, war ihm auch bewußt, daß er rechtswidrig handelte. M handelte daher vorsätzlich. Rechtsfolge ist, daß die Bezeichnung des M als Bezugsberechtigten, als nicht erfolgt gilt. Der Anspruch auf die Versicherungsleistung selbst wird dadurch nicht berührt.

„Bezugsberechtigung" des K

Den Fall des Anspruchs auf die Versicherungsleistung in den Nachlaß der F könnte entgegenstehen, daß der Anspruch erst im Zeitpunkt des Versicherungsfalles (Tod der F) entsteht, § 1 Abs. 1 S. 2 VVG. In den Nachlaß fallen aber nur zum Zeitpunkt des Todes bestehende Forderungen. Daher wird vertreten, daß der VV kein Forderungsrecht des VN begründe, sondern ein durch den Tod des VN bedingtes Forderungsrecht Dritter.[2] Diese sind danach nicht als Erben, sondern generell als im VV nicht bezeichnete Bezugsberechtigte anspruchsberechtigt. Hierbei wird verkannt, daß der VN vor Eintritt des Versicherungsfalles eine gesicherte Rechtsposition innehat, die der Versicherer nicht mehr einseitig zerstören kann. Dem entspricht es, den den Anspruch auf die Versicherungsleistung begründenden VV durch den Eintritt des Versicherungsfalles als aufschiebend bedingt i.S.v. § 158 Abs. 1 BGB anzusehen.[3] Aufschiebend bedingte Ansprüche entfalten zwar ihre volle Wirksamkeit erst mit Eintritt der Bedingung; der VN hat aber vor Bedingungseintritt ein Anwartschaftsrecht. Dieses gehört zum Vermögen des VN, fällt in den Nachlaß und erstarkt dort im Zeitpunkt des Versicherungsfalles zum Vollrecht. Im vorliegenden Fall trat

---

[2] RGZ 1, 378; weitere Nachweise bei BRUCK/MÖLLER/WINTER, VVG[8] V/2, Anm. H 25.
[3] BGHZ 32, 44, 47.

mit dem Tod der F der Versicherungsfall ein. Das Anwartschaftsrecht der F erstarkte zum Vollrecht. Der Anspruch auf die Versicherungsleistung fiel daher in den Nachlaß der F.

K muß ferner Erbe sein. Mangels Verfügung von Todes wegen kommt nur gesetzliche Erbfolge in Betracht. Nach § 1924 Abs. 1 BGB ist der Abkömmling des Erblassers gesetzlicher Erbe erster Ordnung. Abkömmling der Erblasserin F ist deren eheliches Kind und damit K. § 1924 Abs. 1 BGB wird durch das Ehegattenerbrecht gem. § 1931 Abs. 1. S. 1 BGB ergänzt. Danach ist der überlebende Ehegatte des Erblassers neben Verwandten der ersten Ordnung zu ¼ als Erbe berufen. Dieser Erbteil erhöht sich gem. §§ 1931 Abs. 3, 1371 Abs. 1 BGB um ¼ der Erbschaft, sofern der Güterstand der Zugewinngemeinschaft vorliegt. Das ist gem. § 1363 Abs. 1 BGB der Fall, wenn wie hier kein Ehevertrag vereinbart ist. Damit ist K neben M zu ½ Erbe einer Erbengemeinschaft gem. § 2032 Abs. 1 BGB geworden.
 gesetzliche Erbfolge

K könnte auch hinsichtlich des Erbteiles des M aktivlegitimiert sein, da M „seine Rechte" an K abtrat. Abtretung setzt gem. § 398 S. 1 BGB Einigung zwischen Zedent und Zessionar und Berechtigung des Zedenten hinsichtlich einer bestimmten oder bestimmbaren Forderung voraus. Eine Einigung zwischen M und K liegt hier vor. Ob M Berechtigter ist, bestimmt sich nach der der Abtretung zugrunde liegenden Forderung. Als Forderung kommt zunächst der Anspruch aus dem VV in Betracht. Da aber die Bezeichnung des M als Bezugsberechtigter nach § 170 Abs. 2 VVG als nicht erfolgt gilt, war M Nichtberechtigter. Der Anspruch aus dem VV war also nicht „sein" Recht und scheidet als Gegenstand der Abtretung aus.
 keine Abtretung des Anspruchs aus dem VV

Die Abtretung könnte sich aber auf den Erbteil des M beziehen. In Abweichung der für Gesamthandsgemeinschaften geltenden Grundsätze (z.B. §§ 719 Abs. 1, 1419 Abs. 1 BGB) kann der Miterbe seinen Erbteil nach §§ 2033 Abs.1 S. 1, 398 S. 1, 413 BGB abtreten. Hierzu bedarf es gem. § 2033 Abs. 1 S. 2 BGB der notariellen Beurkundung. Da M seine Rechte an K in notarieller Form abtrat, ist diese Voraussetzung erfüllt.
 Abtretung des Erbteils von M an K

Rechtsfolge der Abtretung an einen Miterben ist, daß der Erbteil des Zessionars analog §§ 1935, 2094 BGB anwächst.[4] Vereinigen sich die Erbteile in einer Person, so wird die Erbengemeinschaft aufgehoben und die Erbteile gehen unter.[5] Es besteht der gleiche Rechtszustand wie bei dem ursprünglichen Anfall an einen Alleinerben.[6] Indem M seine Rechte an K abtrat, vereinigten sich in K alle Erbteile, so daß dieser Alleinerbe wurde.

Zwischenergebnis   K ist hinsichtlich des Anspruchs auf die Versicherungsleistung in vollem Umfang aktivlegitimiert.

II. Wirksamer Lebensversicherungsvertrag

Angebot und Annahme   Ein wirksamer VV zwischen VR und F setzt zwei korrespondierende Willenserklärungen in Form von Angebot und Annahme gem. §§ 145 ff BGB voraus. Indem F das Vertragsformular unterzeichnete, gab sie ein Angebot ab, das VR am 20. Januar 1995 annahm. Der Wirksamkeit des VV steht § 5 a VVG nicht entgegen, da die Verbraucherinformationen i.S.v. § 10 a VVG erteilt wurden. Ein wirksamer VV ist zustande gekommen.

III. Anfechtung der Versicherers

Anfechtung   Der VV könnte gem. § 142 Abs. 1 BGB aufgrund Anfechtung durch VR von Anfang an nichtig sein. VR hat ausdrücklich die Anfechtung erklärt. Es fragt sich, ob ein Anfechtungsgrund vorliegt.

§ 119 Abs.2 BGB   Als Anfechtungsgrund kommt zunächst ein Irrtum über die Eigenschaft einer Person gem. § 119 Abs. 2 BGB in Betracht, da sich VR über die Bonität der F irrte. § 119 Abs. 2 BGB könnte jedoch durch §§ 16 ff VVG verdrängt sein. Nach § 22 VVG bleibt das Recht des Versicherers, den VV wegen arglistiger Täuschung anzufechten, unberührt. Daraus folgt im

---

[4] BayObLG NJW 1981, 830.
[5] SOERGEL-WOLF, BGB-Kommentar[12], § 2033 Rn 15.
[6] BGH NJW 1977, 1828; BGH LM § 2033 BGB Nr 8.

Umkehrschluß, daß die §§ 16 ff VVG die Anfechtung wegen
anderer Willensmängel als die der arglistigen Täuschung ausschließen. Eine Anfechtung gem. § 119 Abs. 2 BGB scheidet
daher aus.[7]

Fraglich ist, ob VR den VV wegen arglistiger Täuschung gem. §§ 22 VVG, 123 Abs. 1 BGB anfechten kann. Das setzt voraus, daß VR arglistig über Gefahrumstände getäuscht worden ist. Gefahrumstände sind jedenfalls diejenigen gefahrerheblichen Umstände des § 16 Abs. 1 S. 2 VVG und damit alle Tatsachen, die geeignet sind, auf den Entschluß des Versicherers, einen Vertrag überhaupt oder zu den vereinbarten Bedingungen abzuschließen, Einfluß ausüben. Da VR bei Kenntnis der Absicht des M, die F zu ermorden, den VV nicht abgeschlossen hätte, liegt ein Gefahrumstand vor.[8] Über diesen muß VR getäuscht worden sein. Täuschung ist Erregung, Bestärkung oder Aufrechterhaltung eines Irrtums durch Vorspiegeln falscher oder Unterdrücken wahrer Tatsachen. Indem M seine Absicht, F zu ermorden, nicht offenbarte, hat er eine wahre Tatsache unterdrückt. Das Unterdrücken einer wahren Tatsache steht dem Vorspiegeln einer falschen Tatsache aber nur gleich, wenn eine Aufklärungspflicht besteht.[9] Eine solche Pflicht begründet hier die Verletzung der vorvertraglichen Anzeigepflicht gem. § 16 Abs. 1 S. 1 VVG.[10]

§§ 22 VVG, 123 BGB

Da aber F selbst VR nicht täuschte, ist zu prüfen, ob sich F die von M verübte arglistige Täuschung zurechnen lassen muß. Nach § 123 Abs. 2 S. 1 BGB ist eine Erklärung, die einem anderen gegenüber abzugeben war, dann, wenn ein Dritter die Täuschung verübt hat, nur anfechtbar, wenn der Erkärungsempfänger die Täuschung kannte oder kennen mußte. Da F die täuschenden Erklärungen des M weder kannte noch kennen mußte, kommt es entscheidend darauf an, ob M Dritter im Sinne dieser Vorschrift ist. Als Dritter gilt nicht, wer bei Abgabe

M Dritter i.S.v. § 123 Abs. 2 BGB, da Verhandlungsgehilfe der F

---

[7] HANS-LEO WEYERS, Versicherungsvertragsrecht[2], Rn 176.
[8] BGH NJW-RR 1989, 1183, 1184.
[9] BGH NJW 1989, 764.
[10] KG JRPV 1935, 314.

der Erklärung mit Wissen und Wollen des Anfechtungsgegners als dessen Vertrauensperson oder Repräsentant auftritt. Das ist insbesondere beim Stellvertreter und beim Verhandlungsgehilfen der Fall.[11] Verhandlungsgehilfe ist derjenige, der für einen anderen zur Vorbereitung eines Rechtsgeschäfts tätig wird. Da vorliegend der Versicherungsantrag auf Betreiben des M bei VR einging, M den VV der F unterbreitete und die Prämien von dem Konto des M eingezogen werden sollten, war dieser Verhandlungsgehilfe der F. Daher muß sich F die arglistige Täuschung des M zurechnen lassen.

Anfechtungsfrist — Allerdings muß VR den VV innerhalb der Anfechtungsfrist angefochten haben. Diese beträgt nach § 124 Abs. 1 BGB ein Jahr. Gem. § 124 Abs. 2 S. 1 BGB beginnt die Frist mit dem Zeitpunkt der Kenntnis von der Täuschung. VR erlangte Kenntnis von der Täuschung mit der Verurteilung des M. Daher hätte VR die Anfechtung spätestens am 12. Juli 1996 erklären müssen, §§ 185 ff BGB. Da das nicht der Fall war, ist VR mit der Anfechtung ausgeschlossen.

IV. Rücktritt des Versicherers

Rücktritt gem. § 16 Abs. 2 S. 1 VVG — VR könnte von seiner Pflicht zur Leistung freigeworden sein (vgl. § 20 Abs. 2 S. 2 VVG), wenn er vom Vertrag gem. § 16 Abs. 2 S. 1 VVG zurückgetreten ist.

Rücktrittserklärung — Hierzu muß VR gem. § 20 Abs. 2 S. 1 VVG den Rücktritt erklärt haben. Ausdrücklich hat VR nur die Anfechtung erklärt.

Auslegung — Die Anfechtungserklärung könnte aber als Rücktrittserklärung auszulegen sein. Hat jedoch die Erklärung, wie hier, nach dem Wortlaut einen eindeutigen Inhalt, ist für eine Auslegung kein Raum.[12]

Umdeutung — Die Anfechtungserklärung könnte in eine Rücktrittserklärung umzudeuten sein. Das ist gem. § 140 BGB möglich, wenn der Rücktritt in allen wesentlichen Merkmalen und Wirkungen der

---

[11] BGH WM 1979, 237; BGH NJW 1978, 2144 m.w.N.
[12] BGHZ 25, 318, 319.

Anfechtung und dem mutmaßlichen Parteiwillen entspricht. Dafür spricht, daß Rücktritt und Anfechtung die Nichtanzeige von Gefahrumständen voraussetzen und Wirkung des Rücktritts und der Anfechtung die Befreiung von der Leistungspflicht ist.[13] Indessen sind hier die versicherungsrechtlichen Besonderheiten zu berücksichtigen. So finden etwa § 21 VVG (Leistungspflicht trotz Rücktritt) und § 16 Abs. 3 VVG (Ausschluß des Rücktrittsrechts) keine Entsprechungen in den Anfechtungsvorschriften.[14] Zudem ist der mit der Materie und mit den ihm zur Verfügung stehenden Rechtsinstituten vertraute VR nicht schutzwürdig, § 242 BGB.[15] Die Voraussetzungen einer Umdeutung gem. § 140 BGB liegen daher nicht vor.

Darüber hinaus ist fraglich, ob der Rücktritt innerhalb der Rücktrittsfrist erklärt wurde. Nach § 20 Abs. 1 S. 1 VVG muß der Rücktritt innerhalb eines Monats erfolgen. Die Frist beginnt gem. § 20 Abs. 1 S. 2 VVG mit dem Zeitpunkt, in welchem der Versicherer von der Verletzung der Anzeigepflicht Kenntnis erlangt. Kenntnis erlangt der Versicherer, wenn er zuverlässige Kunde von den Umständen erhalten hat, aus denen sich die Verletzung der Anzeigepflicht ergibt.[16] Das war mit der Verurteilung des M, d.h. am 12. Juli 1995, der Fall. Da er den Rücktritt erst am 23. August 1996 erklärte, erfolgte die Rücktrittserklärung verspätet.

Rücktrittsfrist gem. § 20 VVG

§ 20 Abs. 1 S. 1 VVG könnte aber durch § 163 S. 2 VVG als speziellere Vorschrift verdrängt sein. Danach bleibt das Rücktrittsrecht bestehen, wenn die Anzeigepflicht arglistig verletzt worden ist. Dagegen sprechen systematische Erwägungen. § 163 S. 2 VVG soll nur den Anwendungsbereich der zehnjährigen Ausschlußfrist des § 163 S. 1 VVG für den Fall der Arglist einschränken.

Ausschlußfrist gem. § 163 VVG

---

[13] OLG Hamm VersR 1981, 275; LG Kiel VersR 1951, 196; PRÖLSS/MARTIN/PRÖLSS, VVG-Kommentar²⁵, § 20 Anm.3; vgl. auch BGH NJW 1975, 1700.
[14] OLG Köln VersR 1993, 297; OLG Düsseldorf VersR 1961, 1014; OLG Oldenburg VersR 1979, 269.
[15] OLG Köln a.a.O. (Fn 14).
[16] BGH VersR 1980, 762.

§ 20 Abs. 1 S. 1 VVG, der anders als § 163 VVG auf Kenntnis abstellt, soll dadurch aber nicht verdrängt werden.

V. Durchsetzbarkeit des Anspruchs

1. Arglisteinrede (§ 853 BGB)

Arglisteinrede gem. § 853 BGB

Dem Anspruch des K könnte die Arglisteinrede gem. § 853 BGB entgegenstehen. Danach kann der durch eine unerlaubte Handlung Verletzte (VR) die Erfüllung einer Forderung, die der Verletzende durch die unerlaubte Handlung erlangt hat (K), auch dann verweigern, wenn der Anspruch auf Aufhebung der Forderung verjährt ist. Das muß erst recht für den Fall gelten, wenn - wie hier - der Anspruch auf Aufhebung der Forderung noch nicht gem. § 852 Abs. 1 BGB verjährt ist.

unerlaubte Handlung

VR könnte gegen K einen Anspruch aus unerlaubter Handlung gem. §§ 831 Abs. 1, 1967 Abs. 1 BGB haben. K haftet gem. § 1967 Abs. 1 BGB für Nachlaßverbindlichkeiten. Nach § 1967 Abs.2 BGB sind Nachlaßverbindlichkeiten unter anderem Erblasserschulden. Erblasserschulden sind insbesondere auch Verbindlichkeiten aus unerlaubten Handlungen,[17] §§ 823 Abs.2 BGB, § 263 Abs.1 StGB. § 831 Abs. 1 BGB setzt voraus, daß jemand einen anderen zu einer Verrichtung bestellt hat und dieser einen Dritten in Ausführung der Verrichtung rechtswidrig schädigt. Zur Verrichtung ist der bestellt, der in die Herrschafts- und Organisationssphäre eines anderen eingegliedert und an dessen Weisungen gebunden ist.[18] Das war bei M nicht der Fall, da dieser weder in die Herrschafts- und Organisationssphäre der F eingegliedert noch an deren Weisungen gebunden war. Damit war M nicht Verrichtungsgehilfe der F. VR hat keinen Anspruch aus unerlaubter Handlung gegen F, für den K gem. § 1967 Abs.1 BGB haften müßte. Die Arglisteinrede gem. § 853 BGB steht dem Anspruch des K auf die Versicherungsleistung nicht entgegen.

---

[17] RGZ HRR 1942 Nr.522; PALANDT/EDENHOFER, BGB-Kommentar⁵⁷, § 1967.
[18] BGHZ 45, 311, 313.

2. Leistungsverweigerungsrecht

Dem Anspruch des K könnte ein Leistungsverweigerungsrecht des VR aufgrund culpa in contrahendo (c.i.c.) i.V.m. § 249 S. 1 BGB i.V.m. § 1967 BGB entgegenstehen.

Leistungsverweigerungsrecht c.i.c. i.V.m. § 249 S.1 BGB

Dann darf der Anspruch aus c.i.c durch die Anfechtungsvorschriften gem. §§ 123 ff BGB nicht ausgeschlossen sein. Für einen Ausschluß spricht, daß der Anspruch aus c.i.c. gem. § 195 BGB nach 30 Jahren verjährt, mithin die einjährige Ausschlußfrist der Anfechtung gem. § 124 BGB umgangen wird. Dagegen spricht, daß dieses Argument allenfalls die analoge Anwendung von § 124 BGB rechtfertigt, nicht aber einer Anspruchskonkurrenz entgegensteht. Zudem verdient das Vertrauen in den Bestand des Vertrages desjenigen, der seinen Vertragspartner arglistig getäuscht hat, auch nach Ablauf der Anfechtungsfrist keinen Schutz.[19] Daher kommt nach ständiger Rechtsprechung ein von der Frist des § 124 BGB unberührter Anspruch aus c.i.c. dort in Betracht, wo die Regelung der §§ 16 ff VVG nicht eingreift. Das ist bei der Täuschung über andere als gefahrerhebliche Umstände der Fall oder wenn andere Interessen des Versicherers nicht abschließend behandelt werden.[20] Letzteres ist bei unerlaubten Handlungen der Fall. Als solche kommt hier §§ 823 Abs. 2 BGB, 263 Abs. 1 StGB i.V.m. § 1967 Abs. 1 BGB in Betracht. Das setzt einen Verstoß gegen ein Schutzgesetz voraus. Ein Schutzgesetz ist jede Rechtsnorm im materiellen Sinn (Art. 2 EGBGB), die jedenfalls auch den Schutz des Einzelnen bezweckt. Betrug gem. § 263 Abs. 1 StGB schützt primär den Einzelnen vor Vermögensverlust und ist daher ein Schutzgesetz i.S.v. § 823 Abs. 2 BGB. M täuschte den Sachbearbeiter von VR über seine gegen F gerichteten Mordabsichten in mittelbarer Täterschaft (§ 25 Abs. 2 StGB). Dadurch stellte sich bei dem Sachbearbeiter ein entsprechender Irrtum ein, der zur Annahme des VV und damit zu einer Vermögensverfügung führte. Der Vermögensschaden ist

Anspruchskonkurrenz

---

[19] BGH NJW 1979, 1983, 1984.
[20] BGH NJW-RR 1989, 1183, 1184; BGH NJW 1984, 2814, 2815; BGH NJW 1979, 1983.

in der schadensgleichen Vermögensgefährdung, die Versicherungssumme auszahlen zu müssen, begründet. Da M vorsätzlich und in Bereicherungsabsicht handelte, liegt ein Betrug gem. § 263 StGB vor. Da M weiter rechtswidrig handelte, hat M gegen VR eine unerlaubte Handlung gem. §§ 823 Abs. 2 BGB, 263 Abs. 1 StGB begangen. Der Anspruch aus c.i.c. ist somit nicht durch §§ 123 ff BGB ausgeschlossen.

Voraussetzung der c.i.c.

Indem M vorsätzlich seine gegen F gerichteten Mordabsichten VR nicht anzeigte, hat er schuldhaft eine Pflichtverletzung begangen. Fraglich ist, ob sich F die Pflichtverletzung und das Verschulden gem. § 278 BGB zurechnen lassen muß. Das ist der Fall, wenn zum Zeitpunkt der Pflichtverletzung zwischen F und VR eine Sonderverbindung bestand und M Erfüllungsgehilfe der F war. Zwischen F und VR bestand zum maßgeblichen Zeitpunkt aufgrund des sich anbahnenden Vertragsverhältnisses eine Sonderverbindung. Erfüllungsgehilfe ist, wer mit Wissen und Wollen des Schuldners in dessen Pflichtenkreis tätig wird.[21] Da M den Versicherungsantrag der F unterbreitete und diese den Vertrag unterschrieb, war M mit Wissen und Wollen der F für diese tätig. Nach § 1967 BGB haftet K für diesen Anspruch.

Rechtsfolge der c.i.c.

Rechtsfolge ist, daß K nach § 249 S. 1 BGB VR so stellen muß, als sei die arglistige Täuschung nicht erfolgt.

Daher kann VR Befreiung von der Vertragspflicht verlangen oder wie hier die Erfüllung des VV verweigern.[22]

VI. Ergebnis

K hat gegen V keinen Anspruch auf Zahlung der Lebensversicherungssumme in Höhe von 400.000 DM.

---

[21] BGHZ 98, 330, 334.
[22] BGH NJW 1979, 1983, 1984.

Fallabwandlung

Steht K gegen VR ein Anspruch auf Zahlung zu, wenn M den Lebensversicherungsantrag unterschrieben hat und feststeht, daß F nicht in den Abschluß des VV schriftlich einwilligte?

Lösung

K könnte gegen VR einen Anspruch auf Zahlung der Versicherungssumme i.H.v. 400.000 DM gem. §§ 1 Abs. 1 S. 2, 170 Abs. 2 VVG i.V.m. §§ 1922, 1924 Abs. 1, 2033 Abs. 1 BGB haben.

Voraussetzung hierfür ist, daß der aktivlegitimierte (s.o.) K Inhaber eines Anspruchs aus einem wirksamen VV ist und der Versicherungsfall eingetreten ist.

I. Wirksamer Lebensversicherungsvertrag

Ein wirksamer VV zwischen VR und F setzt zwei korrespondierende Willenserklärungen in Form von Angebot und Annahme gem. §§ 145 ff BGB voraus.

Es fragt sich, ob ein wirksames Angebot der F vorliegt. F hat im eigenen Namen kein Angebot abgegeben, da M den VV unterzeichnete. *Angebot der F*

M könnte aber ein Angebot als Stellvertreter der F abgegeben haben. Das setzt nach § 164 Abs. 1 BGB voraus, daß der Vertreter eine Willenserklärung im Namen des Vertretenen innerhalb bestehender Vertretungsmacht abgibt. Dann muß M im Namen der F gehandelt haben (Offenkundigkeitsprinzip). Das ist der Fall, wenn M durch ausdrückliche Erklärung (§ 164 Abs. 1 S. 1 BGB) oder aus den Umständen der Erklärung selbst (§ 164 Abs. 1 S. 2 BGB) klargestellt hat, im fremden Namen zu handeln. Zwar hat M den Namen der F verwendet, jedoch hat er dabei nicht zum Ausdruck gebracht, daß F eine von ihm verschiedene Person ist. Durch den Gebrauch des Namens der F wurde vielmehr gerade verdeckt, daß anstelle des Namensträ- *Stellvertretung* gers ein anderer handelt. Mangels Offenkundigkeit scheidet eine Stellvertretung aus.

Handeln unter fremden Namen

M könnte aber unter fremden Namen gehandelt haben. Unter fremden Namen handelt der Erklärende, wenn er unter einem falschen Namen auftritt und bei dem Erklärungsempfänger den Anschein erweckt, er selbst sei der Vertretene (Identitätstäuschung). Indem M den Namen der F ohne Vertreterzusatz verwendete, erweckte er den Anschein, er selbst sei F.

Nichtigkeitstheorie

Es fragt sich, ob die Erklärung in sich widersprüchlich ist und daher wegen Perplexität nichtig ist. Zum einen erklärte M, selbst verpflichtet sein zu wollen, indem er den Vertrag unterzeichnete und die Fremdbezogenheit nicht offenlegte. Zum anderen erklärt M durch die falsche Namensangabe, selbst nicht verpflichtet sein zu wollen.

Gegen diese früher vertretene Ansicht[23] spricht, daß Perplexität nicht vorliegt, wenn die Erklärungen widerspruchsfrei ausgelegt werden können. Maßgeblich ist dabei nicht der innere Wille, sondern der nach außen hin erklärte Wille, § 164 Abs. 2 BGB.

Hier, wie sonst auch, ist der Empfängerhorizont entscheidend, §§ 133, 157 BGB. Dann aber darf der nicht gegenüber VR offen gelegte Umstand, daß M den Vertrag unterzeichnete, keine Berücksichtigung finden. Aus der Sicht des VR individualisiert allein der die Vertragsunterzeichnung abschließende Name die Person, für die das Geschäft gelten soll. Die Erklärung des M ist daher nicht wegen Perplexität unwirksam.

Eigengeschäftstheorie

Nach anderer Ansicht ist das Handeln unter fremdem Namen stets als Eigenhandeln aufzufassen.[24] Da der Handelnde gerade nicht deutlich mache, das Rechtsgeschäft als eigenes zu wollen, liege nach § 164 Abs. 2 BGB ein Eigenhandeln des Erklärenden vor, der durch seine Willenserklärung selbst berechtigt und verpflichtet werde.

---

[23] RGZ 38, 178 ff.
[24] RGZ 95, 188; OLG Koblenz MDR 1958, 687; OLG Frankfurt Bankarchiv 5, 240; HEINZ HOLZHAUER, Die eigenhändige Unterschrift, 172.

Diese Ansicht berücksichtigt aber nicht, daß es dem Geschäftsgegner im Einzelfall gerade darauf ankommen kann, mit dem Namensträger zu kontrahieren.

Nach überwiegender Ansicht ist entscheidend, ob nach dem erklärtem Parteiwillen, der Art des Rechtsgeschäfts oder den besonderen Umständen die fehlende Identität des Handelnden mit dem wirklichen Namensträger rechtlich von Bedeutung ist oder nicht. Ist sie es nicht, ist der mit falscher Namensangabe Handelnde selbst Geschäftspartei (Eigengeschäft). Die §§ 164 ff BGB sind unanwendbar. Ist durch den genannten Namen für den anderen Teil eine bestimmte andere Person individualisiert und kam es ihm gerade auf den Abschluß mit dieser an, so sind Willenserklärung und Rechtsgeschäft auch auf diese Person und nicht auf den Handelnden bezogen. Dann sind die Regeln des Vertretungsrechts (§§ 164 ff BGB, insbesondere §§ 177, 179 BGB) unmittelbar[25] oder analog[26] anzuwenden. Vorliegend war F für VR individualisiert. Es kam VR darauf an, gerade mit F zu kontrahieren, da für den Versicherer die versicherte Person in Hinblick auf das zu übernehmende Risiko von herausragender Bedeutung ist. Dies gilt insbesondere, wenn, wie hier, eine Risikolebensversicherung Vertragsgegenstand ist.

Auslegungstheorie

Fraglich ist, ob M mit Vertretungsmacht handelte. Der Sachverhalt läßt offen, ob F den M bevollmächtigte. Hierauf kommt es nicht an, wenn die Bevollmächtigung des M (§ 166 Abs. 2 S.1 BGB) der hier nicht vorliegenden schriftlichen Einwilligung gem. § 159 Abs. 2 S. 1 VVG bedurfte. Allerdings bedarf nach § 167 Abs. 2 BGB die Bevollmächtigung nicht der Form, die für das Rechtsgeschäft bestimmt ist, auf das sich die Vollmacht bezieht.[27]

Vertretungsmacht

---

[25] WERNER FLUME, BGBAllgTeil³, Bd II, § 44 IV; DIETER MEDICUS, Bürgerliches Recht¹⁵, 40.
[26] BGH NJW-RR 1989, 1183, 1184; BGHZ 45, 193, 195; RGZ 145, 87, 89, OLG Düsseldorf NJW 1985, 2484; MÜKO-THIELE, BGB-Kommentar³, Bd.1, § 164 Rn 2 ff; JÜRGEN PRÖLSS, Vertretung ohne Vertretungsmacht, JuS 1985, 584.
[27] A.A. OLG Frankfurt VersR 1997, 478.

Einwilligung gem. § 159 Abs. 2 S. 1 VVG

Dennoch kann offenbleiben, ob F den M tatsächlich bevollmächtigte, wenn zwar nicht die Bevollmächtigung, jedoch der VV der schriftlichen Einwilligung bedurfte. Nach § 159 Abs. 2 S. 1 VVG bedarf die für den Fall des Todes eines anderen genommene Versicherung der schriftlichen Einwilligung, wenn die vereinbarte Leistung den Betrag der gewöhnlichen Beerdigungskosten übersteigt. Während letzteres hier der Fall ist, fragt es sich, ob die Versicherung auf eine andere Person (der Gefahrsperson) genommen wurde.

Nach § 159 Abs. 1 VVG kann die Lebensversicherung auf die Person des VN oder eines anderen genommen werden. Letzterer muß daher eine vom VN verschiedene Person sein. Da F VN ist, ist § 159 Abs. 2 S. 1 VVG nicht direkt anwendbar. Jedoch könnte § 159 Abs. 2 S. 1 VVG analog anwendbar sein. Dann muß eine planwidrige Regelungslücke vorliegen und eine vergleichbare Interessenlage bestehen. Eine planwidrige Regelungslücke liegt hier vor, da der Fall, daß der Bezugsberechtigte als Vertreter des Versicherungsnehmers, dessen Leben versichert werden soll, auftritt, gesetzlich nicht geregelt ist und dem Gesetzgeber diese Lücke nicht bewußt war.

Dem steht nicht § 170 Abs. 2 VVG entgegen, da dadurch nur die Leistung an den Bezugsberechtigten verhindert wird, nicht aber diejenige an die Erben. Eine vergleichbare Interessenlage liegt vor, wenn der Normzweck des § 159 Abs. 2 S. 1 VVG auch den ungeregelten Fall umfaßt. § 159 Abs. 2 S. 1 VVG bezweckt, die Spekulation mit dem Leben anderer zu unterbinden.[28] Dieser Normzweck verbietet in gleicher Weise den Abschluß durch den Bezugsberechtigten als Vertreter des VN, dessen Leben versichert werden soll, wenn nicht dessen schriftliche Einwilligung vorliegt.[29]

Da demnach F schriftlich einwilligen mußte und diese Einwilligung nicht vorliegt, ist der VV gem. § 125 S. 1 BGB iVm. § 159 Abs. 2 S. 1 VVG analog unwirksam.

---

[28] BGHZ 19, 94, 100; 32, 44, 49.
[29] BGH NJW-RR 1989, 1183, 1184.

K konnte auch nicht als Erbe der F gem. § 1922 BGB die Einwilligung nachholen, da nach der Legaldefinition des § 183 S. 1 BGB Einwilligung die vorherige Zustimmung ist.³⁰

Nachträgliche Einwilligung des K

II. Ergebnis

K hat auch in der Fallabwandlung keinen Anspruch gegen VR auf Zahlung der Versicherungssumme in Höhe von 400.000 DM.

---

³⁰ OLG Hamm VersR 1966, 680, 681.

Sachverzeichnis

Abänderungsvertrag 137-138
Alles-oder-Nichts-Prinzip 54
Allgemeine Geschäftsbedingung 178-179
Änderungsvorbehalte 143
Anfechtung
– wegen arglisiger Täuschung 86
– wegen Irrtums 85
Ankaufspreis 131
Angebot 171
Annahme
– konkludent 137, 171
Anspruch
– aufschiebend bedingter 170
Anspruchsübergang 163-166
Antragsbindungsfrist 4
Antragsformular 73, 82
Anwartschaft 170
Anzeige 181
– pflicht 186
– – vorvertragliche 78
– – verletzung 183
Arglist 83
Aufklärungspflicht 53
Auge-und-Ohr-Doktrin 176-180
Ausschlußtheorie 63

Belehrungspflichten 54
Bereicherungsverbot 99, 121
Bestimmtheitsgebot 143
Beweiserleichterung 60
Beweislast 181
Bezugsberechtigung 199
– unwiderrufliche 78

claims - made 36
culpa in contrahendo 18-21, 207-208
– Verwendung unwirksamer AGB 135-136

Daten
– sammlung 183
– übermittlung 183-184
Discovery–Prinzip 36

Ein - Firmen - Vertreter 174
Einbruchsdiebstahl 59, 118
Einwilligungserklärung 185
Einzugsermächtigung 4, 34, 149
Empfangsvertreter 175
– vollmacht 177
Entwertungsgrenze 125
Ereignis 34-43
Ersatzanspruch 163-166
Erstprämie 157

Feuerversicherung 97
Folgeereignis 35, 41-43
Folgeprämie
– Verzug 33-35,
Forderungsübergang
– gesetzlicher 189
Führerscheinklausel 47

Gefahrengemeinschaft 122
Gefahrerhöhung 67-70
– durch Unterlassen 69
Gefahrsperson 212
Gefahrumstand 80
– Anzeigepflicht 172
– sausschluß 199
Generalprävention 50
Geschäftsführung ohne Auftrag
– berechtigte 190
Gleichstellungsargument 184-185

Haftpflichtinteressen 191
Haftungsreduktion 191, 194
Handeln unter fremdem Namen 210
Hausratversicherung 133
– Neuwertersatz 119
Haustürwiderrufsgesetz 9

Informationszeitpunkt 19
Irrtumsanfechtung 85

Juristische Person
– Kenntniszurechnung 184

Kündigungsrecht 147
Konkretisierungsgebot 143-145
Kenntnis
– zurechnung 176-177
– juristische Person 184
Klausel
– überraschende 179

Lastschriftverfahren 34
Lebensversicherung 77
Leistungsfreiheit 21-22, 27, 48, 84, 97, 102,
– durch Herbeiführung des
    Versicherungsfalls 61-63
– Risikoausschluß 63-65
– vereinbarte Obliegenheit 65-67
– wegen Gefahrerhöhung 67-70
– wegen unterlassener Anzeige 70-72
Aufklärungsobliegenheit 98-102

Leistungsverweigerungsrecht 207-208

Makler 173
Mehr-Firmen-Vertreter 174

Nachhaftungsfälle 40
Nachlaß 179
Neuwertversicherung 119-123
– Bereicherungsverbot 121
– Entwertungsgrenze 125
– Wiederbeschaffungsklausel 125

Obliegenheiten
– Aufklärung 98-102
– Kausalität 49
– nach Versicherungsfall 53
– Risikoprüfung 87-91
– stillschweigende 66
– verhüllte 64
– vertragliche 47-48, 65-67
– vor Versicherungsfall 47
– vorbeugende 49
– vorsätzliche 53

Prämienanpassungsklausel 133, 139-146
– Änderungsvorbehalte 143
– Bestimmtheitsgebot 143
– Wettbewerb als Korrektiv 145
Prämieneinzug
– im Lastschriftverfahren 7-8, 33-35
Prozeßstandschaft 76-77

Rechtsschutzanspruch 32
Relevanzrechtsprechung 54, 109-112
Repräsentant 48-49, 62
Repräsentantendoktrin 106-109
Risiko
– lebensversicherung 73
– prüfung 82-83
– Ausschlußtheorie 63
– Verhaltenstheorie 64

Risikoprüfungsobliegenheit 87-91
Rückkauf 170
Rücktritt 22-24, 84, 171-181, 183, 204-206
Rumpfvertrag 15

Sachversicherung
– Umfang 191
Schadenereignis 37
Schadenshöhe
– Bereicherungsverbot 121
– vertragliche Festlegung 119
Schweigen 6-7
Serienschäden 38
Sicherungsschein 154
Stellvertretung 176, 209-211

Täuschung 203
Testament 169
Theorie des ersten Tropfens 42
Transparenzgebot 143
Treuhandlösung 190
Trunkenheit am Steuer 52

Übergang
– Versicherungsverhältnis 154-162
– Ersatzanspruch 163-166
Ursacheereignis 36

Verbot der Doppelbestrafung 50
Verbraucherinformation 16, 58
– rechtliche Doppelnatur 20-21
Verhaltenstheorie 64
Verkehrswert
– Abgrenzung zum Zeitwert 131-132
Vermittlungagent 173, 176
Verschweigen
– arglistiges 82
Versicherte Person 211
Versicherung
– für fremde Rechnung 156, 189
Versicherungsagent 174
Versicherungsbeginn

– materieller 17-18
Versicherungsfall 35-41, 58, 118
– gedehnter 41
Versicherungsschein 9, 171

Vertragsauslegung
– ergänzende 126
Vertragsschluß 3, 13-16
Vollmachtsbeschränkung 178-179

Widerspruchsfrist 14
Widerspruch 15
Wiederbeschaffungs
– klausel 125
– preis 131
Wissenserklärungsvertreter 105-106
Wissensvertreter 103-105

Zeitwert 131-136
Zugangserfordernis 179-180
Zustimmungserfordernis 8

MIX
Papier aus verantwortungsvollen Quellen
Paper from responsible sources
FSC® C105338

If you have any concerns about our products,
you can contact us on
ProductSafety@springernature.com

In case Publisher is established outside the EU,
the EU authorized representative is:
**Springer Nature Customer Service Center GmbH
Europaplatz 3, 69115 Heidelberg, Germany**

Printed by Libri Plureos GmbH
in Hamburg, Germany